周易智慧锦囊

◎吴恩锋 著

齊鲁書社

自 序

据司马迁所著《史记》记载，《周易》起源于伏羲所画八卦，周文王把八卦演绎成六十四卦、三百八十四爻并配备卦辞和爻辞，周公和孔子继承并发扬了《周易》的思想，因此，可以说《周易》是中华民族历史上的第一本书。流通本《周易》全书共近5000字，讲的是格物、致知、诚意、正心、修身、齐家、治国、平天下的学问。《周易》从本质上讲是一部管理学著作，“格物、致知、诚意、正心、修身”是自我管理，“齐家”是家庭管理，“治国”是国家治理，“平天下”是全球治理，从这个意义上讲，《周易》的预测功能只是管理决策的形式和手段。

自古以来，《周易》就是治国理政的重要依据，秦汉期间就设有“周易博士”之职，魏晋玄学的主要内容是《周易》和《道德经》。由于隋唐开始的科举考试把《周易》纳为“四书五经”的内容之一，因此唐宋时代《周易》的研究达到一个高潮。从以下白居易、欧阳修、周敦颐、陆游、张九成所写的五首诗可以看出，《周易》已经成为唐宋时代文人墨客的床头书、案头书、枕边书、身边书，是文人墨客修身养性的必读书目。

永崇里观居（节选）

［唐］白居易

寡欲虽少病，乐天心不忧。

何以明吾志，周易在床头。

读易（节选）

[宋] 欧阳修

莫嫌白发拥朱轮，恩许东州养病臣。
饮酒横琴销永日，焚香读易过残春。

暮春即事

[宋] 周敦颐

双双瓦雀行书案，点点杨花入砚池。
闲坐小窗读周易，不知春去几多时。

冬夜读书示子聿（之一）

[宋] 陆游

易经独不遭秦火，字字皆如见圣人。
汝始弱龄吾已耄，要当致力各终身。

读易

[宋] 张九成

读易工夫恨不深，晚年方见圣人心。
如何五十云无过？盖欲从初学到今。

通过研究新时代历届中国民营企业五百强企业家（创始人或领导者）的思维特征，我发现他们有一个共同特征，就是他们都关注未来、聚焦未来、前瞻未来，而这种特点与《周易》预测未来、管理未来的精髓是融合统一的。举例如下：

阿里巴巴集团董事局主席马云说："我觉得做 CEO 主要是两件事，一是看未来的机会，二是看未来的灾难。绝大部分的老板，如果你不能看到未来的机会，你没办法去激励你的员工。CEO 另外一个职责，你要看到未来有什么灾难、什么麻烦，如果你能够知道社会一定会出这样的麻烦，并且你提前准备好解决这个麻烦的方法，你就有可能会很成功。"

腾讯公司董事局主席兼 CEO 马化腾说："在未来很多人会思考，

你们的微信在这五年来非常成功，那么未来会有什么样的产品可以颠覆微信？这个问题非常好，因为在PC互联网时代，我们的QQ非常流行，但是为什么会创造出一个新的和QQ非常类似但是又能有颠覆性的这样一个产品呢？其实最大的根源在于互联网信息终端的演变。所以我们在思考：下一代移动互联网、新一代的信息社会应该是怎样一个业态？往什么方向走？”

京东集团董事局主席兼CEO刘强东说：“我从2004年做电商至今，回过头来看，我们可以预见，就是未来不管互联网怎么发展，出现什么样新的商业模式、新的概念，一家公司能够取得成功，有四点最重要：团队、用户体验、成本和效率。四点都做到了，我告诉你，终究会成功！但是如果有两点你不仅没做到，而且是比别人成本更高了，效率更慢了，即使你现在发展很快，我也建议你能卖掉趁早卖掉。”

小米科技董事长兼CEO雷军说：“谈到梦想的实现，我有一句话挺出名的，叫‘台风来的时候，猪都会飞’。当然了，这个话我是想表达两层意思：第一个，没有坚实的基本功，没有勤奋，是成功不了的；第二个，有了勤奋，有了坚实的基础，也不一定能成功，还需要什么呢？还需要台风口，还需要把握这个大的发展机遇，把这个机遇把握好，抓住这个机会，你才有可能成功。”

华为技术有限公司总裁任正非说：“我们要站在后天看明天，也要从今天看未来，我们也要找到明天的技术曲线与商业需求曲线峰值的重合部，就是我们的战略机会，作为我们排炮攻击的城墙口。当然，这个城墙口也是随时间与需求的变化而变化的。炮火的校正就是我们的战略规划的责任。”

总而言之，学习《周易》能够使我们更好地预测未来、前瞻未来、管理未来、把握未来，使我们心中、眼中有包容未来的格局，手中有把握未来的力量，使我们能够在茫茫人海、起伏学海、诡谲商海、跌宕宦海中劈风斩浪、行稳致远。

2019年7月28日于宁波金领公寓若水居

目 录

导 读

一、我为什么要写这本书

孔子说："盖有不知而作之者，我无是也。"

孟子说："予岂好辩哉？予不得已也。"

司马迁说："究天人之际，通古今之变，成一家之言。"

中国人民银行行长易纲在其著作《中国金融改革思考录》的自序中写道："为什么在工作十分繁忙的情况下还能写出这么多文章？原因很简单，是有感而发、有话要说。现在的出版物是太多了，信息量在爆炸式增长，可以说是好的东西不多，一般的、东拼西凑的、差的东西不少。我在想，这么多如此差的出版物得浪费多少纸啊。"

娃哈哈创始人宗庆后在参加《杨澜访谈录》节目时与杨澜有如下一段对话：

杨澜：您觉得在书本上学到的这些企业管理的知识，哪一些在中国是不适用的？

宗庆后：我有一次我还当他们教授的面说了，我说你一句话写成一本书，看完还不知道说点什么东西！

杨澜：呵呵呵呵。那您倒是写啊，没看到您写的书啊？

宗庆后：没有，我认为你要把复杂的事情简单化才行，你不要把简单的事情说得复杂化了。包括当时蓝海战术，我当场就说他，我说这个没那么回事情。

杨澜：没有那么回事情？这可是经常被引用，蓝海和红海……

宗庆后：世界上哪里有蓝海？实际上你就是避免同质化竞争，

进入差异化竞争，你换了个名词，又变成个新的东西了，实际上根本就没什么新意的。

杨澜：哈哈哈哈……

宗庆后：结果我跟他说了之后，他一愣一愣的，他也没有跟我反驳。

经过调查研究发现，目前市场上绝大多数《周易》书籍存在三大主要问题：

（1）历朝历代成千上万《周易》学者的著作，虽然数量极其丰富，但是由于古今语言文字巨大差异所造成的障碍，绝大多数普通读者根本读不懂古文。因此，《周易》古籍往往只适于古代哲学、古代文学、古代汉语等专业的学者进行科研而用，不适合大众阅读。

（2）由于出版技术的进步，当代《周易》学者的著作更是浩繁，但是绝大多数著作局限于对古人的著作进行从古代汉语到现代汉语的字面翻译。少数对卦辞、爻辞进行案例分析的书籍所引用的案例也颇为老旧，与新时代脱节很严重。

（3）有相当一部分书籍的作者是靠阴阳风水、算命打卦等活动谋利为生，他们与一些管理不规范的出版社合作，通过自费、包销等方式出版图书，用书籍来包装自己，说白了就是花钱出书为自己打广告，但很多不明真相的群众误以为出了书的就是专家，因此更容易上当受骗。还有些高明的骗子通过中介花几千块钱从香港等地注册如“世界周易学会”、“国际周易风水协会”、“中国周易管理研究会”等社团组织，自己占有“主席”、“会长”头衔，还组织召开大会并明码标价向初级段位的骗子们兜售“副主席”、“副会长”、“常务理事”、“理事”、“会员”等头衔。央视焦点访谈栏目（如：2013年10月12日的节目《“风生水起”的“风水大师”》；2013年11月30日的节目《唬人的“易经峰会”》）曾对这种恶劣现象进行深入揭批。

其中第三种情况对读者、对社会的危害最大，属于鱼目混珠、劣币驱逐良币。

综合以上种种正面、负面的因素，为了把“复杂的事情简单化”，我下定决心写出这本让大众读得懂、用得上、有新意、接地气的《周易智慧锦囊》。

二、《周易》究竟是不是迷信

《史记·周本纪》中记载："西伯盖即位五十年，其囚羑里，盖益易之八卦为六十四卦。"《史记·日者列传》中记载："自伏羲作八卦，周文王演三百八十四爻而天下治。"由此可知，正史认为伏羲首创八卦，周文王将八卦发展为六十四卦，并演化出三百八十四爻。由此可知，八卦和六十四卦是伏羲和周文王时代总结提炼的中华民族的祖先们求生存、谋发展的智慧结晶。

《史记·孔子世家》中记载："孔子晚而喜易，序《彖》《系》《象》《说卦》《文言》。读易，韦编三绝。曰：'假我数年，若是，我于易则彬彬矣。'"由此可知，中国儒家文化的创始人孔子是喜爱《周易》的，并且对《周易》有深入的研究。因此，《周易》自古以来就是儒家文化的经典，被誉为"大道之源"、"百经之首"。

《史记·秦始皇本纪》中记载："丞相李斯曰：'……臣请史官非秦记皆烧之。非博士官所职，天下敢有藏诗、书、百家语者，悉诣守、尉杂烧之。有敢偶语诗书者弃市。以古非今者族。吏见知不举者与同罪。令下三十日不烧，黥为城旦。所不去者，医药、卜筮、种树之书。若欲有学法令，以吏为师。'制曰：'可。'"由此可知，秦始皇焚书坑儒的过程中，《周易》作为"卜筮"之书没有遭到焚毁，也就是说，秦始皇认为《周易》对秦的统治是有益无害的。

清朝康熙皇帝亲笔题写的《御制周易折中序》中说："易学之广大悉备，秦汉而后无复得其精微矣！至有宋以来，周、邵、程、张阐发其奥，唯朱子兼象数天理，违众而定之，五百余年无复同异。宋元明至于我朝，因先儒已开之微旨，或有议论已见，渐至启后人之疑。朕自弱龄留心经义，五十余年未尝少辍，但知诸书大全之驳杂，奈非专经之纯熟。"由此可知，康熙皇帝自幼酷爱《周易》，并且对《周易》的爱好保持终生。

海尔集团董事局主席兼 CEO 张瑞敏说："中国的《周易》当中有一句：'见群龙无首，吉。'易经六十四卦，第一卦是乾卦，最高境界就是群龙无首。‘群龙无首，天下治也。’这句话不是现在‘没有人管，乱成一团’的贬义，而是指每一个人都是龙，每一个人都会把自己的工作做到极致，从而各司其职，发挥自己的能力。”

美的集团董事长兼总裁方洪波说：“我发自肺腑地讲，我不认为美的是一个成功的企业。我跟管理层也一直是这样讲的。《周易》里面有一句话：‘君子终日乾乾，夕惕若，厉，无咎。’意思就是你每天要保持谦虚谨慎，要谨小慎微，要保持高度的危机感，就不会有麻烦和灾难。我告诉我们的团队一直要保持这样，再伟大的企业也肯定有困境。我们从来不认为美的是成功的企业。”

综上所述，我们可以总结出三条要点：

其一，显而易见，伏羲与周文王创作《周易》的目的不是为了愚弄和欺骗子孙后代，而是为了给子孙后代留下治国理政、安邦定国、富家强国可以参照的经典，是为了维护国家的长治久安，其内容凝聚着中华民族的祖先们求生存、谋发展的智慧。

其二，假设《周易》是迷信糟粕、弊大于利，那么周文王之后的历代领导人不可能全部被愚弄、被欺骗。《周易》之所以能够位列“四书五经”，被誉为百经之首、大道之源，并从隋唐时期开始就被列为科举考试、选拔人才的科目之一，根本原因在于《周易》确实有利于治国安邦和民族发展。

其三，假设《周易》是虚假的、愚民的，那么它不可能受到孔子以及后世无数儒家学者的喜爱和推崇。迷信有可能骗过一时一世个别读书人，但绝对不可能骗过世世代代所有读书人。张瑞敏和方洪波可谓当代著名企业家中“儒商”的代表人物，他们运用《周易》的智慧把企业管理得非常成功，足以证明《周易》不是局限于书斋里的学问，而是能够经世致用、管理企业、造福社会。

毫无疑问，《周易》是中华文明历史长河中最古老、最重要的典籍之一，是五千年中华文明史中前两千年民族智慧的结晶，是后三千年民族智慧的根基，是中华民族血脉中永远汩汩流淌的文化基因。

毋庸讳言，从古至今确实有许多名利之徒故意把《周易》神秘化、玄幻化，借《周易》之名通过风水、算命等形式骗财骗色，那些人确实是在搞迷信，而且类似的迷信活动在当今社会仍旧大量存在，但是，各种各样围绕着《周易》而存在的迷信活动并不能否定《周易》本身存在的科学价值。

总之一句话：《易经》是正经，虽然有不少念经、讲经、传经的人心怀鬼胎、很不正经，但是几块阴云遮挡不住《周易》智慧的光芒！

三、占卜、预测是手段，管理、决策是目的

分类能力是人类和动物共有的本能。从老虎到老鼠，各种动物都会把遇到的东西分类为食物或非食物、同类或异类、天敌或朋友、可作为配偶或不可作为配偶、亲属或非亲属、安全或危险等。当然，人类的分类能力要比动物复杂得多。法国著名哲学家涂尔干和莫斯的著作《原始分类》里描述了世界各地原始族群的分类体系，其中专章论述了中国古人的阴阳、八卦、五行等分类体系。

“四书”之一《大学》开篇指出：“大学之道，在明明德，在亲民，在止于至善。知止而后有定，定而后能静，静而后能安，安而后能虑，虑而后能得。物有本末，事有终始，知所先后，则近道矣。古之欲明明德于天下者，先治其国，欲治其国者，先齐其家；欲齐其家者，先修其身；欲修其身者，先正其心；欲正其心者，先诚其意；欲诚其意者，先致其知，致知在格物。物格而后知至，知至而后意诚，意诚而后心正，心正而后身修，身修而后家齐，家齐而后国治，国治而后天下平。自天子以至于庶人，壹是皆以修身为本。其本乱而末治者，否矣。其所厚者薄，而其所薄者厚，未之有也。此谓知本，此谓知之至也。”

《周易》的太极生两仪、两仪生四象、四象生八卦直至六十四卦共三百八十四爻就是《大学》中的“格物”，而“格物”与《周易·系辞传》中所说的“方以类聚，物以群分”是一致的。从本质上讲，“格物”与“分类”以及古希腊哲学家亚里士多德的著作《范畴篇》里所讲的“范畴”是一致的。“格物”“分类”“范畴”都是人类获得知识即“致其知”的手段。人类在拥有了正确的知识之后才能进行发自内心的自主判断和自主选择，即“诚其意”，进而“正其心”。“修身”就是自我管理，“齐家”就是家庭管理，“治国”就是国家管理、治国理政，“平天下”就是世界管理、全球治理。《周易》六十四卦就是把世界上的万事万物划分、归类为六十四个范畴，并进而划分、归类到各卦之下的次范畴，即六爻，分为三百八十四个次范畴。也就是说，《周易》和《大学》的核心理念是一致的。

美国著名管理学家 赫伯特·西蒙（Herbert Simon）说：“管理就是决策。”当代国际上最著名的管理学家彼得·德鲁克 (Peter Drucker) 说：“明天总会到来，又总会与今天不同。如果不着手于未来，最强有力的公司也会遇到麻烦。对所发生的事感到惊诧是危险的。哪怕是最大的和最富有的企业，也难以承受这种危险。即使是最小的企业，也应警惕这种危险。”从世界范围来看，未来的不确定性造成了人类对预测的需求，而卜筮、抽签等是预测未来的最常用形式。毋庸置疑，占卜活动从它的诞生之日起，就是古人对未来的预测，但是占卜、预测只是表面的形式，只是判断未来发展趋势的手段，根据占卜、预测的结果对个人、家庭、军队、国家等事务进行相应的管理、决策才是占卜、预测的根本日的。从大处说，《周易》能为帝王将相治国理政提供管理、决策依据；从小处说，《周易》能为个人自我完善、为人处世、职业发展、婚姻家庭等事务的管理、决策提供指导思路。也就是说，《周易》本质上是通过占卜、预测的手段实现人们对未来事务进行管理、决策的目的。毫无疑问，从周文王时代至今三千多年，《周易》的正确性、实用性经受住了中华民族从官方到民间的普遍、广泛、深入、细致的实践检验。

世界大文豪莎士比亚说：“一千个人眼里就会有一千个哈姆雷特。”中国大文豪鲁迅先生说：“（《红楼梦》）单是命意，就因读者的眼光而有种种：经学家看见《易》，道学家看见淫，才子看见缠绵，革命家看见排满，流言家看见宫闱秘事。”对于《周易》，古今中外的无数学者们也是众说纷纭。有人说《周易》是儒学，有人说《周易》是道学，有人说《周易》是数学，有人说《周易》是哲学，有人说《周易》是文学，有人说《周易》是历史学，有人说《周易》是军事学，有人说《周易》是天文学，有人说《周易》是神学，有人说《周易》是相学，有人说《周易》是风水学，有人说《周易》是生命科学，有人说《周易》是环境科学，有人说《周易》是宇宙科学……

我认为，《周易》六十四卦三百八十四爻从本质上讲就是《大学》里格物、致知、诚意、正心、修身、齐家、治国、平天下的学问。换句话说，《周易》从本质上讲是管理科学，是通过占卜、预测这种独特的形式对未来的各种事务进行管理、决策的学问。

四、《周易》的解释力为何如此强大

认知科学家George Lakoff和Mark Johnson在他们合著的《体验哲学》（*Philosophy in the Flesh*）一书中研究了“认知科学是如何重新打开哲学核心问题的”这一课题，并提出认知科学的三条原则：

（1）The mind is inherently embodied.（心智天生是体验性的。）

（2）Thought is mostly unconscious.（思维多数是无意识的。）

（3）Abstract concepts are largely metaphorical.（抽象概念大多是隐喻性的。）

语言作为人类思维意识的物质载体，其中隐喻的大量存在足以说明隐喻是人类认知和理解世界的一种基本方式。英国修辞学家Richards指出：“我们日常会话中几乎每三句话中就可能有一个隐喻出现。”人类对隐喻现象的关注有着悠久的历史，古希腊的亚里士多德就在《论修辞》和《诗学》这两部经典著作中论及隐喻问题。隐喻研究在20世纪70年代欧美学术界几乎成为一门显学，在国际学术界更是形成了一种对隐喻的狂热，到了20世纪90年代，隐喻已经成为认知科学的重要话题。

George Lakoff与Mark Johnson于1980年共同出版的*Metaphors We Live by*（《我们赖以生存的隐喻》）一书开创了现代隐喻研究的新途径。他们指出：“隐喻普遍存在于日常生活中，不仅是存在于语言中，而且还存在于思维和行动中。我们通常的概念系统，我们思维和行动所依赖的手段，其性质从根本上讲是隐喻性的。”因此，隐喻不仅是一种语言修辞手段，而且是一种思维方式——隐喻概念系统（metaphorical concept system）。这一系统的核心是从源域（source domain）向靶域（target domain）映射的二领域模式隐喻理论，简称映射论。该理论主张隐喻是人类概念系统的固有特性，它不仅仅是一种语言层面的事物，而且是一种思维层面的事物。隐喻的本质是一种跨越不同概念域的映射关系，这种介于两个概念域里实体间的对应使得人们能够运用源域里的知识结构来彰显靶域里的知识结构。“因为我们语言中的隐喻表达是以一种系统的方式与隐喻概念相联系的，所以我们可以使用隐喻性的语言表达来研究隐喻概念并且由此获得对我们行为的隐喻本质的理解。”“隐喻主要是我们藉由某一类事物来了解另一类事物的方式，其基本功能是理解。”因此，隐喻是全人类普遍拥有的认知思维模式。

明代著名易学家来知德说：“乾坤者，万物之男女也；男女者，一物之乾坤也。”“盈天地间莫非男女，则盈天地间莫非易也。”“夫易者，象也；象也者，像也。此孔子之言也。曰像者，乃事理之仿佛近似可以想象者也。”“有象则大小、远近、精粗、千蹊万径之理，咸寓乎其中，方可弥纶天地。无象则所言者止一理而已，何以弥纶？故象犹镜也，有镜则万物毕照，若舍其镜，是无镜而索照矣。”“不知其像，易不注可也。”“自王弼扫象以后，注易诸儒皆以象失其传，不言其象，止言其理，而易中取象之旨遂尘埋于后世。”“不知其象……则易不得其门而入，不得其门而入，则其注疏之所言乃门外之粗浅，非门内之奥妙。”来知德所说的“事理之仿佛近似可以想象”即隐喻认知思维。

《周易·系辞传》中所说的“易与天地准，故能弥纶天地之道”、“与天地相似”、“知周乎万物，而道济天下”、“范围天地之化而不过，曲成万物而不遗”、“仁者见之谓之仁，知者见之谓之知”等评价也反映了《周易》具有隐喻思维的认知特性。正因如此，在占卜、预测的实践活动中，当人们抽到《周易》六十四卦的某一卦、某一爻的时候，任何人都可以通过头脑中固有的隐喻认知思维将这一卦、这一爻的哲理投射到自己想要问询、咨询、解决的具体问题上面。也就是说，你抽到的卦、爻是隐喻思维源域的概念，而你想要解决的问题是靶域的概念，两个概念进行交叉投射、融合之后所获得的概念就是你想要的结果，成为你管理、决策的依据。俗话说，“隔行如隔山”、“隔行不隔理”。隐喻思维正是《周易》中任何一卦、任何一爻都能够和现实生活中的万事万物进行有机关联的认知科学基础。《周易》的卦辞和爻辞不是死板的教条，不是指具体的某事、某物，而是通过某一种现象来承载某一个哲理。《周易》中最可贵的不是卦辞和爻辞中的具体语言所指代的具体事物本身，而是字里行间所蕴含的哲理、智慧、规律、规则等。可以说，《周易》的卦辞、爻辞就好比一个个锦囊，最重要的东西不是外在的锦囊本身，而是那些装在锦囊当中无法直接看到的妙计。如果我们只是将意识停留在语言本身的层面来认识《周易》，那就无异于“买椟还珠”。

总之，人类头脑中普遍存在的隐喻思维是《周易》强大解释力的认知科学基础。

五、关于《周易》的几个重要知识点

（一）《周易》的构成：符号系统与文字系统

《周易》是人类文明史上第一部、也是唯一一部将符号系统与文字系统有机融合在一起的古代典籍。

《周易》的符号系统即其六十四卦的卦象。六十四卦有两个基本符号，一个是阳爻“⚊”，另一个是阴爻“⚋”，“爻”是相互交叉结合的意思。阴爻和阳爻通过交叉排列组合而形成“八卦”，即☰乾、☷坤、☵坎、☲离、☳震、☴巽、☶艮、☱兑。八卦进一步交叉排列组合就形成六十四卦（卦象与卦名在此不加赘述，详情请阅读本书正文）。《道德经》所讲的“道生一，一生二，二生三，三生万物”表述的内涵与《周易》所讲的无极生太极、太极生两仪、两仪生四象、四象生八卦、八卦定吉凶、吉凶生大业的思想在本质上是统一的。《圣经》里面上帝最先做的事情也是将混沌一体的世界一分为二，即天和地、白天和黑夜。《周易》的宇宙观就是“本来无一物”，世界原本是空的，然后无中生有，这个“万有”是混沌为一、融为一体、没有区分的，然后清气上升成为天，浊气下降成为地，“天公”和“地母”交合而产生了万物。我们可以发现，《周易》的阳爻和阴爻经过交叉排列组合而形成的六十四卦三百八十四爻是将万事万物毫无遗漏地涵盖其中的，也就是说，宇宙间的万事万物都可以分类到某一卦之中。举例来说，天为阳，地为阴；白天为阳，黑夜为阴；太阳为阳，月亮为阴；父亲为阳，母亲为阴；男性为阳，女性为阴；外凸的为阳，内凹的为阴；正面的为阳，负面的为阴；积极的为阳，消极的为阴；向上的为阳，向下的为阴；向外的为阳，向内的为阴；硬的为阳，软的为阴；健康的为阳，病弱的为阴；骨架为阳，血肉为阴……总而言之，简单地说，阳爻相当于“正”，阴爻相当于“负”，这也是易学被众多学者视为中国历史上最早的数学专著的原因，而且这也正是易学中三大主要流派“象”、“数”、“理”中有“数”学的原因。换一种说法，阳爻相当于“1”，阴爻相当于“0”，而“1”和“0”是计算机二进制的基础，因此，《周易》阳爻和阴爻可以囊括宇宙间万事万物的逻辑与计算机以及在此基础上衍生的互联网可以囊括整个虚拟世界的逻辑是一致的。正因为如此，大自然才可以“生生不息”，而网络虚拟世界也可以“生生不息”。而阴阳互动、生生不息、变化万端又万变不离其宗正是《周易》最核心的宇宙观、世界观、人生观和价值观。

我们必须明确的是，《周易》对宇宙、对天地之间万事万物的分类不是任意的、无序的、无根据的，而是有规律的、有序的、有根据的。《周易》的分类是基于人类的身体经验和认知基础的，基于现代认知科学的理论来反观《周易》，其卦象、卦名与其囊括的万事万物的类别是经得起现代认知科学的检验的，是符合人类的认知逻辑的。我们在此谨以八卦的卦象、卦名与其代表的典型事物之间的逻辑关联来对上述观点进行客观、简要的论证。

“☰乾”卦的典型代表是“天”。天最典型的特点是什么？那就是无论我们用刀劈、用斧砍、用箭射，还是用现代武器导弹、火箭来轰击，天都不会被割裂、受损失。无论是鸟儿飞过，还是飞机、宇宙飞船飞过，天上也不会留下痕迹。无论风暴、海啸或火山喷发多么剧烈，天也不会受损伤。因此，“天”的三个爻都是阳爻，中间是无论如何都不会“割裂”、“断开”的。

“☷坤”卦的典型代表是“地”。地最典型的特点是什么？那就是地是可以耕耘、可以挖掘的，这正是坤卦与乾卦相比，三个爻都是中间断开的阴爻的原因。坤卦反映了祖先们农业劳动的智慧结晶，无论是耕耘土地，还是开山修路，都需要把土地划开，而且国家、部落、邻里之间还要对土地进行分割，完整的土地就会被切断、划分。相对来说，古人对于土地的认知了解要比对天空的认知了解更多。

“☵坎”卦的典型代表是“水”。水最典型的特点是什么？那就是水体、水势无论多么大，多么波澜壮阔，多么波涛汹涌，总是中间的部分最强大、最有力，而边缘的水是温柔的、柔弱的。比如黄河、长江，虽然水流的中间波涛汹涌、暗流涌动、冲击力巨大，但是黄河与长江的两岸边缘，即使是一个幼儿也可以洗脚、戏水。即使是洪水爆发的时候，其边缘的破坏力也远远小于中间。而且更加广袤辽阔、波涛肆虐的大海也是如此，能够到大海深处冲浪、游泳的人只有极少数，但是任何人都可以在海边浅水处戏水。坎卦的卦象外面是两个阴爻，中间是一个阳爻，正是对江河湖海的力量分布呈现出岸边柔弱、中间强大这一本质特征的反映。“水”与“坎”的内在联系在于人类的视力很难看清水面下坑洼不平的地面，如果涉水，容易摔倒或溺水。

“☲离”卦的典型代表是“火”。火最典型的特点是什么？那就是火的力量边缘最强、中间最弱，这正是魔术或杂技表演中人可以用嘴喷火或者用手指直接压灭打火机或者烟头而手指并不会受伤的原因，而企业管理培训课程中流行的“走火大会”（即学员从长达十几米的烧红的炭火上赤脚跑过而腿和脚不会受伤的一种活动，用来训练学员的勇敢心、进取心）也是从现存的原始部落活动中学来的，这说明古人在生产生活中就认识到，火的能量最强的部分在边缘，而火的中间以及火焰与可燃物紧密连接的部分却是相对薄弱的。这正是离卦的卦象外面是两个阳爻而中间是一个阴爻的认知科学基础。“火”与“离”的内在联系在于火苗和火焰是随着气流加热而向上窜的，好像在试图离开下面的可燃物，然而一旦离开就会熄灭，因此，火与可燃物之间是一种既要离开又离不开的状态。

我们需要注意的是，离卦和坎卦的卦象中阴爻和阳爻的分布是恰好相反的，而这正是离卦和坎卦、火与水“相克”的重要原因，也是《周易》第六十三卦为既济、六十四卦为未济的认知根源。既济卦和未济卦反映了人类对水与火的客观认知经验，也反映了人类认识水和火、利用水和火并防止水和火所产生的灾害的智慧。

“☳震”卦的典型代表是“雷”。雷的最典型特点是什么？那就是雷的霹雳击到地面上会有极大的破坏力。在雷暴天气中，地面的树木、房屋、人员、牲畜等遭到雷劈时，往往会产生毁灭性的破坏。因此，古人认为雷的破坏力是接近地面的、下面的力量最强大，而雷的力量来源于天上的云层，云层是虚的、弱的，雷在天空中、云层中的能量是蕴含于内的、尚未爆发的，只有与地面的物体接触时，这种能量才会集中爆发出来。这正是震卦的三个爻当中最下面一个爻为阳爻而上面两个爻为阴爻的认知根源。

“☴巽”卦的典型代表是“风”。风的最典型特点是什么？那就是当风（尤其是龙卷风）吹过地面时，风就像张开嘴一样，将地面上的尘土或树叶、树枝、杂草甚至是牛羊牲畜、屋顶、大树等卷到空中，因此，古人认识到，风的上端、顶部是有巨大的吸力的，而最下部接近地面的部分是相对弱的，而且龙卷风的下部就好像张开嘴在往上吸一样。因此，巽卦的最下面一个爻是阴爻，而上面两个爻是阳爻。

“☶艮”卦的典型代表是“山”。山的最典型特点是什么？那就是山的表层是坚硬的、坚韧的，因为经过大自然雨水的冲刷和风的吹拂，山体表层的浮土流失了，脆弱的岩石风化了，剩下的裸露的表层比耕耘的土地要相对坚硬许多。虽然山的表层坚硬，古人也在生产生活中认识到，山也是能够被“开辟”的，比如“逢山开道”、“开山挖洞”等。山的内部相对是软的、可以挖掘的，“愚公移山”的故事就是最好的说明。因此，艮卦的下面两个爻是阴爻，而上面一个爻是阳爻。

“☱兑”卦的典型代表是“泽”。“泽”的最典型特点是什么？那就是沼泽的表层是柔弱的水，而水底是较硬的泥土或石头，再往下层是更坚硬的土石层。沼泽地也是分季节的，雨水季节，水层会更深，水面会更广。我国的五大淡水湖可以说是“大泽”的典型代表。但是，无论“泽”中的水有多么深，下面也是有坚硬的不透水的土石层的。因此，兑卦的上面一个爻是阴爻，而下面两个爻是阳爻。

总而言之，由三个爻构成的八卦卦象中阳爻和阴爻的分布不是任意的、无序的、无逻辑的，而是古人在生产生活实践中对天地万物进行观察所总结出的智慧，而且与现代认知科学是符合的、不相悖的。同样的道理，由八卦交叉组合而生成的六十四卦也是如此。

《周易》的文字系统是由与六十四卦卦象密切结合的卦辞和爻辞文本构成的。据笔者统计，《周易》经文的纯文本（涵盖六十四卦的卦辞和每卦六个爻的爻辞）共近5000字，卦辞和爻辞的平均长度为11个字。因此，《周易》的文字系统是非常简洁的，是一部微言大义的经典著作。

在此，笔者谨以第六十四卦未济卦为例来说明《周易》文字系统的主要特点。未济卦的卦象为䷿，未济卦的卦辞和爻辞文本如下：

未济卦第六十四（下坎上离）

未济：亨，小狐汔济，濡其尾，无攸利。

初六，濡其尾，吝。

九二，曳其轮，贞吉。

六三，未济，征凶，利涉大川。

九四，贞吉，悔亡，震用伐鬼方，三年有赏于大国。

六五，贞吉，无悔，君子之光，有孚，吉。

上九，有孚于饮酒，无咎，濡其首，有孚失是。

以上文本中，“未济卦”为卦名，“第六十四”为卦序。“未济：亨，小狐汔济，濡其尾，无攸利”为卦辞，是对一个卦的整体判断。从初六到上九为爻名和爻辞。

每一卦由六个爻构成，阳爻的名称定为数字“九”，阴爻的名称定为数字“六”，所谓“天地间一切自有定数”的说法就是基于阳爻的“九”和阴爻的“六”这两个数字。我们必须注意的是，《周易》六十四卦中六爻的起始顺序是自下而上的，最底下一个爻称为“初”爻，最上面一个爻称为“上”爻，其余的爻分别称为“二、三、四、五”爻。以未济卦为例，从下往上数，第一个爻为阴爻，所以称之为“初六”；第二个爻为阳爻，所以称之为“九二”；第三个爻为阴爻，所以称之为“六三”；第四个爻为阳爻，所以称之为“九四”；第五个爻为阴爻，所以称之为“六五”；第六个爻为阳爻，所以称之为“上九”。

《周易》中对卦象起诠释作用的爻辞为什么采取“自下而上”的顺序呢？这是由古人对大自然的观察认知而决定的。人生于天地之间，苍天在头顶，大地在脚下。地球上的植物是扎根土地“自下而上”地生长的，人与各种动物也是由非常渺小的精子与卵子相结合而出生，并由矮小的幼弱躯体越长越高越强大的。因此，由《周易》文本所反映的“自下而上”的空间性特质是由人类对大自然的认知实践决定的，是客观的、真实的、理性的，是符合认知科学基本规律的。

（二）《周易》书名的解读

司马迁在《史记·周本纪》中说：“西伯盖即位五十年，其囚羑里，盖益易之八卦为六十四卦。”东汉郑玄在《易赞》中说：“夏曰《连山》，殷曰《归藏》，周曰《周易》。”虽然《连山》《归藏》《周易》并称三易，但是《连山》《归藏》在汉代之前就已经失传了，经过秦始皇焚书坑儒而能流传至今的只有《周易》。西伯（即周文王）是史记所明确记载的《周易》的作者，因此，尽管后人对《周易》书名的阐释众说纷纭，但是《周易》由周文王编纂而集大成并成书于周朝之初的观点是主流。

我们在此还需要更进一步探讨的是，为什么周朝以“周”命名？笔者认为，“周”作为西伯的封地之名以及后来的建国之名，是因为“周”的本义是“圆融”。古人在地球上生产生活的过程中，观察到天是圆的，天上的太阳、月亮是圆的，星星虽然是小点，但也是圆的，而人和动物的头也是圆的，圆球是可以轻松推动并保持运动的，车轮也是圆的……古人认识到大自然中圆的事物能够融通，圆是宇宙的大体、大局、大象。因此，《周易》书名中的“周”字不仅代表周朝的“周”，还内涵“圆融”之义的“周”。

“易”的说法历来也有多种，有人根据字形的构成解读为“日月为易”，因此，“易”代表着“日月之行、阴阳之变”。《吕氏春秋》中说：“故审堂下之阴，而知日月之行、阴阳之变；见瓶水之冰，而知天下之寒、鱼鳖之藏；尝一脟肉，而知一镬之味、一鼎之调。”因此，“易”代表着大自然万事万物时刻变易的客观规律。古人对“易”的思考有变易、不易、简易、难易、容易、交易等逻辑延展。总之，宇宙、天地、自然之道万古不变的规律就是时刻变易不停，但是又“万变不离其宗”，因此，我们人类才能够“以不变应万变”。

（三）易学占卜：占与不占

《史记·日者列传》中说：“自古受命而王，王者之兴何尝不以卜筮决于天命哉！其于周尤甚，及秦可见。代王之人，任于卜者。太卜之起，由汉兴而有。”《史记·龟策列传》中说：“太史公曰：自古圣王将建国受命，兴动事业，何尝不宝卜筮以助善！唐虞以上，不可记已。自三代之兴，各据祯祥。涂山之兆从而夏启世，飞燕之卜顺故殷兴，百谷之筮吉故周王。王者决定诸疑，参以卜筮，断以蓍龟，不易之道也。”“蛮夷氐羌虽无君臣之序，亦有决疑之卜。或以金石，或以草木，国不同俗。然皆可以战伐攻击，推兵求胜，各信其神，以知来事。”“略闻夏殷欲卜者，乃去蓍龟，已则弃去之，以为龟藏则不灵，蓍久则不神。至周室之卜官，常宝藏蓍龟。”“至高祖时，因秦太卜官。”

由《史记》上述文字可知以下三条重要信息：

（1）卜筮自古有之并受到帝王的尊崇，军国大事的决策要经过卜筮，而且周边少数民族也存在卜筮活动。

（2）秦汉时代国家就设有专门负责卜筮的最高官员，即“太卜”，而且此官职是世袭的，因此，卜筮文化具有悠久传统和深厚积淀。

（3）卜筮主要是为了“决疑”，也就是说，卜筮是管理决策的重要程序和辅助手段。

《论语·子路》中孔子说：“南人有言曰：‘人而无恒，不可以作巫医。’善夫！‘不恒其德，或承之羞。’”“不占而已矣。”《荀子·大略》中说：“善为诗者不说，善为易者不占，善为礼者不相，其心同也。”

无论孔子所说的“不占而已矣”，还是荀子所说的“善为易者不占”，都有一个前提，就是当事人对面临的事情毫无疑问，或者当事人对《周易》的知识储备非常完善，无需卜筮就能看透问题。也就是说，占卜是为了决疑，而对《周易》智慧完善把握的人在生产生活实践中遇到疑难问题时能够自觉启动知识储备，从而无需卜筮。

正所谓“管理的最高境界是自我管理”，可以说，“不占”正是我们学习《周易》、研读《周易》的意义所在，换句话说，学习《周易》是为了提升我们在现实生活中自觉地决疑的能力。

（四）《周易》文本中几个高频词的解读

《周易》卦辞和爻辞的文本中，在历代训诂、诠释《周易》的学者中引起争议最大的两个高频词是“贞”和“孚”。

《周易》卦辞和爻辞全文共有111处“贞”字，其中“贞吉”36处，

“贞凶”10处，“贞厉”8处，“贞吝”4处，“利贞”23处，“可贞”3处，“不可贞”2处，此外还有“利艰贞”“利居贞”“利女贞”“贞丈人吉”“女子贞不字”等用法。《古汉语常用字字典》（商务印书馆）中“贞”字共有三个含义：（1）占卜；（2）坚定，有操守；（3）正。当代著名的《周易》学者陈鼓应（《周易今注今译》，商务印书馆）、傅佩荣（《乐天知命：傅佩荣谈易经》，东方出版社）、黄寿祺与张善文（《周易译注》，上海古籍出版社）、刘大钧（《周易概论》，巴蜀书社）、齐敦康（《周易》，国家图书馆出版社）等在其著作中都把“贞”解释成后两种意思，即“贞固”“正固”“贞节”“守持贞固、正固”等。这种解释用于“贞吉”在逻辑上是解释得通的，即“守持贞固、正固则吉”。但是，按照这个思路用来解释“贞凶”“贞厉”“贞吝”就成了“守持贞固、正固则凶、则厉、则吝”了，那么我们还要不要“守持贞固、正固”呢？“贞固、正固”作为人类的优秀品德难道不应该坚守吗？难道《周易》要教我们做两面派、两面人、表里不一吗？显然不是。所以，为了将话说通、符合逻辑，上述专家们将“贞凶”“贞厉”“贞吝”解释成“守持贞固、正固以防出现凶事、厉事、吝事”，然而，这样的话，专家们就对“贞吉”“贞凶”“贞厉”“贞吝”这四个语法构词相同的搭配采取了两种相互矛盾的现代汉语解释，显然是值得商榷的。同样的道理，“可贞”“不可贞”如果也用“贞固、正固”来解释，就成了有时候“可以保持贞固、正固”，有时候“不可保持贞固、正固”，也是教我们在德行上做两面派、两面人，同样值得商榷。

高亨（《高亨文存》，江苏人民出版社）将“贞”解释为“占卜”，也就是“预测”。笔者认同高亨的观点，因为《周易》成书就是为占卜、卜筮服务的。在秦始皇焚书坑儒的过程中也被视为占卜、卜筮书而得以完好幸存，在历朝历代也被尊为占卜、卜筮的经典。虽然无数当代学者从文学、史学、数学、哲学、管理学等跨学科的角度对《周易》进行阐释，仍然不能改变《周易》作为占卜、卜筮之书的根本性质。如果把“贞”解释为“占卜、预测”，那么“贞吉”就是“占卜、预测得吉兆”，“贞凶”就是“占卜、预测得凶兆”，“贞厉”就是“占卜、预测得厉兆”，“贞吝”就是“占卜、预测得吝兆”，“可贞”就是“可以占卜、预测”，

“不可贞”就是“不可占卜、预测”，“利艰贞”就是“艰苦奋斗的前提下占卜得有利之兆”，“利居贞”就是“安居、安稳的前提下占卜得有利之兆”，“利女贞”就是“女子占卜得有利之兆”，“贞丈人吉”就是“高大威猛的人占卜得吉兆”，“女子贞不字”就是“女子占卜得不应许配之兆”……如此解释，则所有含“贞”字的卦辞、爻辞都是解释得通、符合逻辑的。

《周易》卦辞和爻辞全文共有43处“孚”字，其中“有孚”26处，此外，还有“勿恤其孚”、“不戒以孚”、“厥孚交如威如”、“孚于嘉”、“罔孚”、“交孚”、“朋至斯孚”、“孚号”、“羸豕孚”、“孚乃利用禴”、“匪孚”、“已日乃孚”、“孚兑”、“孚于剥”、“中孚”等用法。在笔者收集的数百本《周易》相关图书资料里，专家学者们对“孚”的解释都是“诚信”“信用”。这种解释用于“有孚”即“有诚信、有信用”当然是解释得通的。但是用来解释其余的“孚”字则在逻辑上很难讲通。《古汉语常用字字典》对“孚”字的解释有两种：（1）鸟孵卵；（2）信用，诚信，为人所信服（举例为“深孚众望”）。我们不难看出，虽然“深孚众望”可以解释为“诚信、信用程度很高”，但是，“孚”解释为“诚信、信用”的话，“深孚众望”就成了一个名词性成语，“深孚”与“众望”成了两个并列的名词，而在“某人深孚众望”的句式里，“孚”显然是一个动词。“深孚众望”与“众望所归”的意义是接近的，“众望”就是“众人信任、赞赏的眼光”，而“深孚”的“深”为程度副词，“孚”应该是动词，意思是“得、得到、获得、收获”，因此，“深孚众望”符合逻辑的解释应该是“深得众望”。这种解释也符合历朝历代的学者们所公认的一个评判，即《周易》作为占卜、卜筮之书讲的是“得失悔吝”之学，“孚”就是“得失悔吝”之“得”。从汉字的构成来看，“孚”得水为“浮”，“孚”得人为“俘”，“孚”得卵为“孵”，“孚”得火为“烰”（用火蒸、煮、烹），“孚”得土为“垺”（用土夯筑的墙）……因此，笔者认为“孚”的本质意义为“得”。

如果我们把“孚”解释为“得、得到、获得、收获”，那么，“有孚”就是“有所得”，“匪孚”就是“不是所得、不是收获”，“勿恤其孚”就是“不必担忧其所得”，“不戒以孚”就是“不必为所得而担心、戒备”，“厥孚交如威如”就是“那些所得交错罗列、非常壮观”，“孚于嘉”就是“所得值得嘉奖”，“罔孚”就是“网罗所得”，“交孚”就是“交出所得”，“朋至斯孚”就是“朋友来了就会有所得”，“孚号”就是“得到号令”，“羸豕孚”就是“被缠绕住的猪被抓到了”，“孚乃利用禴”就是“有了所得就要进行祭祀”，“已日乃孚”就是“已日就会有所得”，“孚兑”就是“（基于双方）有所得的交易”，“孚于剥”就是“所得来源于剥削他人”，“中孚”（卦名，下泽上风，下两爻和上两爻为阳爻，中间两爻为阴爻，是古人捕猎工具“网罗”的卦象）就是“中间（中空的部分）俘获猎物”……总之，“孚”解释为“诚信、信用”有流于说教的嫌疑，尤其是在整句卦辞或爻辞中不符合逻辑，而解释为“得、得到、所得、获得、收获”则语句通顺，符合逻辑。

《周易》卦辞和爻辞全文共有27处“元”字，其中“元吉”14处，“元亨”10处，“元永贞”2处，“元夫”1处。由以上几种构词方式可知，“元”不是单独使用的，而是用作副词或形容词，其意义为“大”，而且“元吉”的“大”比“大吉”的“大”在程度上还要“更大”一些，“元吉”相当于“大大的吉”。

《周易》卦辞和爻辞全文共有47处“亨”字，其中“元亨”10处，“小亨”2处，“用亨”3处，其余为单独使用。“亨”在“元亨”、“小亨”及单独使用的情况下，意义为“亨通”，在“用亨”的情况下，为“享”的通假字，意义为“祭奠、祭祀”。

《周易》卦辞和爻辞全文共有119处“利”字，其中“利贞”23处（含“小利贞”2处），“利××贞”若干处（如“利居贞”2处，“利艰贞”3处，“利女贞”2处，“利君子贞”与“不利君子贞”各1处，“利武人之贞”1处），“不利”21处，“无攸利”10处，“利见大人”7处，“利涉大川”10处（含“不利涉大川”1处），“利有攸往”14处（含“不利有攸往”2处），“利用”12处，“利西南”3处，“不利东北”1处……总之，古往今来学者们对于“利”字的解释没有异议，即“利于、有利、利益”等。

《周易》卦辞和爻辞全文共有147处“吉”字，58处“凶”字，

34处“悔”字（其中“无悔”6处，“有悔”4处），20处“吝”字，27处“厉”字（其中“有厉”3处），100处“咎”字（其中“无咎”93处），它们在《周易》各爻（以上数字减去下表中的合计数字就是它们在卦辞中的频率）中的具体分布频率统计如下：

	吉	凶	悔亡	无悔	（有）悔	吝	无咎	咎	厉
初九	11	2	2	1	0	0	12+1+1*	1	1
初六	9	7	0	0	0	3	10	0	3
九二	13	3	3	0	0	0	7	0	0
六二	16	3	0	0	0	1	4	0	1
九三	5	6	0	0	3	4	4+2*	0	8
六三	1	7	1	1	2	4	7	0	2
九四	12	3	5	0	0	2	7+1*	0	3
六四	7	1	1	0	0	2	12	0	0
九五	13	1	2	1	0	0	7	0	2
六五	18	2	3	3	0	1	2+1*	0	0
上九	10	6	0	1	1	2	8	0	3
上六	7	12	1	0	2	1	5	0	1
合计阳爻	64	21	12	3	4	8	50	1	17
合计阴爻	58	32	6	4	4	12	41	0	7
总计	122	53	18	7	8	20	91	1	24

（注：初九12例“无咎”，1例“匪咎”，1例“何其咎”，1例“为咎”。九三4例“无咎”，2例“无大咎”。九四7例“无咎”，1例“何咎”。六五2例“无咎”，1例“何咎”。）

如果不分阳爻、阴爻，它们从初爻至上爻这六爻中的分布频率如下：

	吉	凶	悔亡	无悔	（有悔）	吝	无咎	咎	厉
初爻	20	9	2	1	0	3	24	1	4
二爻	29	6	3	0	0	1	11	0	1
三爻	6	13	1	1	5	8	13	0	10
四爻	19	4	6	0	0	4	20	0	3
五爻	31	3	5	4	0	1	10	0	2
上爻	17	18	1	1	3	3	13	0	4

这些与吉凶相关的高频词从古至今在意义解释上没有歧义。“吉”和“凶”的意思显而易见，无需解释。“悔”就是“后悔、悔恨、懊悔、忏悔”之义。“吝”就是“麻烦、困难”之义。“厉”就是“危险、有害”之义。

六、本书特色

本书根据《周易》六十四卦、三百八十四爻（另有乾卦“用九”和坤卦“用六”）的顺序，对每一卦、每一爻进行了详细解读，包含“卦辞原文”或“爻辞原文”、“说文解字”、“古文今译”、“智慧锦囊”四个板块。“说文解字”是对原文中的疑难字词进行现代汉语的解释。“古文今译”是用现代汉语对卦辞和爻辞进行精准翻译，使读者对《周易》卦辞和爻辞的意思一目了然。“智慧锦囊”是本书最重要也最有创意的部分，是对《周易》义理的解析以及管理智慧的案例分析。

本书案例分析以采用改革开放以来著名企业家的案例为主，所涉及的企业家有（按姓氏字母顺序排序）曹德旺（福耀玻璃集团董事长）、丁磊（网易公司董事局主席兼 CEO）、董明珠（格力电器董事长兼总裁）、方洪波（美的集团董事长兼总裁）、冯仑（万通集团董事长）、郭广昌（复星国际董事长）、雷军（小米科技董事长兼CEO）、李嘉诚（长江集团原董事局主席）、李彦宏（百度公司董事长兼CEO）、刘强东（京东集团董事局主席兼CEO）、柳传志（联想集团董事局名誉主席）、马云（阿里巴巴集团董事局主席）、马化腾（腾讯公司董事会主席兼CEO）、潘石屹（SOHO中国董事长）、任正非（华为技术有限公司总裁）、任志强（华远地产原董事长）、史玉柱（巨人网络集团董事长）、孙宏斌（融创中国董事长）、王石（万科集团原董事长）、王健林（大连万达集团董事长）、张瑞敏（海尔集团董事局主席兼CEO）、张文中（物美控股集团董事长）、周鸿祎（360公司董事长兼CEO）、宗庆后（娃哈哈集团董事长兼总经理）等。为了保证案例的可信度，绝大多数案例来自上述企业家在各种会议中的演讲或各种媒体采访中的直接发言。

当然，除了当代企业家的案例，本书还引用了许多古代帝王将相的案例，并大量引用了《大学》《中庸》《论语》《孟子》《道德经》《孙子兵法》《黄帝内经》《史记》《汉书》《资治通鉴》《三国演义》等经典著作中的理论或案例。

由于《周易》卦辞和爻辞行文极简，加上古今文字、语法的巨大差异，从古至今无数学者在个别疑难字词、多义字词的解释以及行文断句上，可以说是千差万别，进而在卦辞和爻辞的解释上也是众说纷纭，古往今来形成许多门派或流派并各持己见、互不认同，笔者所收集的当代著名《周易》学者的著作当然也表现出上述特点。笔者在研究中并不拘泥于任何一家之言，而是在博采众家之言的基础上提出了自己的见解。当然，笔者的一家之言未必能自成一家，书中难免有错讹、不足之处，尚请读者朋友和易学方家多多指正，不吝赐教。

䷀

乾卦第一（下乾上乾）

卦辞原文：乾：元亨，利贞。

古文今译：大为亨通，占卜得有利之兆。

智慧锦囊：乾卦下乾上乾，为天空之象。人类昂首见天，俯首见地。大自然万事万物无不包容在天地之中。盘古开天辟地的神话传说表现了中国古人对天地生成过程的猜想。三国时代吴国人徐整所著《三五历纪》记载：“天地浑沌如鸡子，盘古生在其中。万八千岁，天地开辟。阳清为天，阴浊为地。盘古在其中，一日九变，神于天，圣于地。天日高一丈，地日厚一丈，盘古日长一丈，如此万八千岁。天数极高，地数极深，盘古极长，故天去地九万里。后乃有三皇……首生盘古。垂死化身，气成风云，声为雷霆，左眼为日，右眼为月，四肢五体为四极五岳，血液为江河，筋脉为地理，肌肉为田土，发为星辰，皮肤为草木，齿骨为金石，精髓为珠玉，汗流为雨泽，身之诸虫，因风所感，化为黎甿。”

乾卦加用九有五爻含“龙”字，九四爻虽未出现“龙”字，但爻辞“或跃在渊”为省略主语句，暗含主语“龙”。九三爻是将“君子”比喻为“龙”。总体上看，乾卦是将“君子”比喻为“龙”，并且用“龙”的成长过程来比喻“君子”的成长过程。当然，万事万物的发展都脱离不了乾卦各爻的逻辑规律。

爻辞原文：初九，潜龙勿用。

说文解字：（1）潜：潜伏，潜藏。（2）用：使用，作用。

古文今译：潜藏阶段的龙切勿发挥作用。

智慧锦囊：“潜龙”指出生之后尚处于生长发育阶段的龙，此时体力和智力都不成熟，千万不能和成熟的龙相比，妄图发挥大的作用。“潜龙”可以比拟老虎的幼崽和老鹰的幼雏，它们都不具备捕获猎物的能力。如果老虎的幼崽、老鹰的幼雏出去捕猎，最大的可能是自取灭亡。在大自然中，老虎的幼崽和老鹰的幼雏都会受到父母的细心呵护，“潜藏”在各自的巢穴之中安全成长。初九爻的哲理启示我们，为人父母者，应该细心呵护自己的幼年子女，不要试图让他们承担家庭重任。孩子还不到发挥作用、建功立业的阶段，健康快乐的成长就是他们的主要任务。放到当下的社会环境来说，大学之前的孩子，主要任务有两个：一是健康成长，二是努力学习。过早地踏入社会、谋生赚钱对于孩子的长远发展是不利的。

西汉第三任皇帝刘恭（约公元前 192 年—公元前 184 年）是汉惠帝刘盈嫡长子。汉惠帝朝，皇太后吕雉教汉惠帝皇后张嫣假装有身孕，取惠帝与宫人之子刘恭抚养，谎称是张嫣所生，并鸩杀刘恭生母，立刘恭为太子。汉惠帝七年（公元前 188 年），汉惠帝驾崩。吕后立刘恭为皇帝，因为刘恭年幼，由吕后临朝称制。汉高后四年（公元前 184 年），年仅 8 岁的刘恭得知自己并非张嫣的亲生儿子，自己生母已被害，于是口出怨言，扬言长大之后要为母复仇。吕后害怕刘恭长大后会报复，于是将他囚禁在永巷。不久，刘恭被吕后废黜并暗中杀害。

刘恭虽然贵为皇帝，但实际上只是一个 8 岁的幼儿，不具备任何与吕后抗衡的能力。刘恭之死是因违反了“潜龙勿用”的规律而导致自己非正常死亡的典型案例。

爻辞原文：九二，见龙在田，利见大人。

说文解字：（1）见：出现，参见，拜见。（2）田：田野。（3）大人：君王、诸侯、王公、高官、老师、尊长等。

古文今译：龙出现在田野，见大人有利。

智慧锦囊：经过初九爻“潜藏”期的安全成长，九二爻的“龙”已经能够到地面上活动，到了锻炼身体、学习生存技能的阶段。相当于小虎在虎穴附近奔跑、模仿父母捕捉技巧的阶段，或小鹰在鹰巢附近扑腾翅膀、模仿父母抓捕技巧的阶段。“利见大人”对于古人来说就是拜师学艺，放到当下的社会语境来说就是进入小学、中学好好跟老师学习。九二爻还可比喻一个组织发展的初始阶段。

著名电商京东在2007年近乎山穷水尽时，得到今日资本于2007年3月、8月分两次注资共1000万美元。2008年10月，资本市场寒冬到来。这段时间的融资是刘强东最煎熬的日子，接连见了三四十家基金，有时候一天见两三家，却没有人愿意投。每个投资人都在问：京东什么时候才能赚钱？京东模式跟淘宝、天猫比，有什么优势？京东成本跟国美、苏宁比，好在哪里？从2007年到2010年，京东每年的销售额是上一年的大约三倍。高速扩张需要大量的资金支持，这段时间，京东亟须融资。面临资金链断裂的压力，刘强东甚至真的为融资急得白了头发。功夫不负有心人，京东累计融资20多亿美元，渡过难关，2014年5月在美国纳斯达克上市。

我们可以说，2007年到2010年的京东正处在“见龙在田”的发展阶段，刘强东为了企业融资频繁求见投资人就是“利见大人”。

爻辞原文：九三，君子终日乾乾，夕惕若，厉，无咎。

说文解字：（1）乾乾：强健，勤奋。（2）惕：警惕，谨慎。

古文今译：君子白天整日强健勤奋，夜晚警惕谨慎，即使有危险，也没有过失。

智慧锦囊：一个男孩在初九爻受父母呵护的幼年阶段和九二爻跟老师学习的童年和少年阶段还称不上“君子”，只有到了拥有独立自主精神、立下宏伟志向并为既定目标而努力奋斗的青年阶段才可以称为“君子”。放到当下语境，到了大学、研究生阶段的优秀学子就可以称为“君子”。“终日乾乾”强调的是奋发有为精神，“夕惕若”强调的是居安思危精神。“君子终日乾乾，夕惕若”的精神值得我们终生奉行。

方洪波接受《每日经济新闻》采访时说：“我发自肺腑地讲，我不认为美的是一个成功的企业。我跟管理层也一直是这样讲的。《周易》里面有一句话：‘君子终日乾乾，夕惕若，厉，无咎。’意思就是你每天要保持谦虚谨慎，要谨小慎微，要保持高度的危机感，就不会有麻烦和灾难。我告诉我们的团队一直要保持这样，再伟大的企业也肯定有困境。我们从来不认为美的是成功的企业。”

雷军在2017小米投资年会上说：“在成功的路上，其实只有这一个秘诀：认真拼命地工作。”“我们第一代创业者，面临如此激烈的竞争，如果我们的付出不比别人多，是没有可能成功的。”“稻盛和夫白手起家创办了两家世界五百强企业，京瓷和KDDI，被日本人誉为经营之神。稻盛和夫所写的《六项精进》这本书里三分之二的内容就是在讲三句话：（1）付出不亚于任何人的努力；（2）认真拼命地工作；（3）除了拼命工作之外，世界上不存在更高明的经营诀窍。”

雷军的观点印证了“君子终日乾乾”的精神。

爻辞原文：九四，或跃在渊，无咎。

说文解字：（1）跃：腾跃，跳跃。（2）渊：深渊。

古文今译：龙时常在深渊里上下腾跃，没有过失。

智慧锦囊：“或跃在渊”是指龙在深渊里试验和练习自己的飞腾能力，比喻君子训练自己将理论付诸实践的能力。成语“跃跃欲试”就来源于“或跃在渊”。进行尝试和模拟训练可以提高实战能力，所以“无咎”。

史玉柱在湖畔大学授课时说：“我在做脑白金之前，我们总结只要产品关、体验关、营销关这三关过了，我们的脑白金就能成功。这三关我亲自带着团队一关一关地过。在报批的时候，我们总工程师负责报批，他报批的方案我亲自去审，我去北京找那些专家，找那些官员，在报批上和他们沟通。我们的产品批下来了，我们的产品很独特：一个液体，一个胶囊，在一起。这个组合是非常好，对我们后来的销售是非常好的。产品这关过了，体验这关让我们团队每天吃，大家也坚信了，最后就是营销关。”“当时广告文案我是亲自写的，我们开始七篇广告文案，全是我一个人自己写，每个礼拜写一篇，一篇也没有多少字，写很快，改，不停地改。每天把自己关起来，不出门，靠别人送饭，我关在屋里干，把七篇文章写出来了，拿出来之后和团队去沟通。”“我们在江阴试点，我们花了很多精力，当时我的一句说法叫作‘试销市场快不得，全国市场慢不得’。试销市场是在这个市场里面检验你的产品，检验你的包装，检验你的广告，检验你在商店里产品的推广。”

史玉柱的案例印证了九四爻“或跃在渊，无咎”的哲理。

爻辞原文：九五，飞龙在天，利见大人。

古文今译：龙在天空飞腾，见大人有利。

智慧锦囊：“飞龙”比喻体力、智力、能力等已经成熟的君子。经过前四爻的各级准备阶段，一个人已经成长为身体强健、头脑睿智、精力充沛、精神丰富的可用之才，可以大展宏图了。对于古人来说，“大人”就是君王、诸侯、王公、高官、富豪、老师、尊长等。在漫长的古代社会，君王就是最顶级的“大人”。科举时代考中状元、进士的读书人走上治国理政的各级岗位，可谓“飞龙在天”。放在当今社会，大学生、研究生毕业之后，得到用人单位的赏识，被录用到自己理想的工作岗位，将自己所学的知识应用到工作当中，得以充分发挥自己的聪明才智，就是“利见大人”。

马化腾在2018中国（深圳）IT领袖峰会上演讲说：“今年广东省给我们一个任务，让我们做‘数字广东’，可以说是广东省一号工程，给我很大压力，只能成功，不能失败。成功了，可以去各个省推广。两会期间，我正好坐在马省长（马兴瑞）后面，前面一排都是各个省的省长，我积极去谈方案，马省长也帮助推广。很多省都表达了意向，他们也希望我们过去发展。”

马化腾所讲的这个故事就是“飞龙在天，利见大人”的现实案例。

对于身为各级人大代表、政协委员的民营企业家来说，一方面要做到“利见大人”，另一方面要防止“亢龙有悔”。

爻辞原文：上九，亢龙有悔。

说文解字：（1）亢：亢奋，过度。

古文今译：亢奋过度的龙会有悔恨。

智慧锦囊：上九爻意在强调君子为人处世、行为举止、干事创业要有度、适度，不可过度。《礼记·大学》中所提出的“止于至善”和《论语》中孔子所说的“过犹不及”与上九爻是同样的哲理。任何事都要有度，都要“知止”，凡事过度就会“有悔”，君子不可不慎。

史玉柱在湖畔大学授课时讲述了自己“亢龙有悔”的故事：“一个企业家，一个领路人和一个团队，最难认清的是自己，尤其是在取得了一定成绩之后，对自己的认识是最不清楚的。巨人当年取得了成功之后，我的团队，主要是我，开始觉得自己本事挺大的，想做的事真的做成了，再做事我也能做成，把自己的能力估计过高了。”“第一阶段为什么会有聚焦？是因为自己觉得自己不行，觉得自己不行，你就要加倍地努力，所以就会出现不断聚焦、聚焦、再聚焦。当第二个阶段自己取得一定成功的时候，就觉得自己什么都能做，以为自己比别人强了，这时候就开始要犯错误了，就认不清自己了。”“脑黄金成功之后，我们的队伍、我本人就彻底忘乎所以了。我们做第二个又是成功的，那就开始一发而不可收，所以我就组织了三大战役：保健品、药品和软件。在组织三大战役的同时，又拓展了新的领域，化妆品领域、服装领域，当时传销还不是违法的，还成立了一个传销部。我们这么忘乎所以，投了这么多项目，现在回过头来看，但凡懂点管理学，懂点企业运营，这样做只有一个结果，只有失败。因为你没有那么多人才，因为你没有聚焦，因为你的人力、财力、物力，各个方面都跟不上。因为一个项目要做成功，你的研发要做到一流，你的营销要做到一流，你的管理团队要做到一流，你的激励机制要跟上，你的财力要跟上。我们做了那么多，一个都跟不上，所以一个月，三大战役，第一个月我们投了五千万的广告费打水漂了。”“巨人很快陷入了低谷，巨人一下从悬崖上坠落。我们上得很快，用了三年时间爬到山顶上去，从悬崖上掉下来，一个月就掉下来了。虽然没摔死，一下就摔昏迷了、休克，整个公司 1997 年 1 月份一下子就休克了。这个根源出在哪？真正的原因就是我们已经不能正确地认识自己，取得一定成绩的时候不能正确地认识自己，不能正确地评估自己和自己的团队、公司的能力，狂妄自大。”

爻辞原文：用九，见群龙无首，吉。

说文解字：（1）见：出现。（2）首：首领。

古文今译：群龙出现，没有首领，吉。

智慧锦囊：“见群龙无首”说明群龙自谦、自我克制，能够做到行为有度而合群。放到当今时代，就是指一个人能力很强又态度谦虚，富有团队精神。

张瑞敏在 2016 年世界智能制造大会上演讲说：“中国的《周易》当中有一句：‘见群龙无首，吉。’《易经》六十四卦，第一卦是乾卦，最高境界就是群龙无首。‘群龙无首，天下治也。’这句话不是现在‘没有人管，乱成一团’的贬义，而是指每一个人都是龙，每一个人都会把自己的工作做到极致，从而各司其职，发挥自己的能力。”

雷军在 2017“中国绿公司联盟圆桌会·小米站”演讲说：“我在创办小米的同时想试一下管理创新，就要看看到底什么方式的管理是最好的。于是，我进一步地思考：什么样的人不需要管理？首先，这个人得有能力。其次，这个人要有高度的责任心，不需要你管理。还有一条，内心要有无穷的动力。就是他要跟我一样，想改变这个社会，想把产品做好。你不需要为他鼓掌，不需要打气，也不需要刺激他。如果你能找到这样的一群人，你的产品一定能做得很好，不需要去管他们。接着我们的利益分配机制是合理的，所以我就试了这样一套完全只抓问题本质的管理模型，就是找有能力、有责任心、有自我驱动力的人才。”

雷军所说的“有能力、有责任心、有自我驱动力的人才”就是“群龙”，“不需要管理”就是“无首”。雷军所说的“如果你能找到这样的一群人，你的产品一定能做得很好”就是“见群龙无首，吉”。

䷁

坤卦第二（下坤上坤）

卦辞原文：坤：元亨，利牝马之贞。君子有攸往，先迷，后得主，利西南得朋，东北丧朋，安贞吉。

说文解字：（1）牝：雌性。（2）攸：所。（3）迷：迷惑，迷路，迷途。（4）主：主见，主心骨。（5）安：安稳，安定，安心。

古文今译：大为亨通，有雌马一样的品质则占卜得有利之兆。君子有所往，起先迷惑，后来有了主见，西南方有利能得到朋友，东北方会丧失朋友，安稳的前提下占卜得吉兆。

智慧锦囊：坤卦下地上地，为大地之象。人类头顶青天，脚踩大地。

大地是大自然万物繁衍生息之所，人类与土地的关系十分密切。中国古代“盘古开天辟地”的神话传说流传至今。

马是最早为人类驯化的动物之一。在工业革命机械动力出现以前的漫长历史中，马是人类运输、通行所借助的主要动力来源。人类对马的品性有深入的了解和把握，“牝马”至少有三种优秀的品质：其一，性情温顺；其二，耐力持久；其三，忍辱负重。“利牝马之贞”是用“牝马”来比喻君子，君子如果拥有“牝马”的品质，在人生旅途上就能够像牝马驰骋大地一样“元亨”。

“君子有攸往，先迷，后得主”旨在强调君子在人生旅途上很难一帆风顺、一路顺风。年轻时缺乏经验，在事业的初始阶段难免会感到迷茫，会有类似迷路的情况，随着阅历的增加，人生的方向就会清晰，就能为自己的人生做主。

《周易》全文中共有三处“利西南”，另两处在第三十九卦蹇卦卦辞中：“利西南，不利东北，利见大人，贞吉。”第四十卦解卦卦辞中：“利西南，无所往，其来复，吉，有攸往，夙吉。”坤卦卦辞和蹇卦卦辞中都明确提到“东北丧朋”或“不利东北”。“利西南、不利东北”的认知根源在于《周易》的作者周文王所生活的区域在亚洲所处的地理位置。从商周时代周国（大约为今天陕西省的范围）的位置看，东北方向的广大区域（今我国内蒙古、蒙古国、俄罗斯等区域）气候条件恶劣，“胡天八月即飞雪”，不利于农作物生长，物产匮乏。游牧民族民风彪悍、英勇善战，经常骚扰、侵袭、掳掠我国边境地区。周国的西南方向为成都盆地，自古就是“天府之国”，气候条件优越、物产丰富，当地人民也相对性格温和、热情好客。两相比较，当然是“利西南”“不利东北”。因此，《周易》中对于方位吉凶的判断不是随意的、任性的、死板的、迷信的，而是以客观事实为依据的。“利西南”“不利东北”反映了古人对于“地利”的认识。

“安贞吉”是启示后人在人生旅途上要像“牝马”一样拥有“安稳”、“安静”、“安定”、“安祥”、“安心”的性格品质。

爻辞原文：初六，履霜，坚冰至。

说文解字：（1）履：踩，踏。（2）至：到来。

古文今译：当脚踩到霜，坚冰就要来到。

智慧锦囊：“履霜，坚冰至”源于古人对气候变化规律的认知，旨在强调在秋霜落下时就要为天寒地冻的冬天做好准备。初六爻的哲理启示我们，要认识并把握事物发展的客观规律，要预料到事物发展趋势并提前准备好应对策略，这就是“防患于未然”的思想。

2001年3月，任正非在华为企业内刊上发表了题为“华为的冬天”的文章，文中说：“公司所有员工是否考虑过，如果有一天，公司销售额下滑、利润下滑甚至会破产，我们怎么办？我们公司的太平时间太长了，在和平时期升的官太多了，这也许就是我们的灾难。泰坦尼克号也是在一片欢呼声中出的海。而且我相信，这一天一定会到来。面对这样的未来，我们怎样来处理，我们是不是思考过？我们好多员工盲目自豪，盲目乐观，如果想过的人太少，也许就快来临了。居安思危，不是危言耸听。”“今年我们要广泛展开对危机的讨论，讨论华为有什么危机，你的部门有什么危机，你的科室有什么危机，你的流程的哪一点有什么危机。还能改进吗？还能提高人均效益吗？如果讨论清楚了，那我们可能就不死，就延续了我们的生命。怎样提高管理效率？我们每年都写了一些管理要点，这些要点能不能对你的工作有些改进？如果改进一点，我们就前进了。”“现在是春天吧，但冬天已经不远了，我们在春天与夏天要念着冬天的问题。IT业的冬天对别的公司来说不一定是冬天，而对华为可能是冬天。华为的冬天可能来得更冷一些。我们还太嫩，我们公司经过十年的顺利发展没有经历过挫折，不经过挫折，就不知道如何走向正确道路。磨难是一笔财富，而我们没有经过磨难，这是我们最大的弱点。我们完全没有适应不发展的心理准备与技能准备。”“沉舟侧畔千帆过，病树前头万木春。网络股的暴跌，必将对二三年后的建设预期产生影响，那时制造业就惯性进入了收缩。眼前的繁荣是前几年网络股大涨的惯性结果。记住一句话：物极必反。这一场网络设备供应的冬天，也会像它热得人们不理解一样，冷得出奇。没有预见，没有预防，就会冻死。那时，谁有棉衣，谁就活下来了。”

任正非的观点体现了初六爻“履霜，坚冰至”的哲理，也体现了优秀企业家未雨绸缪、防患于未然的远见卓识。

爻辞原文：六二，直方大，不习无不利。

说文解字：（1）直：正直。（2）方：方正。（3）大：博大。（4）习：习惯，熟习。

古文今译：直、方、大，即使不熟习也没有什么不利。

智慧锦囊：如果一片土地直、方、大，那么一匹马即使不熟习地形地貌也可以放心、安全地驰骋。如果一条道路直、方、大，那么行人、车辆即使不熟悉路况也可以放心、安全地快速行驶。如果一个人拥有直、方、大的道德品质，那么我们即使与他不熟悉也可以放心、安全地与他交往。我们可以将盘山公路与高速公路做一个简单比较，在盘山公路上我们开车必须小心翼翼，车速不敢太快，还要经常踩刹车，而在高速公路上，我们可以保持一百公里左右的速度，放心自如地驱车前进。如果是山间的羊肠小道，不仅不能开车，走路都要小心翼翼。六二爻的哲理启示我们，一方面自己要拥有“直、方、大”的人品，另一方面也要选择与那些拥有“直、方、大”品德的人交往。只要拥有“直、方、大”的品质与胸怀，人生路上就能“不习无不利”。

爻辞原文：六三，含章，可贞，或从王事，无成有终。

说文解字：（1）含：内含。（2）章：文章，文采，才学。（3）从：跟从。（4）事：做事。（5）成：成就。（6）终：结局，结果，善终。

古文今译：腹有诗书文章，可以占卜预测未来，如果跟从君王做事，即使没有成就，也会有善终。

智慧锦囊：“含章”即饱读诗书、富有才华。有才华的人进行占卜才有意义，目不识丁、大脑空洞、愚蠢无知的人不用占卜也明摆着没有大好前程，因此，“含章”是“可贞”的前提。自古以来，君王治国理政就需要招揽天下英才。

《史记》中记载了尧选用人才的故事，帝尧时期选用人才采取的是推举制，但推举之后，还要进行试用，以观其是否真的“含章”。汉朝时，选拔人才采取的是举孝廉制度，隋朝开创了“科举制”，考察人才“含章”水平的制度从此日趋完善。

任正非的女儿华为 CFO 孟晚舟 2017 年在清华大学演讲时说：“我们需要什么样的人才？（一）胸怀世界：愿意迎接世界性的问题和挑战，

在解决难题、面对挑战的过程中，提升自己的视野和胸怀。最优秀的人解决最大的问题，真正的人才，不会愿意在一个平庸、安逸、缺乏挑战的环境中虚度光阴。（二）坚韧平实：不浮躁、不急切、愿意一步一步走向成功。期望一夜暴富、一夜成名的人才，接受不了我们，我们也接受不了。心态浮躁对ICT行业有极大的破坏力，我们提倡工匠精神。（三）洞察新知：变革时代，惟一确定的就是不确定性，我们只有不断地学习、发现、认知和理解，只有这样才能驾御这个世界。”

孟晚舟的讲话概括了华为对员工“含章”的要求。

爻辞原文：六四，括囊，无咎无誉。

说文解字：（1）括：扎紧，束紧。（2）囊：口袋。

古文今译：扎紧口袋，没有过失也没有美誉。

智慧锦囊：从本义上来说，扎紧口袋可以防止装在里面的粮食或金钱洒掉、漏掉或丢失。“括囊”意味着采取可靠措施保护自己的财物，所以“无咎”，但是别人不知道也得不到自己的财物，所以“无誉”。“括囊”还比喻管住自己的嘴巴，不要轻易表达自己的意见。正所谓“病从口入，祸从口出”，闭上嘴巴不发表意见当然不会犯错误，所以“无咎”，但是缄口不言会导致别人无法知道自己的才华，所以“无誉”。

孔子说：“可与言而不与之言，失人；不可与言而与之言，失言；知者不失人，亦不失言。”老子《道德经》第五章中说：“多言数穷，不如守中。”孔子和老子关于言说的智慧可以作为六四爻哲理的有机补充。

有一个流传甚广的故事说，一位刚入职华为不久的高才生给任正非写了一封“万言书”，针对华为公司的管理、战略等方面指出不足并提出改进办法，任正非给予批复：“此人如果有精神病，建议送医院治疗；如果没病，建议辞退！”

马云曾在阿里巴巴公司内部邮件中说：“员工进入公司前三年，谁和我谈战略开除谁！尤其是新入职的员工，首先要做好本职工作。当你成了三年阿里人后，你讲的话我一定洗耳恭听。我们喜欢小建议、小完善，我们感恩你的每一个小小的完善行动。”

任正非和马云的案例足以说明六四爻哲理的现实意义。

爻辞原文：六五，黄裳，元吉。

说文解字：（1）裳：下衣。

古文今译：黄色的下衣，元吉。

智慧锦囊：黄色是古代周国所在地黄土高坡的标志色。中国的土地主要有五种颜色：东方为青色土地，南方为红色土地，西方为白色土地，北方为黑色土地，中部为黄色土地。自古至今，中原黄色土地的面积最为广阔。因此，“黄”色比喻土德，即坤德、大地之德。古人穿“黄裳”意味着崇尚土德，土德即厚德，是承载并养育大自然万物的美德。

曹德旺在博鳌亚洲论坛2011年会上说：“民营企业首先要自我完善，从自我规范做起，学会以后再走出去，这就是我的观点。我再说一句话，经营一个理想，你想成功，没有智慧是绝对不行的！学好我们的文化，用好我们的文化，使用到我们的经营上，学会珍惜天下人，戒贪、戒骄。我想告诉民营企业家：厚德载物，自强不息！”

曹德旺作为中国知名企业家对于“道德”的看法可以加深我们对六五爻的理解。

爻辞原文：上六，龙战于野，其血玄黄。

说文解字：（1）野：原野。（2）玄：黑色。

古文今译：龙在原野上交战，流出黑色和黄色的血。

智慧锦囊：土地是大自然万物繁衍生息的根本之所。我们知道，所有的动物都有强烈的地盘意识。野生动物比家畜、家禽的地盘意识更强烈。从老鼠到老虎，都有特定的繁衍生息的区域。当别的动物入侵自己的地盘时，保护地盘之战就不可避免。哪怕植物为了争取阳光进行更充分的光合作用，也会争夺土地和生存空间。“龙战于野”就是龙为了争夺地盘在原野上交战，“其血玄黄”就是龙在战争中流血牺牲。上六爻可以比喻国家之间为争夺土地而进行战争。古往今来，国家之间为争夺土地而进行的流血战争数不胜数。上六爻还可以比喻商场上、职场上的各种争夺战。

爻辞原文：用六：利永贞。

古文今译：占卜得永久有利之兆。

智慧锦囊：大地广博、宽厚，承载并养育大自然万物，大地会永久存在，供万物繁衍生息。厚德载物比喻君子的美德。拥有厚德的君子会像大地一样“利永贞”。

清华大学的校训是“自强不息，厚德载物”，其中“自强不息”来自乾卦，而“厚德载物”来自坤卦，寓意：天行健，君子以自强不息；地势坤，君子以厚德载物。

孙宏斌在2018年亚布力中国企业家论坛上说：“以前我对价值观的理解不够深，现在企业做大规模了，我觉得价值观特别重要，它能决定一个企业走多远。”“价值观是很难说清的，我自己的价值观就是‘厚道’。”“我的公司很多人都是大学一毕业就在我这里干，融创才15年，但是很多人跟了我20年，很多员工别人涨十倍工资都挖不走。”“我一直对钱不太有概念，其实我不太适合做公司。为什么大家愿意找我合作呢？因为我不太会算账。”“我现在越来越体会到价值观的重要性。为什么别人要和你并购？就是因为你‘厚道’。”“之所以那么多人愿意和我合作，我的很多高管都跟了我几十年，就是因为‘厚道’是我的价值观。”有统计显示，融创中国在2017年仅与乐视网和万达两家公司的交易额就高达588亿元。

孙宏斌所说的“厚道”与“厚德载物”的内涵是一致的。

屯卦第三（下震上坎）

卦辞原文：屯：元亨，利贞，勿用有攸往，利建侯。

说文解字：（1）屯：聚集，囤积。（2）侯：诸侯。

古文今译：大为亨通，占卜得有利之兆，不用有所往，利于分封诸侯。

智慧锦囊：屯卦下雷上水，为雨云聚集，即将打雷下雨之象。雷雨一般发生在春季和夏季，春天和夏天是万物生长的好季节，所以“元亨，利贞”。中国农业社会有春耕、夏耘、秋收、冬藏的传统，春夏季节农民群众要利用雨水及时进行农业生产劳动，壮劳力要留在家里干农活，所以“勿用有攸往”。对于国家来说，分封诸侯既能让诸侯分享利益，又能够让诸侯分担责任。本质上讲，“分封诸侯”就是建立一个利益共享、风险共担的命运共同体，因此“利建侯”。

爻辞原文：初九，磐桓，利居贞，利建侯。

说文解字：（1）磐：巨石，磐石。（2）桓：古代立在官署、驿站等建筑物旁的标志性立柱，后称华表。

古文今译：要像磐石、立柱那样稳固，安居、稳定的前提下占卜得有利之兆，利于分封诸侯。

智慧锦囊：在创业之初，首先要站稳脚跟，因此做事要像磐石和立柱那样，稳固为先，稳扎稳打。分封制是古代帝王巩固政权的有效方式，例如，周武王为巩固周朝的统治，分封姬姓宗室子弟和异姓功臣为列国诸侯，爵位分为五等：公、侯、伯、子、男，共 71 国，其中姬姓封国 53 个。初九爻的哲理可以比喻到商业经营领域，企业建立分公司、设置经销商的做法就是“建侯”。

我们必须明白，一个人的能力再强，靠单枪匹马也干不成大事。一个人要想创业，就必须有合伙人，创建一个团队，分工合作，共创大业。柳传志所说的“建班子、定战略、带队伍”就是这个道理。柳传志说：“建班子保证了联想有一个坚强的意志统一的领导核心。定战略是如何有指导思想地建立起远、中、近期战略目标，并制定战术步骤，分步执行。带队伍是如何通过规章制度、企业文化、激励方式，最有效地调动员工积极性，保证战略的实施。”

柳传志创办、带领和管理联想公司的理论可以拓宽我们对初九爻的理解。

爻辞原文：六二，屯如邅如，乘马班如，匪寇，婚媾。女子贞不字，十年乃字。

说文解字：（1）屯：聚集。（2）邅：徘徊。（3）乘：马车。（4）班：排列，列队。（5）匪：通“非”。（6）寇：贼寇侵略。（7）媾：求婚，结婚，婚嫁。（8）字：在匹配男女双方生辰八字的基础上进行许配。

古文今译：车马成列，聚集在一起徘徊旋转，不是贼寇侵略，而是婚嫁活动。女子占卜不可许配，要满十岁才能许配。

智慧锦囊：第二十二卦贲卦六四爻“贲如皤如，白马翰如，匪寇，婚媾”与六二爻有相似之处。在商周时代，与异族通婚是国家实现边境和平的重要手段。汉代的“昭君出塞”、唐代的“文成公主嫁松赞干布”都是古代帝王借通婚手段实现国际和平的案例。大队人马、浩浩荡荡、声势浩大，只要不是来侵犯的部队，无论是我方前往别国进行联姻，还是别国前来我方进行联姻，都不是坏事，是好事。

“女子贞不字，十年乃字”说明商周时代对于女子婚配有明确的年龄要求，即必须年满十岁才可许配人家。这种年龄要求的根源在于商周时代医疗条件非常有限，无论男孩还是女孩，出生后的夭折率都很高。即使有御医团队提供医疗服务的皇室成员，也很难抵御疾病死神的侵害。孩子只有到了十岁以上，身体健康状况才趋于稳定。不要说遥远的商周时代，即使到了相对发达的清朝乾隆年间，皇家子女的夭折率也非常高。

据历史记载，乾隆皇帝的17个皇子中，皇次子8岁，皇七子1岁，皇九子1岁，皇十子2岁，皇十三子出生不久后幼殇，皇十四子3岁，皇十六子3岁，也就是说乾隆的17个皇子中有7个没有活过10岁，而活过10岁的孩子中，都活到了成年。再看乾隆皇帝的10个女儿，皇长女1岁，皇次女出生不久后幼殇，皇五女6岁，皇六女7岁，皇八女10岁，也就是说乾隆皇帝的10个女儿中有5个没有活过10周岁，而活过10周岁的5个女儿，都活到了成年。众所周知，乾隆皇帝活到了89岁，是中国历代帝王中寿命最长的一位，乾隆的母亲也活到了85岁，所以乾隆皇帝不仅自己身体健康状况良好，还有长寿基因，但是乾隆皇帝子女中活不到10岁的夭折概率还是接近50%。皇家尚且如此，普通人家的情况可想而知。

由此可见，“女子贞不字，十年乃字”是有医学依据的。君王、诸侯严格遵循女子满10岁再进行许配的原则是对邦交关系负责任的具体表现，普通人家遵循这一规则也是对双方家庭和子女负责任的表现。文学作品中虽然有“指腹为婚”、“娃娃亲”的故事，民间也有类似的佳话，但是事实上一方或双方夭折的概率是很大的，因此，无论民间还是皇室，等女孩年龄达到10岁再行许配人家是基于当时医学条件而制定的对双方负责任的规矩。

爻辞原文：六三，即鹿无虞，惟入于林中，君子几，不如舍，往吝。

说文解字：（1）即：偶然碰见。（2）虞：准备。（3）惟：只好。（4）几：紧追不舍。

古文今译：偶然碰见鹿但没有准备捕猎工具，只好让它跑入树林之中，君子孜孜以求、紧追不舍，不如舍弃，继续前往会有麻烦。

智慧锦囊：战场上，要“不打无准备之仗”。打猎时，要“不打无准备之猎”。鹿肉虽然是上等美味，但鹿是不可能徒手抓住的。手里没有捕猎工具，即使拼命紧追也是徒劳无益。六三爻的哲理启示我们，机遇总是青睐有准备的人，与其见到机遇就羡慕不已、孜孜以求、紧追不舍，不如完善自身、做好准备，正所谓“临渊羡鱼，不如退而结网”。《孙子兵法》中说：“故知胜有五：知可以战与不可以战者胜；识众寡之用者胜；上下同欲者胜；以虞待不虞者胜；将能而君不御者胜。此五者，知胜之道也。”《孙子兵法》中的“以虞待不虞者胜”与六三爻的哲理是一致的。

任正非于2016年10月在华为“出征·磨砺·赢未来”研发将士出征大会上演讲说：“在当前行业数字化及网络转型的时机，我们从研发集结了2000名高级专家及干部，奔赴战场，与几万名熟悉场景的前线将士，结合在一起，形成一股铁流。在机遇之窗开启的瞬间，扑上去，撕开它，纵向发展，横向扩张。”“大时代呼唤着英雄儿女，机会将降临有准备的人。大江东去浪淘沙，天翻地覆慨而慷，不能打仗的主管将会离开岗位。随时准备下台，才能不下台。”“我们今天集结2000多名高级专家及高级干部走上战场，让他们真正去理解客户需求，背上他们自己制造的降落伞，空降到战火缤纷的战场。春江水暖鸭先知，你不下水，怎么知道天气变化？当前‘天气预报’绝大多数都是美国做出的。美国不仅集中了大量优秀人才，而且创新机制、创新动力汹涌澎湃。我们要敢于聚焦目标，饱和攻击，英勇冲锋。不惜使用范弗里特弹药量，对准同一城墙口，数十年持之以恒地攻击。敢于在狭义的技术领域，也为人类做出‘天气预报’。努力在基础科学上领先，与以客户为中心并不矛盾。客户需求是广义的，不是狭义的。”

任正非的观点印证了六三爻的哲理，任正非提前准备、提前布局的战略管理思想是华为在国际、国内市场上所向披靡的重要保证。

爻辞原文：六四，乘马班如，求婚媾，往吉，无不利。

古文今译：车马成列，去求婚，前往为吉，没有什么不利。

智慧锦囊：六四爻与六二爻有类似之处。对于国家来说，不同民族、不同诸侯国之间的通婚是维护国家和平的重要手段。对于老百姓来说，联姻是促进两个家庭乃至家族形成合力的重要手段。六四爻的哲理运用到商业经营领域，就是公司之间友好合作、强强联手。

任正非于 2005 年 4 月在“广东学习论坛”第十六期做了题为“华为公司的核心价值观”的专题报告，任正非说：“与友商共同发展，既是竞争对手，也是合作伙伴，共同创造良好的生存空间，共享价值链的利益。”“2000 年 IT 泡沫破灭以后，整个通讯行业的发展都趋于理性，市场的增长逐渐平缓，未来几年年增长不会超过 4%，而华为要快速增长，就意味着要从友商手里夺取份额，这就会直接威胁到友商的生存和发展，就可能在国际市场上到处树敌，甚至遭到群起而攻之的处境，但华为现在还是很弱小，还不足以和国际友商直接抗衡，所以我们要韬光养晦……宁愿放弃一些市场、一些利益，也要与友商合作，成为伙伴，和友商共同创造良好的生存空间，共享价值链的利益。我们已经在好多领域与友商合作做起来，经过五六年的努力，大家已经能接受我们，所以现在国际大公司认为我们越来越趋向于朋友，不断加强合作会谈。如果都认为我们是敌人的话，我们的处境是很困难的。所以这些年，我们一直在跟国际同行在诸多领域携手合作，通过合作取得共赢、分享成功，实现‘和而不同’，和谐以共生共长，不同以相辅相成，这是东方古代的智慧。华为将建立广泛的利益共同体，长期合作，相互依存，共同发展。”

任正非的观点印证了六四爻的哲理。

爻辞原文：九五，屯其膏，小贞吉，大贞凶。

说文解字：（1）膏：脂肪，民脂民膏。

古文今译：积聚民脂民膏，小规模的前提下占卜得吉兆，大规模的前提下占卜得凶兆。

智慧锦囊：九五爻是告诫统治者不要大规模剥削民脂民膏，要体恤百姓，采取“藏富于民”的政策。对于企业来说，“膏”就是利润。九五爻的哲理应用到商业经营领域，就是企业不要追求暴利，要把利润率控制在合理的程度。

雷军在2017小米科技投资者大会上演讲说：“希望大家把握机会，能够相信小米模式，相信小米价值观。当然，这里最大的难点是做起来不容易。要说简单，特别简单，要说复杂，特别复杂。比如控制毛利率，本可以一把发财的事情，让你少挣一点，能不能每个人只挣一块钱？克制贪婪，这四个字写出来容易，做到难似登天。克制贪婪的本质是什么？是任何时候把用户放在第一位，把合作伙伴放到第二位，把股东放到第三位，把自己放到第四位。如果我们永远这么思考问题，虽然是个笨办法，但是跟拼命工作一样，这是世界上最高明的办法。因为你持之以恒，最后才能获得巨大的成功，而且可以真正影响到整个世界。”

雷军所说的“控制毛利率”、“克制贪婪”、“少挣一点”、“每个人只挣一块钱”与九五爻“屯其膏，小贞吉”的哲理是一致的。

爻辞原文：上六，乘马班如，泣血涟如。

说文解字：（1）泣：泪水。（2）涟：眼泪不断的样子。

古文今译：车马成列，血泪涟涟。

智慧锦囊：六二爻和六四爻中都有“乘马班如”，六二爻中明确指出“乘马班如”的目的是“匪寇，婚媾”，六四爻中明确指出“乘马班如”的目的是“求婚媾”，可见，由于求婚、联姻而出动大队人马不是坏事，至少不会有恶果。但上六爻的“乘马班如”出现了“泣血涟如”的恶果，显而易见，上六爻的“乘马班如”目的不是去“婚媾”或“求婚媾”，不是“匪寇”，而是去做了“为寇”的事情，而且在战斗中被打败了，从而“泣血涟如”。由此可见，睦邻友好自古以来就是中国人信奉的国际关系准则和为人处世原则。

马化腾于2015年5月在香港大学所做的演讲中谈到滴滴和快的之争时说：“我们支持滴滴，阿里巴巴支持快的，我们就像打仗，像武林高手一样，一天大概亏损2000万，再炒到3000万，我也跟，最高一天亏 4000 万，谁也不敢收手，一收手就前功尽弃了，内伤死掉了。后来跟马云沟通，最后在很多资本的撮合下合并了。”当被问到“你怎么看马云”时，马化腾说：“今天不评论同行，其实私交非常好，共同投资的公司就有五六家，比如华谊兄弟。有竞争也是常态，不要太妖魔化，摸爬滚打，大家这么多年，当年亚马逊、ebay 冲来中国，阿里巴巴还是很坚强，战胜了他们，赢得了市场。”

商场如战场，马化腾对于企业商战的观点值得企业家们借鉴。

蒙卦第四（下坎上艮）

卦辞原文：蒙：亨，匪我求童蒙，童蒙求我，初筮告，再三渎，渎则不告，利贞。

说文解字：（1）匪：通“非”。（2）筮：占卜。（3）渎：亵渎。

古文今译：亨通，不是我求蒙昧的儿童，而是蒙昧的儿童求我，第一次占卜告诉其结果，再三占卜则是亵渎，如果亵渎则不告诉他，占卜得有利之兆。

智慧锦囊：蒙卦下水上山，为水在山底下，水被山蒙住、盖住之象，没有人知道山下有多少水，因此，蒙比喻蒙昧、无知。卦辞指出了对待蒙昧儿童应该持有的态度，即不是我求蒙昧的儿童，而是蒙昧的儿童求我。前来求占卜的人即使是成年人，其蒙昧无知的状态也和“童蒙”相似。“初筮告，再三渎，渎则不告”是警告心怀疑惑、狐疑不信的占卜者放下“蒙昧无知”、“半信半疑”的执念，要对第一次占卜的结果怀有坚定的信心和敬畏之心，不可反复占卜，否则就是亵渎神明。《周易》卦辞中这种断语的用意和佛教经典《金刚经》偈语《金刚赞》有异曲同工之妙：

断疑生信
绝相超宗
顿忘人法解真空
般若味重重
四句融通
福德叹无穷
南无祇园会上佛菩萨（三称）

“初筮告，再三渎，渎则不告”就是警告占卜者要“断疑生信”，相信《周易》的哲理并如理实践，只有“信”，才会“利贞”。“初筮告，再三渎，渎则不告”与第八卦比卦卦辞中的“原筮，元永贞”都是指出占卜、占筮活动必须遵循的原则。

蒙卦六爻中有五爻含“蒙”字，都是“蒙昧”之义。

爻辞原文：初六，发蒙，利用刑人，用说桎梏，以往吝。

说文解字：（1）发：启发，打开。（2）刑：刑罚。（3）说：通“脱”。（4）桎梏：束缚手脚的刑具。

古文今译：启发蒙昧，利于对人处以刑罚，从而使其免于桎梏，长此以往则会有麻烦。

智慧锦囊：《战国策·齐策六》中说：“束缚桎梏，辱身也。”正所谓“无知者无畏”，蒙昧无知的人往往因为无知而犯法。为了启发蒙昧无知之人，使用刑罚是必要的，不仅可以防止他们自身进一步堕落，使他们自身避免身戴桎梏刑具、进入牢狱的大灾，还可以警示别人，达到以儆效尤的目的。但是用刑不是长久之计，教育才是长久之计，因此“以往吝”。初六爻的哲理启示我们，要对儿童进行良好的早期教育。事实证明，那些锒铛入狱的人有很大一部分在小学、中学的时候就吊儿郎当、玩世不恭，缺乏早期的良好教养。《颜氏家训》里的“教妇初来，教儿婴孩”就是这层意思。

爻辞原文：九二，包蒙，吉；纳妇，吉；子克家。

说文解字：（1）包：包容。（2）纳：容纳。

古文今译：包容蒙昧，吉；容纳妇人，吉；男子治家有方。

智慧锦囊：对于蒙昧无知的孩子，父亲要有包容心；对于女人，丈夫要有包容心。孔子说：“唯女子与小人为难养也，近之则不逊，远之则怨。”其中“小人”就是指孩子。中国传统文化中对女人的某些描述含有贬义的成分，虽然难免含有男女不平等观点的糟粕，但有些观点也是古人对女性的生理、心理特征的深刻认知。孔子对“女子与小人”的描摹是很形象、很精准、很到位的。九二爻的哲理启示我们，男人作为一家之长，对孩子和妇女的蒙昧无知要有包容心，唯有如此，才算治家有方。反过来说，当老婆孩子犯了错误时，没有耐心、怒不可遏，对老婆孩子非打即骂的男人肯定不是合格的一家之长。

爻辞原文：六三，勿用取女，见金夫，不有躬，无攸利。

说文解字：（1）取：通“娶”。（2）金夫：有钱多金的富有男人。（3）不有躬：忘乎所以，不知道自己是谁了。

古文今译：切勿娶那种见了有钱多金的男人就忘乎所以的女人，没有什么好处。

智慧锦囊：由六三爻可见，嫌贫爱富的拜金女古已有之。这种女人很好甄别，她们见到富翁之后的言行举止是忘乎所以的作派。放在当今社会，“金夫”就是住豪宅、开豪车、挥金如土的大款、暴发户等，而这些男人招来的“蜂”、引来的“蝶”，往往是见钱眼开、爱慕虚荣的“不有躬”的女人。六三爻的哲理启示我们，娶拜金女“无攸利”，没有任何好处。六三爻还暗含一个判语，即拜金女和“金夫”都是愚昧无知的蒙昧者。

冯仑在其新书《理想丰满》上市发布会上曾经谈道：“民营企业家，不要一冲动就去追逐女明星。如果要追逐，只有在两种情况下可以规避风险：第一种是把企业交给别人打理，有一道防火墙，股东们不会一起陷进去；第二种是你追求的女星可以脱离娱乐圈，回归到正常生活中。如果企业家用明星式的思维来投资，那么企业就离死亡不远了。”

冯仑所说的“女明星”就是热衷傍大款、与企业家搞绯闻的那类女人，也就是六三爻“见金夫，不有躬”的那类女人。冯仑的论述印证了六三爻的哲理。

爻辞原文：六四，困蒙，吝。

说文解字：（1）困：困顿。

古文今译：困顿蒙昧，有麻烦。

智慧锦囊：身处困境不要紧，有聪明才智的人会想方设法摆脱困境，但是，蒙昧无知的人是无法摆脱困境的，因此“吝”。孔子说：“生而知之者，上也；学而知之者，次也；困而学之，又其次也；困而不学，民斯为下矣。”孔子还说：“我非生而知之者，好古、敏以求之者也。”知识是摆脱困境的重要凭借。越是在困境中，越是需要学习知识。如果不学习，愚昧无知，则会在困境中越陷越深。

李嘉诚在一次公开演讲中说：“我是李嘉诚，12 岁就开始做学徒，还不到 15 岁便挑起一家人的生活担子，再没有受到正规的教育。但是自己非常清楚，只有我努力工作和求取知识，才是我唯一的出路。我有一点钱我就去买书，记在脑筋那边，才去再换另外一本。到我今天来讲，每一个晚上，在我睡觉之前，我还是一定要看书。知识并不决定你一生的财富增加，但是你机会就更加多了。你创造机会，才是最好的途径。”

李嘉诚是勤读书、爱读书、会读书的卓越企业家。读书能使人开蒙，能使人避免陷入困境。一个足智多谋的人即使陷入困境，也能想方设法最终安全摆脱困境。

爻辞原文：六五，童蒙，吉。

说文解字：（1）童：儿童。

古文今译：儿童蒙昧，吉。

智慧锦囊：儿童蒙昧无知是天性使然，儿童的大脑和心灵纯净自然，只要善加引导、精心教育，就会成才，因此“吉”。康熙皇帝在其《庭训格言》中说：“孟子言：‘良知良能。’盖举此心本然之善端，以明性之善也。又云：‘大人者，不失其赤子之心者也。’非谓自孩提以至终身，从吾心，纵吾知，任吾能，自莫非天理之流行也。即如孔子‘从心所欲，不逾矩’，尚言于‘志学’、‘而立’、‘不惑’、‘知命’、‘耳顺’之后。故古人童蒙而教，八岁即入小学，十五而入大学，所以正其禀习之偏，防其物欲之诱，开扩其聪明，保全其忠信者，无所不至。即孔子之圣，其求道之心，乾乾不息，有不知老之将至。”“凡事可论贵贱老少，唯读书不问贵贱老少。读书一卷，则有一卷之益。读书一日，则有一日之益。此夫子所以发愤忘食，学如不及也。”“吾自幼好看书，今虽年高，万机之暇，犹手不释卷。诚以天下事繁，日有万机，为君者一身处九重之内，所知岂能尽乎？时常看书，知古人事，庶可以寡过。故朕理天下事五十余年，无甚差忒者，亦看书之益也。”康熙皇帝的话可以加深我们对六五爻的理解。

对于一家企业来说，新入职的员工就像“童蒙”，需要进行系统的入职培训。华为的《致新员工书》就是企业对新员工进行“启蒙”教育的典范。据悉，《致新员工书》最早发表于1994年12月25日第11期《华为人》，多年来任正非亲自修订了数次，2015年任正非再次对此文做出最新修订。文中说：“实践再实践，尤其对青年学生十分重要。只有实践后善于用理论去归纳总结，才会有飞跃的提高。要摆正自己的位置，不怕做小角色，才有可能做大角色。”“华为文化的特征就是服务文化，谁为谁服务的问题一定要解决。服务的涵义是很广的，总的是为用户服务，但具体来讲，下一道工序就是用户，就是您的上帝。您必须认真地对待每一道工序和每一个用户。”“华为多年来铸就的成就只有两个字——诚信，诚信是生存之本、发展之源，诚信文化是公司最重要的无形资产。诚信也是每一个员工最宝贵的财富。”

华为靠什么成为全球同行业的领军企业？华为的团队为何如此优秀？毫无疑问，《致新员工书》就是非常成功的第一堂启蒙教育课。

爻辞原文：上九，击蒙，不利为寇，利御寇。

说文解字：（1）击：打击。（2）寇：贼寇，侵略。（3）御：抵御。

古文今译：打击蒙昧，不利于发动侵略行为，利于抵御贼寇的侵略。

智慧锦囊：商周时代的中原地区是文明社会，周边的蛮、戎、夷、狄相较中原地区是未开化的蒙昧无知的民族。上九爻指出不应该主动攻击侵略周边的蒙昧民族，但是如果他们来犯，就可以反击他们，并占领他们的国土，教化他们的人民。当然，“击蒙”也含有父母和师长采用强硬措施或体罚手段教育儿童，从而使其摆脱蒙昧状态的含义。

《周易》全文中，除了蒙卦上九爻出现“寇”字，还有另外五爻也含“寇”字：第五十三卦渐卦九三爻“鸿渐于陆，夫征不复，妇孕不育，凶，利御寇”，与本爻表达的都是“利御寇”的观点。第二十二卦贲卦六四爻“贲如皤如，白马翰如，匪寇，婚媾”和第三十八卦睽卦上九爻“睽孤，见豕负涂，载鬼一车，先张之弧，后说之弧，匪寇，婚媾，往遇雨则吉”，其中都含有“匪寇，婚媾”的观点。第五卦需卦九三爻“需于泥，致寇至”和第四十卦解卦六三爻“负且乘，致寇至，贞吝”，其中都含有“致寇至”，即“他方侵犯我方”的情况。由此可见，《周易》全文没有一例主动侵略他人的情况，强调的都是在睦邻友好的原则下抵御入侵。

需卦第五（下乾上坎）

卦辞原文：需：有孚，光亨，贞吉，利涉大川。

说文解字：（1）光：光明。

古文今译：有所得，光明亨通，占卜得吉兆，利于渡过大河。

智慧锦囊：需卦下天上水，为雨云飘浮在天空的卦象。云在天空，是否下雨、何时下雨还不一定，正如俗话所说，“不知道哪块云彩有雨”，因此，需卦含有“需求”、“等待”、“期待”的比喻义。人们所“需求”、“等待”、“期待”的肯定是“有所得”，人们有美好的心愿，未来是光明的、亨通的，所以“贞吉”。有时候，要想“有所得”，仅仅等待像老天爷下雨一样的恩赐还是不够的，正如俗话所说，“天上不会掉馅饼”，“天上不会下包子”，要想有大的收获，还需要“涉大川”，出远门去努力奋斗，奋勇拼搏，大胆闯荡。需卦六爻中有五爻含“需”字，都为“需求”、“等待”、“期待”之义。

爻辞原文：初九，需于郊，利用恒，无咎。

说文解字：（1）郊：商周时代城墙外百里范围内为郊。（2）恒：恒心。

古文今译：在郊外等待时机，用恒心做事有利，没有过失。

智慧锦囊：在郊外等待什么呢？对于商周时代的古人来说，就是等待猎物出现的时机，这就需要有耐心、有恒心，因为猎物就如同天上的云朵行踪不定，有了云朵，下不下雨也不一定。总之，猎物是否会落入所设的陷阱或进入设好的包围圈是没有定数的。

周鸿祎在第三届世界互联网大会上说："即使手机利润率再薄，别的品牌市场占有率再高，360 也都会一直做手机，手机一定会有新的机会。""今年我们的手机价格基本上都是硬件上不挣钱的，都是为了追求极致的性价比，但是我觉得 360 也在调整，我们还要做出自己手机的差异，包括产品体验的创新。""尽管手机现在碰到的瓶颈是缺乏软件和硬件的创新，但手机一定会有新的机会，这时候就需要活着，等风来。"

周鸿祎相信"手机一定会有新的机会"与猎人相信郊野中一定会有猎物出现是同样的道理，关键是自己要充分准备、耐心等待，加大在机遇到来时一举抓住的可能性，也就是说，"机遇总是属于有准备的人"。

爻辞原文：九二，需于沙，小有言，终吉。

说文解字：（1）沙：沙滩。（2）言：言论，闲言，议论。

古文今译：在沙滩上等待时机，有闲言碎语，最终为吉。

智慧锦囊：在河里下网之后，就在沙滩上等待起网的时机，河里的鱼儿也如同天上的云朵行踪不定。初九爻中在郊外等待猎物出现，陆地上的猎物是显而易见的，而九二爻中河里的鱼是看不见的，只有起了网之后才知道有没有鱼入网。因此，同伴们有闲言碎语、小有怨言是难免的。可以确信的是，河里总是有鱼的，只是抓得多、抓得少、抓得大、抓得小的问题，所以"终吉"。

潘石屹在 SOHO 中国 2013 年中期业绩报告会上说："目前政策形势不明朗，一会儿说要出台刺激政策，一会儿说要出台紧缩政策，但我们相信在未来的几个月，政府会出台清晰的经济政策。在经济形势不明朗时，我们采取的方法就是持有现金，等待机会。""如果市场回归理性，我们拥有的现金将给我们带来巨大的机会。如果市场继续疯狂，SOHO 中国一定要遵守理性和纪律性，绝不被眼前的短期利益所诱惑，避免承担过大的风险，SOHO 中国的财务能力，足以应对未来市场上出现的任何波动。”“在市场一个巨大的波动之后，总是会出现巨大的机会。”

潘石屹的观点印证了九二爻的哲理。

爻辞原文：九三，需于泥，致寇至。

说文解字：（1）泥：泥泞。（2）寇：贼寇。

古文今译：在泥泞之中等待时机，招致贼寇来抢夺。

智慧锦囊：在郊外等待猎物入围，在沙滩等待鱼儿落网，都是正常的渔猎情况。但是，一般情况下，人们是讨厌行走困难、脏污不堪的泥泞之地的。如果人们不在乎泥泞的情况，乐意身处泥泞之地等待，这种异乎寻常的情形预示着那里有稳稳的、大大的收获，这种逻辑是很容易推理的，因此，很容易招致贼寇前来抢夺猎物。这一爻启示后人，面临大的收获时，需要提防猎物被抢夺，也就是说，创业难，守业更难。九三爻与第四十卦解卦六三爻“负且乘，致寇至，贞吝”是类似的逻辑。

爻辞原文：六四，需于血，出自穴。

古文今译：用血作诱饵等待猎物出现，嗜血野兽从洞穴里出来。

智慧锦囊：六四爻说明古人深谙兽性，猎人充分利用食肉动物嗜血的特点，用血作诱饵引诱它们出洞。一般情况下，虎、豹、熊、狼等成年野兽白天往往在离洞穴较远的地方捕猎，而洞穴中留下的往往是幼崽。幼崽比较容易受到血腥的引诱而上当，也相对容易捕捉。用血引诱肉食动物，就如同用谷物引诱鸟类、用胡萝卜引诱野兔、用肉骨头引诱狗等情况是同样的道理。也就是说，等待时机不是凭空坐在那儿傻傻地做守株待兔的白日梦，而是要针对猎物的特点采取有效的手段。

爻辞原文：九五，需于酒食，贞吉。

古文今译：在有酒有饭的情况下等待时机，占卜得吉兆。

智慧锦囊：初九爻的“需于郊”是狩猎随机出现的走兽。九二爻的“需于沙”是在水边等鱼入网。六四爻的“需于血”是狩猎嗜血猛兽。在前面几爻有效猎食的基础上，猎人们不但有食物吃，还有酒喝，说明生活已经宽裕，不再迫切等米下锅，等猎物饱腹。正所谓“手里有粮、心里不慌”，这是比较理想的生活状态。有了积蓄，有了较稳定的经济基础，就可以从容不迫地着手去干一些有长远规划的事情了。

任正非于2018年7月在华为内部讲话中说：“沙漠里是不能种郁金香的，但是改造完的沙漠土壤，是可以种植的。库布齐、塞罕坝、以色列不也是遍地绿茵吗？当年，华为是急着解决吃饭问题，顾不及科学家的长远目标。不同时期有不同时期的指导思想。今天我们已经度过饥荒时期了，有些领域也走到行业前头了，我们要长远一点看未来，我们不仅需要工程师、职员、操作类员工……也需要科学家，而且还需要思想家，希望你们这些卓越的Fellow仰望星空，寻找思想与方向，引导我们十几万人前进。十八万队伍没有方向、没有思想，会溃不成军的。”

如今的华为正处于九五爻“需于酒食，贞吉”的良好状态，任正非的思路印证了九五爻的哲理。

爻辞原文：上六，入于穴，有不速之客三人来，敬之，终吉。

说文解字：（1）不速之客：没有受到邀请而突然到来的客人。（2）敬：尊敬，善待。

古文今译：进入洞穴抓捕野兽，有三位不速之客到来，要尊敬、善待他们，最终为吉。

智慧锦囊：在洞穴里居住的大多是食肉的猛兽，而食草动物大多在平坦的草地上或大树下生活栖息。六四爻采取用血引诱嗜血野兽从洞穴里出来的狩猎方法，而上六爻采取的是直接进入洞穴捕捉野兽的方式。正所谓“不入虎穴，焉得虎子”，白天成年野兽忙于在洞穴周围的远处捕猎，而留在洞穴中的往往都是幼崽，猎人趁成年野兽不在家，进入洞穴抓获幼崽是相对容易的。虎、熊、狼、豹们成窝的幼崽对古人来说是大大的收获。在家里获得美味之时，“有不速之客三人来”，不应该很小气地把猎物藏起来，而应该尊敬、善待客人，和他们分享美味，如此则“终吉”。上六爻反映了古人的待客之道，无论是请来的客人，还是不请自来的客人，只要是“客”而不是“寇”，就应该尊敬、善待。《论语》中孔子的名言“有朋自远方来，不亦乐乎”就体现了中国人的好客之道。

讼卦第六（下坎上乾）

卦辞原文：讼：有孚，窒惕，中吉，终凶，利见大人，不利涉大川。

说文解字：（1）讼：诉讼，打官司。（2）窒：阻塞。（3）惕：警惕，忧惧。

古文今译：有所得，因阻遏而忧惧，过程中间吉，最终结局凶，利于拜见大人，不利于渡过大河。

智慧锦囊：讼卦下水上天，为天下大雨，洪水滔天之象。司马迁在《史记》中所记载的“大禹治水”的故事对讼卦卦辞是很好的诠释。“当帝尧之时，鸿水滔天，浩浩怀山襄陵，下民其忧。尧求能治水者，群臣四岳皆曰鲧可。”于是尧“用鲧治水，九年而水不息，功用不成”。因为鲧治水用的是“窒”即“阻塞”、“围堵”洪水的办法。后来帝舜“行视鲧之治水无状”，诛杀了鲧，并举用鲧的儿子禹继续治水。在治水过程中，“禹伤先人父鲧功之不成受诛，乃劳身焦思，居外十三年，过家门不敢入”，“开九州，通九道，陂九泽，度九山”，“于是九州攸同，四奥既居，九山刊旅，九川涤原，九泽既陂，四海会同”，禹用“疏浚”、“开通”的办法治好了洪水，于是天下太平。讼卦将“民怒”、“民怨”比喻为“洪水”，如果治理不当则会造成社会不安定，治理“民怒”、“民怨”不应该用鲧“阻塞”的方法，应该用禹“疏通”的方法。因此，在老百姓因为“有孚”如获得土地、金钱等财富而打官司、诉讼的情况下，如果采取“阻遏”的手段，就会造成“忧惧”的结果。用“阻遏”法治水、治企或治国，短期内、过程中间可能算“吉”，但长远来看最终结果会“凶”。洪水到来，找禹这样的“大人”来治水是有利的，因此“利见大人”，但是洪水未解决的情况下“不利涉大川”。同样的道理，有了“诉讼”，也应该向善于解决问题的“大人”如优秀律师求助，官司没打完的情况下不该出远门。

爻辞原文：初六，不永所事，小有言，终吉。

说文解字：（1）永：恒久，长久，长远。（2）事：做事。

古文今译：所做的事情不长远，有些闲言碎语，最终结果吉。

智慧锦囊：“不永所事”的情况有多种：一个人说好去给别人干长工，半途不干了，就是“不永所事”；两家做生意，中途有一家无故不再履行合约，就是“不永所事”；两国签订合约，中途有一国退出合约，就是“不永所事”。总之，“不永所事”相当于“半途而废”。“小有言”说明受害方损失不算大，抱怨几句、指责几声就算了，还不至于提起诉讼而对簿公堂，所以“终吉”。初六爻的哲理启示我们，做事要有恒心，贵在坚持，不要轻易放弃，争取善始善终，避免引起议论和谴责。

爻辞原文：九二，不克讼，归而逋，其邑人三百户，无眚。

说文解字：（1）克：取胜。（2）逋：逃亡，逃跑。（3）眚：危害。

古文今译：没有胜诉，回家后就逃亡了，其同乡共有三百户人家，没有遭受牵连危害。

智慧锦囊：打官司败诉之后，回家就逃亡了，说明此人畏罪潜逃。商周时代，法律上有连坐的规定，即在特定情况下，一人犯重罪，其亲戚、乡邻都会受到牵连。此人逃罪而同乡中的亲邻没有被牵连，说明此人是单独犯案，并没有勾结他人。如果是乡邻勾结作案，那么罪行会严重很多，类似于现在黑社会性质的有组织犯罪，会受到严厉打击。

爻辞原文：六三，食旧德，贞厉，终吉，或从王事，无成。

说文解字：（1）食：吃饭。（2）旧：过去。（3）德：德泽。（4）从：随从。（5）事：做事。

古文今译：靠过去的德泽混饭吃，占卜得危险之兆，最终吉，如果靠食旧德而随从君王做事，则不会有成就。

智慧锦囊：“食旧德”相当于“吃老本”，官二代靠父辈的功劳而世袭不错的职位就是“食旧德”；富二代不再艰苦奋斗而靠父辈积累的财产过日子也是“食旧德”；接任的官员不励精图治而靠上一任官员留下的政绩过日子也是“食旧德”。“食旧德”不是靠自己的真本事吃饭，也不是积极上进的人生态度，因此“贞厉”，但不至于“贞凶”。这种人虽然一生碌碌无为，但不至于为非作歹、违法犯罪，所以人生结局还算“终吉”。“食旧德”的人没有真本领，又缺乏上进心，即使有机会随从君王做事，也不会有什么作为或成就。六三爻的哲理启示我们，靠吃老本难成大器，要想有成就，必须靠真才实学。六三爻对于“官二代”、“富二代”、“啃老族”是一种有益的警示。

爻辞原文：九四，不克讼，复即命，渝，安贞吉。

说文解字：（1）复：返回。（2）即命：听天由命。（3）命：命运。（4）渝：改变。

古文今译：没有胜诉，回家后听天由命，有所改变，安稳的前提下占卜得吉兆。

智慧锦囊：九二爻中“不克讼”的人选择的是逃亡，九四爻中“不克讼”的人选择的是认命并改变自己，这是对待败诉结果的两种不同态度。既然败诉后没有跑，说明此人所犯的不是命案或大案，所以能够听天由命，安心在家等待官府的判决。此人如果改过自新，安安稳稳地过日子，就会“贞吉”。

爻辞原文：九五，讼，元吉。

古文今译：诉讼，元吉。

智慧锦囊：直言“讼，元吉”，说明案情明了，原告方胜券在握。九五爻有一个前提条件，就是听讼的官员必须主持公道，不能偏私。孔子曾担任鲁国的大司寇（相当于现在的最高法院院长），孔子说：“听讼，吾犹人也，必也使无讼乎。”“公生明，廉生威。”只有坚持以公开促公正、以透明保廉洁，增强主动公开、主动接受监督的意识，才能让暗箱操作没有空间，让司法腐败无法藏身。

爻辞原文：上九，或锡之鞶带，终朝三褫之。

说文解字：（1）锡：赐予。（2）鞶带：有象征身份作用的腰带。（3）朝：臣子到朝廷觐见君王、奏事议政。（4）褫：剥夺。

古文今译：君王打算赐给他象征身份的腰带，但退朝前又再三剥夺它。

智慧锦囊：君王在朝堂上打算赐给他象征身份的腰带，而又再三地收回成命，说明群臣对此有争议，有人在朝廷上当众提出反对意见并说服了君王，这种争论也是一种“讼”。这说明一个臣子仅仅得到君王一个人的好感与认可还是远远不够的。即使君王想奖赏一个人，也不能只凭个人的好恶，君王也需要听取群臣的意见，也就是说，君王奖赏的行为必须服众才行。上九爻的哲理应用到企业管理领域，就是必须做到赏罚分明，公正公平。

师卦第七（下坎上坤）

卦辞原文：师：贞丈人吉，无咎。

说文解字：（1）丈人：威严之人。

古文今译：威严之人占卜得吉兆，没有过失。

智慧锦囊：师卦下水上地，为水藏地下、暗流涌动之象。全卦六爻都含“师”字，“师”就是军队。老子《道德经》中说：“鱼不可脱于渊，国之利器不可以示人。”军队就是“国之利器”，必须像地下水一样潜流，必须严格保护军事机密，不能让敌军摸清我军规模和动向。“丈人”本义为身高过丈之人（周代一丈约合现在 1.85 米）。冷兵器时代的战场上，士兵之间短兵相接，拼的主要是体力和武术，身材高大的人占据相对优势。《韩非子》中说：“宰相必起于州部，猛将必发于卒伍。”只有在战场上冲锋陷阵、足智多谋、战功赫赫的士兵才会被逐步选拔为将领，因此，无论士兵还是将领，身材高大、威武勇猛都是必要的优良素质。当然，“丈人”只是古人对士兵和将领应有的优秀素质的一种形象比喻，并非只拘泥于身高。归根结底，心智素质比身体素质更重要，否则，被庞涓用刑迫害而双腿残疾的孙膑就不可能成为历史名将了，而身材矮小的拿破仑也没有机会成为法国军队的最高统帅并最终成为法国皇帝了。拿破仑的名言“一头狮子率领的一群绵羊可以打败一头绵羊率领的一群狮子”与师卦卦辞“贞丈人吉”的内涵是一致的。

爻辞原文：初六，师出以律，否臧，凶。

说文解字：（1）律：纪律。（2）否：坏。（3）臧：好。

古文今译：军队出动靠纪律，好坏颠倒，凶。

智慧锦囊：从古至今，汉语中绝大多数反义对举的双字词条的排列顺序都是正的在前、反的在后，如：正反、善恶、对错、好坏、美丑、休咎、清浊、强弱、大小等，初六爻不用正常顺序的“臧否”，而用颠倒顺序的“否臧”，旨在用最简洁的形式表达“否臧”是“善恶颠倒”“好坏颠倒”的行为。“军令如山”“军法严明”是古往今来军队的铁律。诸葛亮在给后主刘禅的《出师表》中就特别指出纪律严明的重要性：“宫中府中，俱为一体，陟罚臧否，不宜异同。若有作奸犯科及为忠善者，宜付有司论其刑赏，宜昭陛下平明之理，不宜偏私，使内外异法也。”诸葛亮在上文中使用的就是“臧否”，而不是“否臧”。

司马迁在《史记》中为《孙子兵法》的作者、著名军事家孙武所作的传记只讲了一个故事：

> 孙子武者，齐人也。以兵法见于吴王阖庐。阖庐曰：“子之十三篇，吾尽观之矣，可以小试勒兵乎？”曰：“可。”阖庐曰：“可试以妇人乎？”曰：“可。”于是许之，出宫中美女，得百八十人。孙子分为二队，以王之宠姬二人各为队长，皆令持戟。令之曰：“汝知而心与左右手、背乎？”妇人曰：“知之。”孙子曰：“前，则视心；左，视左手；右，视右手；后，既视背。”妇人曰：“诺。”约束既布，乃设铁钺，既三令五申之。于是鼓之右，妇人大笑。孙子曰：“约束不明，申令不熟，将之罪也。”复三令五申而鼓之左，妇人复大笑。孙子曰：“约束不明，申令不熟，将之罪也；既已明而不如法者，吏士之罪也。”乃欲斩左右队长。吴王从台上观，见且斩爱姬，大骇。趣使使下令曰：“寡人已知将军能用兵矣。寡人非此二姬，食不甘味，愿勿斩也。”孙子曰：“臣既已受命

为将，将在军，君命有所不受。”遂斩左右队长以徇。用其次为队长，于是复鼓之。妇人左右前后跪起皆中规矩绳墨，无敢出声。于是孙子使使报王曰：“兵既整齐，王可试下观之，惟王所用之，虽赴水火犹可也。”吴王曰：“将军罢休就舍，寡人不愿下观。”孙子曰：“王徒好其言，不能用其实。”于是阖庐知孙子能用兵，卒以为将。西破强楚，入郢，北威齐晋，显名诸侯，孙子与有力焉。

司马迁写《史记》可谓惜墨如金，他为孙子这位世界历史上最伟大的军事家之一所作的传记仅有三四百个字，而这则短小精悍的传记所凸显的正是孙子执行严明军纪的艺术。由此可见，自古以来，纪律对于军队来说就是第一位的要素。

爻辞原文：九二，在师中，吉，无咎，王三锡命。

说文解字：（1）三：再三，多次。（2）锡：赐予，下达。

古文今译：将领坐镇军中，吉，没有过失，君王再三下达命令。

智慧锦囊：司马迁在《史记》中描写了一则名将吴起“在师中”与士兵同甘苦、共命运的精彩故事：

起之为将，与士卒最下者同衣食。卧不设席，行不骑乘，亲裹赢粮，与士卒分劳苦。卒有病疽者，起为吮之。卒母闻而哭之。人曰：“子卒也，而将军自吮其疽，何哭为？”母曰：“非然也。往年吴公吮其父，其父战而不旋踵，遂死于敌。吴公今又吮其子，妾不知其死所矣。是以哭之。”

“王三锡命”，即作为国家最高领导人的“王”对统帅三军的将领再三下达命令，表明“王”对战局非常关心。九二爻中对“王三锡命”的行为没有进行吉凶悔吝的评价，正应了《史记》中孙子所说的那句千古名言：“将在军，君命有所不受。”“王三锡命”固然表现了“王”对前线战事的关心，但将领未必一定要执行“王”的命令，而是要有主心骨，能够根据战局实事求是地制定作战方案。

爻辞原文：六三，师或舆尸，凶。

说文解字：（1）或：或许，有可能。（2）舆：用车运载。

古文今译：军队或许要用车运载尸首，凶。

智慧锦囊：战争是非常残酷的，战场上流血牺牲是难以避免的。

公元前262年，秦、赵两国为了争夺韩的上党郡，在长平（今山西晋城高平市西北）发生了我国历史上最早、规模最大的包围歼灭战“长平之战”，结果秦将白起率领的60万秦军围歼赵将赵括率领的40万赵军。赵军主帅赵括战死后，赵军降兵40万人悉数被秦军坑杀（只放走240人回赵国报信）。长平之战使赵国遭受毁灭性打击，从此一蹶不振。成语“纸上谈兵”就来源于满腹兵书战策的赵括在长平之战中一败涂地的悲剧故事。

爻辞原文：六四，师左次，无咎。

说文解字：（1）次：驻扎。

古文今译：军队在左边平地驻扎（右背高），没有过失。

智慧锦囊：“师左次”说明商周时代已经存在“善战者立于不败之地”的兵法原则。《淮南子·地形训》中说：“高者为生，下者为死。”《孙子兵法》中说：“善战者立于不败之地，而不失敌之败也。”“凡处军相敌，绝山依谷，视生处高，战隆无登，此处山之军也。绝水必远水，客绝水而来，勿迎之于水内，令半济而击之，利。欲战者，无附于水而迎客，视生处高，无迎水流，此处水上之军也。绝斥泽，惟亟去无留，若交军于斥泽之中，必依水草而背众树，此处斥泽之军也。平陆处易而右背高，前死后生，此处平陆之军也。凡此四军之利，黄帝之所以胜四帝也。”“凡军好高而恶下，贵阳而贱阴，养生而处实，军无百疾，是谓必胜。丘陵堤防，必处其阳而右背之。此兵之利，地之助也。”以上有两处直接明确指出的“右背高”和“右背之”。实际上，“四军之利”的地形都是相对的“右背高”地势，即“不败之地”，这就是战场上不惜一切代价争夺制高点的根本原因。这种“右手边背靠高地、左手边面向低处敌军”的兵法原则与士兵的人体生理构造特点有密切关系。绝大多数男人是右利手，右臂比左臂力气大得多，动作也灵活得多。士兵用右手握长矛、大刀等兵器，左手握盾牌，形成左手防守，右手进攻之势。因此，“左低右高”的地势有利于士兵的进攻和防守。每个士兵个体的攻守形势合起来就成为军队集体的攻守形势。“师左次”的潜台词就是“右背高”，也就是充分利用地势，所以“无咎”。

但是兵法也不是绝对的，《史记》中记载的项羽“破釜沉舟”和韩信“背水一战”的故事就是“陷之死地然后生”、“巧能成事”的著名战例。

爻辞原文：六五，田有禽，利执。言无咎，长子帅师，弟子舆尸，贞凶。

说文解字：（1）禽：鸟兽的总称。（2）执：捕捉。（3）长子：年长的儿子。（4）弟子：年幼的儿子。

古文今译：田野中有鸟兽，捕捉有利。谋士言论不算过失，长子统帅军队，幼子用车运载尸首，占卜得凶兆。

智慧锦囊：对于猎户来说，田野中有鸟兽，去把野兽抓获毫无疑问是有利的。而国家发动战争和猎户狩猎之间有相似性。《史记》中“秦失其鹿，天下共逐之”（成语“逐鹿中原”的出处）就是战争被比喻为狩猎的例证。“言无咎”，就是《诗经·周南》中所说的“言之者无罪，闻之者足以戒”。诸葛亮在给后主刘禅的《后出师表》中说：“臣受命之日，寝不安席，食不甘味。思惟北征，宜先入南。故五月渡泸，深入不毛，并日而食。臣非不自惜也，顾王业不可得偏安于蜀都，故冒危难，以奉先帝之遗意也，而议者谓为非计。”诸葛亮贵为丞相，为国家大计“鞠躬尽瘁”，“而议者谓为非计”，朝廷中“议者”的官职显然都比“一人之下、万人之上”的诸葛亮低，但是诸葛亮能够容忍这些非议，这就是“言无咎”的体现。“长子帅师，弟子舆尸，贞凶”是对“打仗亲兄弟、上阵父子兵”这种狭隘用人理念的批评。猎户打猎这种小规模的行动靠“父子”、“亲兄弟”还能完成，但君王或统帅、将领在战场上只重用“父子”、“亲兄弟”就会产生大麻烦。六五爻指出，“长子帅师”的狭隘用人观往往是造成“弟子舆尸”的关键原因。六五爻的哲理启示我们，在治国理政、军事战争、企业经营中“任人唯亲”是“贞凶”的。明智的领导者必须采取《韩非子·显学》中所说的“宰相必起于州部，猛将必发于卒伍”这种选拔人才的正确办法。六五爻的哲理应用到企业管理领域，就是企业家不要任人唯亲，而要任人唯贤。

董明珠在2009年全国两会期间接受网易财经采访时说：“我对我们家人讲，如果我是一个普通员工，你还希不希望我照顾你？虽然我们企业有4万员工，但我们企业4万员工里没有一个是我家里的亲戚。”

爻辞原文：上六，大君有命，开国承家，小人勿用。

说文解字：（1）大君：大国君主。（2）开国：建立国家。

古文今译：大国君主有天命，建立国家，继承家业，切勿任用小人。

智慧锦囊：诸葛亮在给后主刘禅的《出师表》中说："亲贤臣，远小人，此先汉所以兴隆也；亲小人，远贤臣，此后汉所以倾颓也。"诸葛亮的话与上六爻的哲理是一致的。总之，无论开国，还是承家，要想继往开来，不能用小人，要用人才。

董明珠在不同场合论及人才问题时说："没有人才，一切归零；没有道德,人才归零。""企业家的一个最重要的责任,就是培养人才。""对于人才，道德是第一位。人才要忠诚自己的岗位，如果没有道德，他就不是人才。尽管你懂技术，但我认为，你依然不是人才。一个人不爱企业，或者他只为自己的利益考虑，对于企业来说他就不是人才。没有人品的人才不能用。""我们通常有一个误区，认为无论什么岗位，员工学历越高越好。其实，绝大多数人都各怀其才，关键是如何使用。不同的岗位需要不同的员工，每个人都可以是必不可少的人才。""每个人都是人才，关键是企业能否给他提供一个人尽其才的岗位。而且，我认为对人才的评判，不能以资格是否老来决定他能不能当领导。而是应该取决于这个人有没有挑战精神，有没有勤奋的精神，有没有奉献的精神。如果有，就给你机会，就给你平台。"

䷇

比卦第八（下坤上坎）

卦辞原文：比：吉，原筮，元永贞，无咎。不宁方来，后夫凶。

说文解字：（1）原：推理，解释。（2）筮：占筮，占卜。（3）宁：安宁。（4）方：方才，正在，即将。（5）夫：相当于"若夫"，如果。

古文今译：吉，对占筮进行推理，要以长远的占卜为大，没有过失。

不安宁的局势即将到来，如果落在后面就会有凶事。

智慧锦囊：比卦下地上水，为水流地上之象。俗话说，“人往高处走，水往低处流。”水的特点就是紧贴地面往低洼处流，这种特点比喻到人的品格上就是低劣、下流的小人品行，而中国传统文化认为君王、师长、大人、君子、高人的品行应该是逆流而上、迎难而上、志存高远、勇攀高峰。此外，水流紧贴地面而行所产生的冲刷力会造成土层流失，即“水土流失”现象，比如泥石流就是雨水冲刷山体、高坡造成的自然灾害，黄土高原上纵横的沟壑也是水流长期冲刷造成，而长江、黄河及大小河流深浅不一的河道也是流水长期冲刷的结果。因此，古人用“比”字形容水与地紧密相贴但是流水对土地又有伤害的关系，进而通过比喻与人生的诸多场景相联系。“攀比”、“比肩”、“比邻”、“比附”、“比较”、“比赛”等多种情况都是“利弊得失”并存的，因此，必须把握好“比”的度。孔子说：“君子周（周：圆融）而不比，小人比而不周。”由此可见，孔子认为“周”是君子风度，而“比”是小人之行。比卦六爻皆含“比”字，描述了“比”的各种情况。

“原筮”，对占筮进行推理、解释，不能目光短浅，只看眼前，而要遵循“元永贞”的原则。“元永贞”就是凭长久的结果判断吉凶，要以长远的眼光看问题，不能只从短期的利弊得失判断事情的吉凶。“原筮，元永贞”与蒙卦卦辞中的“初筮告，再三渎，渎则不告”都是强调占筮的原则。

当不安宁的局势到来的时候，人们要趋吉避凶，这时候就要“比”谁的眼光好、谁的预测能力强、谁的行动快，预测能力强、躲避速度快的人“吉”，预测能力差、躲避速度慢的人“凶”。有个寓言故事说，两个小伙伴一起走在森林中，突然遇到一头熊，其中一个蹲下来系鞋带，另一个问他：“你系鞋带有什么用？你又不能比熊跑得快！”他说：“我没必要比熊跑得快，我只要比你跑得快就可以了。”这就是“不宁方来，后夫凶”。

爻辞原文：初六，有孚，比之，无咎。有孚，盈缶终来，有它，吉。

说文解字：（1）盈：充满。（2）缶：酒缸，盛酒的瓦罐。

古文今译：有所得，比一比，没有过失。有所得，结果弄来满满的酒缸比酒量，有意外，吉。

智慧锦囊：在获得官位、农业丰收、猎获颇丰、经商赚钱等“有孚”的情况下，大家聚在一起相互比较一下，吹吹牛，也算没毛病。但是，如果欢庆无度而在一起拼酒、比酒量，弄到一醉方休，导致乐极生悲那就有毛病了。如果在比酒的过程中出现一些意外，比如酒缸被打碎了，或者有人醉倒出洋相等，从而导致比酒的行为终止，则是“吉”事。初六爻的哲理启示我们，有了收获进行庆祝、比赛虽然在情理之中，但是一定要防止兴奋过度、乐极生悲。每到春节前，总有一些企业员工在年会上饮酒过量而死亡或住进医院抢救的新闻见诸媒体，就是明显的案例。

爻辞原文：六二，比之自内，贞吉。

说文解字：（1）内：内部。

古文今译：比从内部开始，占卜得吉兆。

智慧锦囊：一个国家军队内部的实战演习、大比武是“比之自内”；一个企业内部的绩效考核与评比是“比之自内”；各级学校内部的考试竞赛也是“比之自内”。在各种“比之自内”的场景中，如果“比”的措施得当，就可以激发拼搏精神，促进业绩提升，刺激集体荣誉感，因此“贞吉”。六二爻的哲理应用到企业管理中，就是要做好基于绩效考核的薪酬和奖金分配机制。

马云 2010 年 1 月写了一封给阿里巴巴全体员工的信，他说：“我想和大家谈谈我对 2010 年工资调整方案和奖金分配原则以及 KPI 的一些看法。”“今年关键词：奖罚分明、打破大锅饭、打破平均主义。”“今年，我们将严格执行 271 制度，旗帜鲜明地奖优罚劣。与以往相比，将特别突出奖罚分明、愿赌服输、打破大锅饭和平均主义。包括公司所有层级在内都将对 top20 进行奖励提升，同时对 bottom10 加强问责。这是对勤奋付出的同事的最大公平，同时也是激励所有阿里人去挑战更高的目标。”“奖金不是福利。奖金是通过努力挣来的。它不可能人人都有，也不可能每个人都一样。它不是工资的一部分，而是因为你的业绩超越了公司对你的期望值（请特别注意这一点）。”“阿里巴巴必须坚持高绩效的文化，要充分体现公平、公正的原则，我们的绝大部分工作必须要能量化。”“这两年我们的 KPI 考核，变得有些机械和僵化，甚至有非常严重的大锅饭现象，对公司的发展非常不利，必须坚决改掉！KPI 不是领导和员工讨价还价的结果，而是由下而上的根据对公司战略的理解和对业务的把握，提出最合理的指标，以及相匹配的资源，这些指标必须是和上级沟通后达成的共识。这些 KPI 指标还很可能是根据内外部情况而动态的。年底客户满意不满意，我们有没有超过行业的增长，有没有为未来的发展培养基础，这才是我们真正要的。”

马云所说的“KPI 考核”印证了“比之自内”的哲理。

爻辞原文：六三，比之匪人。

说文解字：（1）匪：通“非”，不是，错误。

古文今译：比的对象选错了人。

智慧锦囊：通过“比之自内”练好内功之后，才可以出去和外人比，但是不能选错了“比”的对象。正所谓“人往高处走，水往低处流”，要比也要和“君子”、“高人”比。如果专门选不如自己的人比，即使胜了也不是什么光荣的事。与差的人比虽然说不一定有坏处，但是也没有好处可言。六三爻的哲理启示我们，不要选错了比的对象，只有选对了比的对象才能促使自我提升。

任正非 2017 年 9 月在内部讲话中提出华为管理要“对标德国、日本”，他说：“日本企业的绩效考核一般是每年考一次到两次，每次会从技能、绩效和态度等方面评价，一次考核，结果多维度应用。比如升级和加薪，除了看绩效结果以外，还要看能力和态度，态度可以理解为行为价值观，是不是履行了追求高质量、追求卓越。奖金主要看绩效结果。他们的考核结果应用规则非常明确，也没有那么多次评价，在考核、升级和调薪操作上非常简单，这是我们值得学习的地方。”“这次是我们自己在对标德国、日本，找到我们同专业的航母怎么管，把这个好的标杆横向扩展到公司其他的作业类员工，逐步全面覆盖低端岗位，采用科学量化、简化管理，我们中低端员工的管理问题就能解决。”

任正非要求华为“对标德国、日本”，就是找对了比的对象，找到了榜样。如果是和行业里做得烂、做得差的企业比，那就是“比之匪人”了。“对标”就是“比”，主动对标更优秀的企业正是华为成为同行业国际领军企业的重要原因。

爻辞原文：六四，外比之，贞吉。

古文今译：和外部人比，占卜得吉兆。

智慧锦囊：六四爻的“外比之”与六二爻的“比之自内”是相对而言的。一支军队或一个企业在与外部比之前，要先从内部开始比，要先练内功。六二爻的文字之所以采用“比之自内”而不是“内比之”，正是为了突出“比要先从内部开始”这一内涵。一个人要先和自己比，一个组织要先从内部人之间比。一个练武者平日里与同门师兄弟们切磋，等到有一天和同门师兄弟们比武比赢了，才有资格下山去行走江湖，并与各门各派的高手比武过招。

雷军在2017“中国绿公司联盟圆桌会·小米站”上曾以电饭煲为例讲小米如何把商业模式做得比竞争对手更好，雷军说：“整个小米商业模式的核心是竭尽所能把产品做好，接着系统性地降低整个成本，而不是降低制造成本。很多人在做产品时思路是不对的，用户要买的是产品，不是买促销员、不是买广告。小米模式的第一步是怎样把产品做好。”“比如电饭煲，电饭煲这个问题我专门研究过。日本的电饭煲好是因为他们的技术比我们领先好几代，主要是三方面的技术：IH电磁加热、1.2倍大气压、灰铸铁360度加热。”“米家压力IH电饭煲刚发布的时候我搜了一下，当时国内普通的电饭煲有965种，做到IH的电饭煲有69种，做到压力IH的一种也没有。所以，国内很多宣称自己是高端电饭煲的，从技术上讲可能刚刚进化到日本的第一代。”“我们为什么能解决这件事情呢？那就是在全世界范围里找到最厉害的人。检索了很多专利以后，我们发现内藤毅是压力IH技术的发明人，我们邀请他到中国一起做电饭煲，老先生说他想做得比日本更好，卖到日本去。”“因此，我的观点就是，在全世界范围里找最懂这个事情的人来做，团队也都是最好的团队。我们比日本电饭煲还好的地方是，我们做了每个地方和每个米种的适配，而且非常地精准。大数据结果表明，海南人煮饭最软、青海人煮饭最硬。有意思的是，我们的米家压力IH电饭煲也在日本上架了，价格比国内贵很多，但是在日本依然是最便宜的。”

雷军的观点印证了六四爻“外比之”的哲理。

爻辞原文：九五，显比，王用三驱，失前禽，邑人不诫，吉。

说文解字：（1）显：明显，公开。（2）王：君王，国王。（3）三驱：打猎时从左、右、后三个方面包围驱赶野兽，前方留一个口子供野兽逃窜。（4）禽：鸟兽的总称。（5）邑人：当地人。（6）诫：告诫，谴责。

古文今译：公开比赛，君王用三面包围的方法驱赶野兽，前方的野兽跑掉了，当地人没有谴责的言论，吉。

智慧锦囊：“王”狩猎不是一个人去与野兽单打独斗，而是率领手下的百官和军队一起行动，一方面是为了休闲娱乐，另一方面是为了训练群臣和军队的战斗力，相当于一种军事演习。狩猎行动的一项重要内容就是比赛谁猎获的野兽大、数目多，并评比、封赏，因此，这是一场“明显、显赫”的公开比赛。在狩猎比赛行动中每个人都拼命努力，以求得到“王”的赏识和提拔。

“三驱”是狩猎中三面包围、“网开一面”的做法，这反映了古人狩猎的智慧。一方面，如果四面紧紧包围，就会加剧“困兽犹斗”的情况而造成不必要的人员伤亡；另一方面，“网开一面”会使观察力、反应力强的动物向开口处逃窜，以免对野兽赶尽杀绝，要留下动物繁衍生息的种子。“三驱”的做法与不能“竭泽而渔”是同样的道理，这种做法体现了“王”的“好生之德”、“恻隐之心”。“王”率领浩浩荡荡的队伍去狩猎，肯定不是在没有野兽的繁华都城里进行，而是到野生动物品种丰富的乡村、荒野中去。如果他们对动物赶尽杀绝，那么当地人的利益就会遭到严重破坏，从而心生怨恨并加以谴责，而采取“网开一面”的狩猎办法，以后当地老百姓尤其是猎户去打猎就还有保障，因此“邑人不诫，吉”。

当然，“王”率众打猎“比”的不仅仅是手下人杀戮的功夫，帝王领袖还能从狩猎过程中观察到常人所不能理解的东西。清朝康熙皇帝对帝位继承人的选择就和一次狩猎有重要关联。康熙皇帝晚年有一次去木兰围场打猎，所率领的随行人员里就有当时年仅十二岁的孙子弘历。在围猎的过程中，康熙用火枪将一只黑熊打倒在地，不过并没有杀死。康熙看着身后的弘历，示意他上前去用弓箭射杀黑熊。弘历得令驱马向前，挽弓搭箭，正在拉弓开箭之时，受伤的黑熊突然一跃而起向弘历扑来，形势千钧一发、分外紧急。当然，皇帝身边眼疾手快的勇士们及时挡住并杀死了黑熊，弘历并没有受伤。一场虚惊过后，让康熙最为欣喜的是他观察到年仅十二岁的弘历面对突然跃起的黑熊毫无惧色、处变不惊、异常沉稳。康熙从而认识到小弘历拥有中国传统文化所强调的那种帝王将相最重要的品质："喜怒不形于色。"康熙因此对弘历倍加赏识，对身边群臣评价弘历说："是命贵重，福将过予。"当时，在九子夺嫡的情况下，康熙将帝位继承人的选择范围缩小到四阿哥和十四阿哥两人身上，迟迟难以定夺，特此咨询亦师亦友的"上书房行走"、桐城派学术领袖方苞先生。康熙说："诸子皆佳，唯四子与十四子甚慰朕心。然何人可继大统，朕殊难决断，望先生一言以决。"方苞回答："此乃皇上家事，臣本不该置喙，然皇家无私事，家事即国事。故臣有二法可为圣上决疑：治大国若烹小鲜，小鲜、火候、作料无不取决于掌厨之人。当下火头已弱，味淡无盐，亟需能够旺火且敢于下重料之人也，此其一；其二，选皇子立一国之君，除其本人外，尚可注重皇孙，若皇孙天纵英明，则可保大清三代盛世。"康熙听过这番话，手抚额头说："吾得之矣！"可以说，康熙选立四阿哥雍正继承大统在很大程度上是因为皇孙弘历的卓越素质，也就是说，乾隆为父亲雍正在与其他八个王子激烈争夺继承权的比赛中胜出加了重要分值。康熙和其孙子乾隆的统治时间各达 60 年之久，相加达 120 余年，再加上雍正在位的 13 年，共 133 年，占清朝总存续时间 267 年的一半，他们共同创造了清朝历史上的"康乾盛世"。

《周易》智慧的博大精深、经世致用由此可见一斑。

爻辞原文：上六，比之无首，凶。

说文解字：（1）首：首脑，首领。

古文今译：比赛没有首脑，凶。

智慧锦囊：第一卦乾卦用九爻为："见群龙无首，吉。"比卦上六爻为："比之无首，凶。"那么问题来了，同样"无首"，为什么"群龙无首"为"吉"而"比之无首"为"凶"呢？正如孔子所言："君子周而不比，小人比而不周。""龙"比喻的是"大人"、"君子"，而持有"比"的心态的是小人。"天行健，君子以自强不息"，"谦谦君子”的个性是“向内求”、“不向外求”，因此，君子只和自己比，而无须和外人比。那些有强烈欲望想和他人“比”却没有“周”的品德的人都是“小人”。君子“无首”也能自治，所以“吉”；小人“无首”则成了乌合之众，所以“凶”。

小畜卦第九（下乾上巽）

卦辞原文：小畜：亨，密云不雨，自我西郊。

古文今译：亨通，黑云浓密尚未下雨，自我西郊方向而来。

智慧锦囊：小畜卦下天上风，为风行天上之象。“畜”主要有两层含义，一是指动物，二是指积蓄。由于鸟类在天空飞翔时需要靠展开的双翼借助风力抬升身体，所以，鸟类的体型就不可能太大，体重就不可能太重。与第二十六卦山天大畜卦中所隐含的虎、豹、熊、狼、牛、羊、鹿等“大畜”相比，最大的鸟类也只能算“小畜”。简单地说，“如虎添翼”只是人类的凭空想象，即使真的能够给老虎插上翅膀，老虎也会因体型、体重所累而飞不起来、飞不持久。古人猎获鸟类只能算是小的收获，因此，小畜卦进而比喻小的积蓄。自然界天空中的积蓄就是云，有时候是白云朵朵，有时候是浓云密布。“风云变幻”、“风云际会”、“风卷残云”、“云行雨施”等情况都离不开风的推动。“密云不雨，自我西郊”说明风正在把雨云向我方吹来，快要下雨了，官员与百姓都要“未雨绸缪”，一方面要防止大雨造成损失、灾害，另一方面要考虑利用雨水，比如积蓄雨水以备旱灾。

爻辞原文：初九，复自道，何其咎？吉。

古文今译：从自己走过的道路原路返回，哪有什么过失？吉。

智慧锦囊：人类在日常生产生活中要关注并应对气候、气象条件。在“密云不雨，自我西郊”的情势下，很快就要下大雨了，自己赶紧原路返回，一方面避免自己被淋成落汤鸡，另一方面还要防止家里遭受损失，这是“顺应天道”的机敏表现。对于企业来说，国家的大政方针和时代趋势就是“天道”，只能顺应，不能违反。

爻辞原文：九二，牵复，吉。

说文解字：（1）牵：牵引，指引。

古文今译：经人牵引、指导而返回，吉。

智慧锦囊：在“密云不雨，自我西郊”的情势下，如果像初九爻那样“复自道”，自己主动抓紧回家，当然“吉”。如果自己没有“复自道”仍试图前行，那么有经验的长者进行提醒、规劝，甚至动手“牵拉”促使其返回，结果也是“吉”。在治国理政、商业经营、修身治家、成长成才等各种场景，有人牵引、指导就会更加顺畅，因此“吉”。

爻辞原文：九三，舆说辐，夫妻反目。

说文解字：（1）舆：车。（2）说：通“脱”，脱离，脱落。（3）辐：辐条，连接轮轴与轮圈的重要部件。

古文今译：车子脱落辐条，夫妻反目。

智慧锦囊：“舆说辐”与“夫妻反目”具有相似性。“舆说辐”的严重后果往往是车毁人亡；“夫妻反目”的严重后果往往是家破人亡。在“舆说辐”的情况下，如果只是脱落一两根辐条，或许还能勉强行车，但是肯定不能满载货物，所以只能“小畜”。在“夫妻反目”的情况下，或许还能凑合着过日子，但是配合肯定不默契，日子肯定不会红火，所以只能“小畜”。“舆说辐”与“出轨”在婚姻关系中的比喻有异曲同工之妙。商周时代没有火车，从而没有“出轨”比喻，但是从古至今婚姻关系中出现“舆说辐”与“出轨”现象所导致的严重后果是类似的。九三爻的哲理启示我们，“家和万事兴”，夫妻之间的和睦程度决定了家业是“小畜”，还是“大畜”。

爻辞原文：六四，有孚，血去惕出，无咎。

说文解字：（1）惕：警惕，担心。

古文今译：有所得，伤口止血，不再担心，没有过失。

智慧锦囊：“风天小畜”可以比喻在天空飞翔的鸟类等小型动物。不难想象，六四爻的“有孚”是猎人抓获了飞禽，但是猎人在抓获飞禽时受了伤，比如手或胳膊被鸟抓破而流血了，刚开始很担心，等伤口的血止住以后，就不再担忧了，因此“无咎”。六四爻的哲理可以比喻到现实生活的多种场景。股票市场上就有“流血”、“滴血”、“吸血”、“失血”、“出血”、“放血”、“止血”、“血洗”、“血亏”、“血本无归”等多种“血”的比喻。由此可见，商场如战场，生意场上付出“血的代价”是常事。虽然任何收获都要付出代价，但是，明智的人懂得把代价保持在可控范围内，不能“流血不止”，最终付出生命的代价。

爻辞原文：九五，有孚挛如，富以其邻。

说文解字：（1）挛：连连不断。

古文今译：有连连不断的所得，靠掳掠邻居致富。

智慧锦囊：第十一卦泰卦六四爻为：“翩翩，不富以其邻，不戒以孚。”第十五卦谦卦六五爻为：“不富以其邻，利用侵伐，无不利。”《周易》认为，“睦邻友好”、“互利共赢”不仅是邻里关系应该遵循的原则，而且是国际关系应该遵循的原则。风度翩翩的谦谦君子不会靠敲诈勒索邻居致富，实现国泰民安的美好社会不能靠掳掠邻国。俗话说“远亲不如近邻”，靠侵略邻居即使能致富，也只能是短暂的小富，是不可持续的，长期这样下去不会有好结果。因此，“富以其邻”只能实现“小畜”，而“不富以其邻”才能实现“大畜”。正是基于这个逻辑，九五爻对靠“富以其邻”而来的“有孚挛如”没有做出“贞吉”的断语，这就暗示，靠“富以其邻”而得来的“有孚挛如”是不会长久的，是没有未来的。

爻辞原文：上九，既雨既处，尚德载妇，贞厉，月几望，君子征凶。

说文解字：（1）既：已经。（2）处：处置。（3）尚德：高尚的品德。（4）载：承载，担待。（5）望：满月，阴历小月十五日月圆，大月十六日月圆。

古文今译：雨已经下完，也做了相应的处置，要有高尚的品德来承载妇人，占卜得危险之兆，已近月圆时候，君子出征为凶事。

智慧锦囊：初九爻时风吹“密云”从西郊而来，大雨将至，男人赶紧回家避雨并为应对大雨积极准备。上九爻时大雨已经落下，男人处理好各项工作，就准备出门远行。初九爻与上九爻之间的先后对应关系说明《周易》爻辞的布局有严密的认知逻辑基础。

大雨过后，天空放晴，男人把家里的事情处置完毕，准备离家出远门打猎或做生意。这时候老婆舍不得老公离家，因为妇人的心情是期望丈夫与自己长相厮守、时刻陪伴，而男人的想法是以事业为重，要忙着养家糊口，此时，老公想走，老婆不让走，两口子就要闹矛盾了。上九爻认为，男人必须充分认知妇人特殊的个性特征，用宽容、大度、关怀、体贴等高尚的道德情操来承载妇人、抚慰妇人，避免发生九三爻“夫妻反目”的恶果，但是大多数男人缺乏观察了解妻子特殊个性的细心，也缺乏放低身段、好言抚慰、卿卿我我的耐心，从而承载不了妇人，往往会导致出轨、脱轨、人仰马翻、车毁人亡的恶果，难免“贞厉”。

“月几望，君子征凶”的判断说明《周易》对于月亮能够影响女性情绪及生理规律的因果关系有了明确认知，而且这种因果关系会进而影响家庭关系和生产生活。《周易》基本概念“阴阳”中的“阴”指的是“太阴”，即月亮，“阳”指的是“太阳”。太阳与月亮是宇宙中与地球关系十分密切的两个星体，其中太阳在白天给万物提供能量和光源，月亮则通过反射太阳光在晚上为万物提供光源。太阳和月亮的运行影响潮汐的生成与运动是科普事实。《黄帝内经》中称女性月经为月事，“三旬一下”。现代医学研究发现，月经会造成女性情绪、心态的波动，满月之时，月亮对女性的生理和心理影响力最强。这种情况下，“君子”应该以家庭团结为重，暂缓出行，应该在家多住几天，多陪伴老婆孩子一段时间。中国传统文化中把“老大嫁作商人妇”视作一种不幸就在于“商人重利轻别离”，“商人妇”常常遭受别离与相思之苦。

䷉

履卦第十（下兑上乾）

卦辞原文：履：履虎尾，不咥人，亨。

说文解字：（1）履：鞋子，走路，步履，履行。（2）咥：咬。

古文今译：走在老虎屁股后面，老虎不咬人，亨通。

智慧锦囊：履卦下泽上天，六个爻中有五个阳爻，六三为阴爻，卦象与鞋子的外观有相似性。因为鞋子是用来走路的，所以“履”作为名词用是“鞋子”、“步履”的意思，作为动词用是“走路”、“履行”的意思。

商周时代不像现在，要看老虎只能去动物园。那时候人烟稀少，野生动物物种十分丰富，老虎的分布也极为广泛。古人出行在外很容易遇到野生动物，而与老虎遭遇则是最危险的场景。《水浒传》里景阳冈“武松打虎”的故事妇孺皆知，说明那个年代在山东阳谷境内老虎还是常见的。清末作家刘鹗的《老残游记》第八回“桃花山月下遇虎 柏树峪雪中访贤”描写了在今山东省济南市境内南部山区走夜路遇到老虎的惊险一幕。由此可见，即使到了清末时期，济南附近还是有老虎出没的。老虎被誉为森林之王、山大王。与老虎走得近虽然凶多吉少，但是如果摸透老虎的习性，拿捏好与老虎相处的分寸，危险也不是普通人想象得那么大。比如，动物园里的老虎饲养员、马戏团的驯兽师，虽然也有被咬死咬伤的案例，但是绝大多数情况下与老虎朝夕相伴，也能安然相处。“狐假虎威”的故事表明，如果运用高超的智谋，像老虎一样威猛的强者也会不自觉地被狐狸一样足智多谋的弱者利用。古今中外，能够拥有“武松打虎”般胆魄和功夫的人少之又少，因此，与老虎相伴要靠智谋而不是靠蛮力，把握虎性、理解虎性并小心翼翼与之相处，则能“亨”。

爻辞原文：初九，素履，往无咎。

说文解字：（1）素：平素，平常。

古文今译：走平常熟悉的道路，前往没有过失。

智慧锦囊：走平素熟悉的道路，也就是“轻车熟路”，当然“往无咎”。

雷军在第五届全球移动互联网大会上说：“大家一定要理解天使投资者真的不是傻瓜，天使投资者本质是什么呢？天使投资者本质是六合彩。有个朋友要创业，十来个朋友一人凑一个份子，万一做成腾讯了我们就发财了，做不成我们也支持了创业，支持了朋友，支持了友谊，这是天使投资最核心的东西。”“现在找天使投资人最好的方法，第一个是找身边的朋友、同事、领导，就是你的上级，找大家帮助你。因为大家跟你很熟，他们也许不需要完全知道你做什么，我投很多项目的时候都不知道这个公司要做什么，我就是觉得这个人能干成事情，我支持他一把，这是我投资的核心理念。如果大家一定要找我投资，只有一个路径，就是你看看你的朋友中有没有跟我特别熟的，就是我需要那个人担保你没有问题。反正你卷我钱跑了，我就找我的朋友算账。我说你怎么给我推荐这种人，一点信用都没有。我们是用这种简单的方法来解决信用问题的，我只投熟人或者是熟人的熟人，只做两层关系。”

周鸿祎接受媒体采访时说：“我做天使投资，其实特别简单。当时，卖了公司之后挣了点钱，IDG 曾经帮助了我，我觉得我自己也有责任去帮助其他的人，把知识和经验传递下去。其次，我认为自己非常擅长做天使投资。我在 IDG 做了一段时间，发现到了项目的中后期，需要看财务模型和财务数字，这个不是我的擅长，而且也不感兴趣。但是，我对早期项目特别有感觉，因为自己就是从小公司一点一滴地做起来的。我时常说，公司从五个人发展到一百五十人，这个阶段是我最擅长的。所以，我感觉做天使投资比较适合我，也能够充分发挥经验。”“巴菲特说‘不熟不做’。人们对于自己不了解的东西，往往心存很多美好的幻想，所以投资自己不熟悉的领域，往往会失败比较多。我投的案子，成功的基本上还是客户端软件这个行业——这个行业我还是比较了解的。我比较了解的话，就能够有很多参与，就能够做很多判断，而且我的经验就能用得上。如果跨行业投资，比如说餐饮，或者影视，我对这个行业完全不了解，也没有任何经验和人脉，其中的问题也不容易看到，这种投资失败的可能性比较大。”

雷军“只投熟人或者是熟人的熟人”和周鸿祎“投资自己熟悉的领域”，这种天使投资理念与初九爻的哲理是一致的。

爻辞原文：九二，履道坦坦，幽人贞吉。

说文解字：（1）坦：平坦，坦荡。（2）幽人：幽居之人，隐士。

古文今译：行走的道路坦坦荡荡，幽居之人占卜得吉兆。

智慧锦囊：如果道路坦坦荡荡，那么人在上面走起来就会更安全、速度更快。如果人心坦坦荡荡，那么人际交往、为人处世就会更顺畅。幽人、隐士往往是心态坦坦荡荡的君子、高人，居住在人迹罕至的深山老林之中修身养性，往往是在做替别人出谋划策、排忧解难的事情，类似当今的各种咨询工作，在人生路上走得直、行得正，因此“贞吉”。弘一法师说：“人褊急，我受之以宽宏；人险仄，我待之以坦荡。”表达的就是九二爻的哲理。

爻辞原文：六三，眇能视，跛能履；履虎尾，咥人，凶；武人为于大君。

说文解字：（1）眇：眼神不好。（2）跛：腿脚不好。（3）武人：习武之人，当兵的，武将。

古文今译：眼神不好但还能看得见，腿脚不好但还能走路；走在老虎屁股后面，老虎咬人，凶；武将为大国君王做事。

智慧锦囊：即便“能视”，“眇”了的人也看不清、看不真。即便“能履”，“跛”了的人也走不快、走不远。人在视力和脚力都受到限制的情况下，活动就不那么自由、自如、自在。人走在老虎屁股后面，“咥不咥人”要看老虎的心情，那就不是人所能把控的事情了，所以“凶”。由六三爻可知，《周易》中已经明确有了武将“伴君如伴虎”的比喻认知。中国古代历史上，历代君王对待文臣是相对宽容的，因为饱读诗书的“文弱书生”只是出谋划策，没有军权，对君王很难构成威胁，而武将手握重兵，非常容易对君王构成威胁。君王对武将特别警惕、忌惮，会用尽手段进行约束。为“大君”做事的“武人”就像眼睛“眇”了、腿脚“跛”了的残疾人，行动受到束缚，很不自由，而且，君王稍不如意，就会对“武人”大开杀戒，如同老虎“咥人”。

汉高祖刘邦和明太祖朱元璋登基之后大肆斩杀功臣的史实证明“伴君如伴虎”绝非虚言。宋太祖发动“陈桥驿兵变”从后周孤儿寡母的手中夺权登基之后，采取“杯酒释兵权”的方式解除了手下重要武将的职权，是历史上皇帝对有功武将最仁慈的对付手段。宋高宗以“莫须有”的罪名下令处死抗金英雄岳飞的故事令人扼腕叹息。明英宗在经过“夺门之变”二次登基之后，定罪斩杀了在“土木堡之变”中明英宗被俘后力排众议组织“北京保卫战”并拥立明代宗而免明朝于灭亡的名将于谦，也是历史的一大遗憾。明末崇祯皇帝中了皇太极的反间计，以通敌谋逆的罪名将抗清名将袁崇焕凌迟处死，其兄弟妻子流放三千里，成为天下奇冤。总之，历史上武将中的忠良被皇帝任性杀害的尚且不胜枚举，那些因轻举妄动、贪赃枉法、谋逆造反而被杀的武将更是难以计数，所以，武将要想有善终，就必须视君如虎，谨小慎微，时时刻刻“战战兢兢，如临深渊，如履薄冰”。

爻辞原文：九四，履虎尾，愬愬，终吉。

说文解字：（1）愬：恐惧，畏惧。

古文今译：走在老虎屁股后面，要心怀敬畏、小心谨慎，最终吉。

智慧锦囊：《诗经·小雅·小旻》中有“不敢暴虎，不敢冯河”的著名诗句。孔子说：“暴虎冯河，死而不悔者，吾不与也。必也临事而惧，好谋而成者也。”九四爻中的“愬愬”就是“临事而惧，好谋而成”。

虽然“明知山有虎，偏向虎山行”是一种让人羡慕、令人敬仰的英雄气概，但是武松景阳冈打虎的行为是冒了巨大的生命危险的。武松把打虎的性格带到了为人处世的社会生活中，因杀死西门庆、潘金莲而被发配充军，后被逼上梁山、落草为寇。武松在随宋江被招安后去打方腊的战斗中被砍断左臂，征方腊成功后拒绝随宋江回汴京，与花和尚鲁智深一起在杭州六和塔下出家。武松虽然以“打虎英雄”名垂后世，但谈不上“善终”。杭州西湖岸边武松墓的对联“失意且伍豪客，得时亦一英公”就说明武松的一生是“失意”、不得志的。武松一生“失意”、不得志不能全怪时代不好，他的悲剧在很大程度上源于他缺乏敬畏之心的“暴虎”性格。因此，中国传统文化中提倡习武之人要多看书，以修养心性，明是非，懂礼义，从而成为文武双全、足智多谋的“儒将”，以求人生能得善终。

爻辞原文：九五，夬履，贞厉。

说文解字：（1）夬：断，决断，决裂。

古文今译：旅程中断，占卜得危险之兆。

智慧锦囊：旅程之所以中断不外乎两个主要原因：一是道路条件的客观原因，如桥梁断掉、泥石流、崎岖坎坷等；二是旅行者自身的主观原因，如劳累饥渴、体力不足、耐性不够等。不管是什么原因，半途而废都不是好事。《论语》中，孔子被称为“知其不可而为之”的人，孔子这种迎难而上的精神深受儒家文化的推崇。婚姻生活中夫妻俩决裂、离婚就是“夬履，贞厉”之事。商场上合作方单方面终止履行合同就是“夬履，贞厉”之事。

爻辞原文：上九，视履考祥，其旋元吉。

说文解字：（1）视：观察。（2）考：考察。（3）祥：通“详”，详细，仔细。（4）旋：回旋，返回。

古文今译：旅程中认真观察走过的道路，那么返程就会元吉。

智慧锦囊：俗话说“小心驶得万年船”，无论是徒步、驾车，还是泛舟行船，仔细观察并应对道路、航道的各种状况都是行程安全、顺利的保证。人生旅途上，保持“视履考祥”的“认真”态度才能行稳致远。小到个人日常行路，大到治国理政，都需要“视履考祥”的“认真”精神。

泰卦第十一（下乾上坤）

卦辞原文：泰：小往大来，吉，亨。

说文解字：（1）泰：通泰，大方，宽裕。

古文今译：小的出去而大的进来，吉，亨通。

智慧锦囊：泰卦下天上地，为天地交泰之象。北京故宫内廷后三宫之一“交泰殿”（位于乾清宫和坤宁宫之间）的命名就来自泰卦，取“天地交合、康泰美满”之意，是皇帝和后妃们生活起居之所。位于山东省泰安市境内的“泰山”被尊为五岳之首，泰山高耸直入云端，是天地交泰的象征。泰山封禅是中国古代政治制度中最盛大的礼仪，能够到泰山封禅也是古代皇帝莫大的尊荣。泰山封禅是皇帝代表黎民百姓感谢天地交泰创造万物的恩德。历代帝王都希望自己的统治“稳如泰山”、“天长地久”，都希望自己能实现“五岳独尊”的权威。

泰卦卦辞中的“小往大来”与否卦卦辞中的“大往小来”意义相反。在天地相交的泰卦情况下，风调雨顺，农民春耕、夏耘、秋收、冬藏，“春种一粒粟，秋收万颗籽”，得到的收益远远大于自己的付出，也就是“小往大来”。在天地不交的否卦情况下，天气条件恶劣，非旱即涝，农民播种的庄稼收获很少，甚至颗粒无收，得到的收益远远小于自己的付出，也就是“大往小来”。“往”和“来”的哲理可以比喻到现实生活的多种场景。老子《道德经》中“将欲取之，必固与之”的“取”就是“来”，“与”就是“往”。商场上“投资”就是“往”，“收益”就是“来”。战场上的“围魏救赵”、“不战而屈人之兵”就是“小往大来”。总之，人生路上没有付出（往）就没有收获（来），付出不一定有收获，但没有付出绝对不会有收获，正所谓“大舍大得，小舍小得，先舍后得，不舍不得”。

爻辞原文：初九，拔茅茹，以其汇，征吉。

说文解字：（1）茅茹：茅草，其茎叶与矛有相似性，故称茅。（2）汇：汇通，连接。

古文今译：拔茅草，针对其根系四通八达的特点可以借力，出征为吉。

智慧锦囊：茅草根入药，有清热利尿、凉血止血的功效，主治急性肾炎水肿，泌尿系统感染，咳血、吐血、尿血，高血压，肺热咳嗽。由初九爻可见，周人已经懂得利用茅草根做中草药治疗疾病了。茅草根系发达，在一个平面上向四周密集扩张连成一大片，因此，采集茅草根的过程中要根据这一特点借力，要用“拔”的方式，而不是用“刨”或“挖”的方式。这种根据客观事物本身的特点而借力的智慧可以应用到工作和生活当中。出门在外做生意或出兵征讨敌国，如果能像拔茅草根一样从一个点用力而获得一连串、一大片的收获，当然是“吉”事。初九爻与否卦初六爻接近。

爻辞原文：九二，包荒，用冯河，不遐遗，朋亡得尚于中行。

说文解字：（1）包：包揽，包容，包纳。（2）冯：不借助船只而徒步涉水渡河。（3）遐：远。（4）遗：遗漏，遗弃。（5）尚：崇尚，遵守。（6）中行：古代没有道路中间隔开相向靠右而行的交通规则，而是走道路中间前行，遇到对面来人或车马时再临时错开让道，“中行”比喻为人处世遵循“中庸之道”。

古文今译：包揽蛮荒，不借助船只而渡河，即使远方的荒野也不遗弃，是失去朋友还是赢得朋友要看是否尊崇中庸之道。

智慧锦囊：君王胸怀天下，即使蛮荒之地也寸土必争，就是“包荒”。古今中外，寸土必争都是重要的国家战略。古代军队装备能力有限，为了开疆拓土或保卫领土，有时候军队不得不在没有船只等工具辅助的情况下冒险渡河，“冯河”意味着要冒“灭顶之灾”的风险。商场上，企业的扩张与国土的开拓有相似性。正所谓“富贵险中求”，企业家冒险在情理之中。但是儒家文化不赞成国家的“野蛮扩张”，也不赞成企业的“野蛮生长”。孔子推崇“临事而惧，好谋而成”。

“尚于中行”是中国传统文化“中庸”精神的重要体现，并比喻到为人处世、商业经营、治国理政的诸多层面。个人“尚于中行”，才能得到朋友；商人“尚于中行”，才能得到生意伙伴；国家“尚于中行”，才能建立友好互信的国际关系。

爻辞原文：九三，无平不陂，无往不复，艰贞无咎，勿恤其孚，于食有福。

说文解字：（1）陂：斜坡。（2）恤：担心，忧虑。

古文今译：没有平路就谈不上斜坡，没有出去就谈不上返回，艰苦奋斗的前提下占卜得没有过失之兆，不必担心所得，粮食丰收有福可享。

智慧锦囊：“无平不陂，无往不复”体现了《周易》朴素的辩证法。“无平不陂”来自古人旅途行路的体验。不要说古代道路，就是当今发达的高速公路也有上坡、有下坡，还有陡坡、弯道、隧道、桥梁等路况。“无平不陂”比喻人生之路跌宕起伏，没有一帆风顺。

“艰贞无咎，勿恤其孚，于食有福”的意思是说，天道酬勤，富足、幸福的生活要靠艰苦奋斗得来，只要我们能够忍耐艰辛，就不必担心所得收获。

爻辞原文：六四，翩翩，不富以其邻，不戒以孚。

说文解字：（1）翩翩：君子风度。（2）戒：警戒，戒备。

古文今译：风度翩翩，不靠掳掠邻居致富，不必戒备森严以防自己的所得被掳掠。

智慧锦囊：君子风度翩翩，大方得体，与人为善，睦邻友好，礼尚往来，这种为人处世的风格不会树立敌人，从而不必戒备森严以防自己的所得被掳掠。六四爻表明中国人自古以来就信奉、秉持睦邻友好、和平共处的理念。第十五卦谦卦六五爻为：“不富以其邻，利用侵伐，无不利。”表达的是同样的理念。

爻辞原文：六五，帝乙归妹以祉，元吉。

说文解字：（1）帝乙：商朝第三十位君主，商纣王的父亲。（2）归：出嫁，嫁出。（3）妹：少女，女儿或妹妹。（4）祉：福祉，幸福。

古文今译：帝乙嫁女以求福祉，元吉。

智慧锦囊：中国传统文化中，对婚姻裙带关系的辩证思维是不可或缺的重要成分。老百姓会谋求通过婚姻裙带关系实现家族合作，帝王和诸侯则图谋采取通婚、联姻策略而维护外交关系，实现“万国咸宁，国泰民安”的政治目标。

中国历史上著名的四大美人之一王昭君以“昭君出塞”的故事而名垂青史。汉元帝应匈奴呼韩邪单于的求婚而将王昭君嫁给他，并帮助呼韩邪单于控制了匈奴全境，从而赢得汉朝和匈奴半个多世纪的和平共处。《三国演义》中“赔了夫人又折兵”讲的是孙权把妹妹孙尚香嫁给刘备以求双方加强合作但最终目的没有达成的故事。唐太宗把文成公主嫁给松赞干布，实现了唐和吐蕃（今西藏地区）之间的友好往来。拉萨著名景点“布达拉宫”就是文成公主和松赞干布大婚的地方。

爻辞原文：上六，城复于隍，勿用师，自邑告命，贞吝。

说文解字：（1）隍：护城河，护城壕沟。（2）邑：国都。（3）告：皇帝或国王颁布命令。（4）命：命令。

古文今译：城墙倾颓倒塌在护城河中，不必动用军队，有来自国都的命令，占卜得有麻烦之兆。

智慧锦囊：城隍庙是用来供奉、祭祀城隍神（又称城隍爷，简称城隍）的庙宇，是中国宗教信仰文化中普遍崇拜、祭祀的重要神祇之一。城隍大多由当地历史上有大功的名臣担当，负责守护城池的安全，城隍相当于冥界的地方主官。地方主官负有守城之职，他们有责任把城墙修建、维护得“固若金汤”，坚固的城墙是国泰民安的重要保障。城墙因年久失修而倾颓，不是由于敌人攻击而导致，所以不必动用军队。城墙倾颓反映了当地主官的失职，君王得知此事，会下旨谴责，也就是“自邑告命”，因而“贞吝”。

泰卦上六爻和否卦上九爻反映了古人“否极泰来”、“泰极否来”、“周而复始”、“变易循环”的辩证思维。

否卦第十二（下坤上乾）

卦辞原文：否：否之匪人，不利君子贞，大往小来。

说文解字：（1）否：“否”与“泰”相反，天地相交称为“泰”，天地不交称为“否”。（2）匪：通“非”，“匪人”即恶人、坏人。

古文今译：恶人有恶报，君子占卜得不利之兆，大的出去而小的回来。

智慧锦囊：否卦下地上天，与泰卦下天上地的卦象正相反。否卦象征天地分离，两不相交。“匪人”即“非人”，自古及今，恶人常常被骂作“不是人”。“匪人”与“君子”势不两立，因此，在“否”的前提下，“不利君子贞”。《礼记》说：“礼尚往来，往而不来，非礼也。来而不往，亦非礼也。”人际交往中的礼尚往来讲求平等相待，比如，参加亲友的婚礼互相送的红包额度要对等，否则会产生嫌隙，相互之间的交往就断绝了。否卦卦辞中的“大往小来”与泰卦卦辞中的“小往大来”是相反的情况。在天地不交的否卦情况下，天气条件恶劣，非旱即涝，农民播种的庄稼收获很少，甚至颗粒无收，得到的收益远远小于自己的付出，就是“大往小来”。在天地相交的泰卦情况下，风调雨顺，农民春天播种，秋天收获，得到的收益远远大于自己的付出，就是“小往大来”。“往”和“来”还可以比喻为“投资”与“收益”的关系，投资大而收益小就是“大往小来”。

爻辞原文：初六，拔茅茹，以其汇，贞吉，亨。

古文今译：拔茅草，针对其根系四通八达的特点可以借力，占卜得吉兆，亨通。

智慧锦囊：初六爻与泰卦初九爻接近，这意味着，无论泰卦还是否卦，在最初的差别并不大，但是长期走“泰”的道路或“否”的道路，就会导致差异越来越明显。也就是说，人与人的出发点未必差多少，但选择了不同的路径，目的地就会大相径庭，这就是“差之毫厘，谬以千里”的道理。人在婴儿时期、小学时期，大多是聪明可爱的，智商都差不多，也不会对社会有危害，但是长大了之后差别就大了，优秀的会成为模范，低劣的会成为罪犯。大多数企业在创业之初，也都差不多，都要为了生存、为了活下去而努力，但是，由于采取了不同的经营思路，秉承不同的企业文化，发展的结果会就大相径庭，有的上市了，有的破产了，有的老板还入狱了。可以说“泰”和“否”就是向相反方向发展的文化基因，起点虽然都是相同的，但发展到后来，一个是吉，一个是凶。

爻辞原文：六二，包承，小人吉，大人否，亨。

说文解字：（1）包：包容。（2）承：承担。

古文今译：包容、承担，对小人来说是吉，对大人来说是否，亨通。

智慧锦囊：在中国传统文化中，“小人”与“大人”、“君子”是人品对立的两类人。小人缺乏包容心，又逃避责任，而“大人”、“君子”既有宽大、包容的心胸，又勇于承担责任。因此，当灾难或困境来临时，小人很快就逃避了，这对他们自身而言是“吉”。“大人”、“君子”却迎难而上、力挽狂澜，个人难免会遭受损失，甚至有性命之忧，这种结果对他们自身来说是“否”。古代老百姓对政府各级官员都尊称“大人”，官员之间也相互尊称“大人”，这其实暗含着“大人”要有“包承”精神。从六二爻来看，不计较个人得失、舍己为民的“包”与“承”的品德是领导者应有的担当精神。

2007 年 9 月 29 日，华为公司在华为大学举行了“华为公司 EMT 自律宣言宣誓大会”，任正非的宣誓词为：

> 我创办华为担任总裁那一天起，就深感置身于内外矛盾冲突的旋涡中，深感处在各种利益碰撞与诱惑的中心，同时也深感自己肩上责任的沉重。如何从容地应对各种冲突和矛盾，如何在两难困境中果断地决策和取舍，如何长期抵御住私欲的诱惑和干扰？唯有彻底抛弃一切私心杂念，否则无法正确平衡各方面的关系。这是我担任总裁的资格底线，这也是我们担任公司高级干部的资格底线。

只有无私才会公平、公正，才能团结好一个团队；只有无私才会无畏，才能坚持原则；只有无私，才敢于批评与自我批评，敢于改正自己的缺点，去除自己的不足；只有无私才会心胸宽广，境界高远，才会包容一切需要容纳的东西，才有能力肩负起应该承担的责任。

我郑重承诺：在任期间，决不贪腐，决不允许亲属与公司发生任何形式的关联交易，决不在公司的重大决策中，掺杂自私的动机。

由誓词可见，任正非作为总裁，首先要有“包承”的精神，同时要最大限度放弃个人和家族的巨额私人利益，要带头“无私”，高管们也要效仿任正非公而忘私。华为管理层的这种奉献和舍弃精神就是“大人否”，但是，华为公司会因此而“亨”。

爻辞原文：六三，包羞。

说文解字：（1）羞：羞耻，耻辱。

古文今译：包容羞辱。

智慧锦囊：在“否”的形势下，会有各种挫折、障碍、羞辱、鄙视、欺压纷至沓来，因此，拥有“包羞”、“忍辱”的心态非常重要。佛教中有六波罗蜜，也称六度，即：布施、持戒、忍辱、精进、禅定、智慧，其中“忍辱”与六三爻的“包羞”内涵是一致的。元代吴亮编纂的《忍经》可谓对六三爻深入而全面的案例分析。

《史记》记载有汉高祖刘邦麾下大将军韩信能忍“胯下之辱”的故事：“淮阴屠中少年有侮信者，曰：‘若虽长大，好带刀剑，中情怯耳。’众辱之曰：‘信能死，刺我；不能死，出我胯下。’于是信孰视之，俯出胯下，蒲伏。一市人皆笑信，以为怯。”后来韩信经萧何推荐，接受刘邦登坛拜将，横扫千军，青史留名。

《水浒传》中有“杨志卖刀”的故事。杨志忍受不住牛二的羞辱纠缠，“火从心上起，怒向胆边生”，一刀宰了牛二。杨志到开封府自首后被判发配充军，最终被逼上梁山，落草为寇。

能“包羞”的韩信与不能“包羞”的杨志人生成就可谓天渊之别。

楚汉战争中，项羽遭韩信“十面埋伏”后在乌江（今安徽和县境内）自刎身亡。后人在当地建有乌江亭以作纪念。唐代大诗人杜牧到此地游览时，抚今追昔，吟诗一首，是为《题乌江亭》：

胜败兵家事不期，包羞忍耻是男儿。

江东弟子多才俊，卷土重来未可知。

杜牧认为“胜败乃兵家常事”，对项羽因兵败而感觉“无颜见江东父老”、不能“包羞忍耻”而自刎身亡的下场感到无比惋惜。

爻辞原文：九四，有命，无咎，畴离祉。

说文解字：（1）命：天命。（2）畴：田地，田亩。（3）离：通“丽”，附丽，附着，离不开。（4）祉：福祉，幸福。

古文今译：有天命，没有过失，幸福生活离不开土地。

智慧锦囊：孔子说：“君子有三畏：畏天命，畏大人，畏圣人之言。小人不知天命而不畏也，狎大人，侮圣人之言。”俗话说“吉人自有天命”，古人相信“命由天定”，只要顺应“天命”，就会“无咎”。在漫长的农业社会中，土地是最重要的生产资料，是黎民百姓赖以生存发展的最重要资源。老百姓的收成主要还是看天吃饭，天好就会大丰收，丰衣足食，天不好就会闹饥荒，忍饥挨饿。即使在工业社会中，土地也是稀缺资源。“畴离祉”说明土地是人民福祉、幸福生活的根本保证。

爻辞原文：九五，休否，大人吉。其亡其亡，系于苞桑。

说文解字：（1）休：美好。（2）苞：指庄稼，粮食。（3）桑：桑树，蚕桑。

古文今译：好与坏并存，对大人来说是吉。国家兴亡，与人民群众的温饱分不开。

智慧锦囊：在这个世界上，没有永恒的美好，也没有永恒的厄运，好与坏总是相伴相随，“休否”反映了《周易》的辩证思维。“大人”品德正直、宽厚大度、勇于担当，遇到好事自不必说，遇到厄运也能“得道多助”，从而“逢凶化吉，遇难成祥”。总之，无论未来是“休”还是“否”，是好还是坏，大人总是吉的，而小人只能是凶多吉少了。“苞”指的是粮食作物，解决的是老百姓的吃饭问题。“桑”指的是种桑、养蚕、织布，解决的是老百姓的穿衣问题。“苞”和“桑”是农业社会人民群众吃饭、穿衣的根本保证。“手里有粮，心里不慌。”“基础不牢，地动山摇。”任何时代，如果老百姓吃不饱、穿不暖，就会动摇社会稳定的基础。所谓“小康不小康，关键看老乡”，指的就是小康生活的实质内容就是让老百姓过上温饱富足的好日子。

对于企业家来说，“休否，大人吉”的哲理就是企业家要认清国家乃至世界的发展大局与趋势并采取相应的行动。马云在浙商总会2018年半年度工作会议暨骨干培训学习会上发言说：“每个人的事情做得好与坏，关键在于你看问题的深度、广度、角度，我觉得全国能做得好的企业家跟我们浙商一样，都对问题看得深度、广度、角度不一样。”“我们要了解宏观经济，特别是对整个金融、制造业市场的判断。我自己感觉，好日子不多了，但是应该这么讲，好日子本来就不多，做企业家好的时间是不正常的，不好的时间是很正常的。”“所以，如果你要选择做企业，你明白好的日子来了，你要格外珍惜，坏日子要学会适应，学会在坏日子怎么生存，好有好的过，坏有坏的过。”“以前阿里巴巴非常困难的时候，我就鼓励我自己，我和我的同事讲，马路上没有车的时候只有两种方案，你有能力跑得快点儿，没有能力停下来修车。马路上车很多的时候，你就要非常小心。换句话说，经济形势非常好的时候，很容易出事情，企业出问题都是因为钱多出了问题，经济形势好的时候，是出大错的时候，经济形势不好，你想出也出不了什么问题，而且现在的形势不一定是坏事情。”

对于企业家来说，将“其亡其亡，系于苞桑”的哲理应用到企业管理中就是要保障员工的薪酬待遇，让他们生活富足，有获得感和幸福感。这是实现基业长青、建设百年老店的基础保证。

爻辞原文：上九，倾否，先否后喜。

说文解字：（1）倾：倾倒，倾覆。（2）喜：喜庆。

古文今译：遭遇倾覆的厄运，起先不好后来会喜庆。

智慧锦囊：诸葛亮在给后主刘禅的《后出师表》中说：“高帝明并日月，谋臣渊深，然涉险被创，危然后安。”“危然后安”就是“先否后喜”。诸葛亮在《后出师表》中还描述了曹操所遭受的多次失败：“曹操智计，殊绝于人，其用兵也，仿佛孙、吴，然困于南阳，险于乌巢，危于祁连，逼于黎阳，几败北山，殆死潼关，然后伪定一时耳。”“曹操五攻昌霸不下，四越巢湖不成，任用李服而李服图之，委任夏侯而夏侯败亡。”曹操一生所经历的“倾否”不止一次，然而他并没有沮丧、退缩、一蹶不振，因为他深信“胜败乃兵家常事”。《三国演义》中，曹操每一次遭遇失败从不垂头丧气，而是仰天大笑，因为他深信“否极泰来”、“先否后喜”的哲理。如果项羽能够拥有刘备和曹操这种对待失败的态度，他的命运绝对不会是自刎乌江。一个人在对社会的认知中如果拥有“先否后喜”的辩证思维，那么在遇到挫折时就能够采取“听天命、尽人事”这种乐观积极的人生态度。

否卦上九爻和泰卦上六爻反映了《周易》“否极泰来”、“泰极否来”、“周而复始”、“变易循环”的辩证思维。

同人卦第十三（下离上乾）

卦辞原文：同人：同人于野，亨，利涉大川，利君子贞。

说文解字：（1）同：聚集，团结。（2）野：周代王城之外三百里范围内的土地谓之野。

古文今译：在野外召集人马，组织队伍，亨通，利于渡过大河，君子占卜得有利之兆。

智慧锦囊：同人卦下火上天，为太阳升在低空、朝阳初升之象。一日之计在于晨，上午是人精力充沛、努力拼搏的好时候。如果把人的一生比喻为一天，上午则是人的青少年时代，正是为一生打基础的好时候。正如毛泽东对青年人寄语所说：“世界是你们的，也是我们的，但是归根结底是你们的。你们青年人朝气蓬勃，正在兴旺时期，好像早晨八九点钟的太阳，希望寄托在你们身上。”青年人血气方刚、身强力壮，容易接受新思想、新事物，也容易受到鼓动而汇聚起来。因此，自古至今，各国军队征兵都是征召青壮年。军队是最典型的团队组织，军队招兵买马就是“同人”。

史玉柱接受媒体采访评价马云时说“马云最主要的工作是研究人”，史玉柱说：“现在企业分成这样几个阶段：第一个阶段就是靠创业的老板自己亲自干活的。第二个阶段就是靠团队干，老板相对来说就是不冲到第一线了，就指挥着干。第三个阶段其实是靠文化，就是搞文化、制定规则。当这些团队人数大到一定程度，大到老板已经指挥不动了，只能靠文化。马云他在阿里巴巴内部建立这套文化非常好，能干的人能出得来，能到合适的位置，到合适位置之后还能有很足的干劲，他不断在培养团队。”“最主要的原因是马云重点管理的东西只有两个：一个是战略，就是方向性的东西。第二个就是核心干部。”

史玉柱的观点对于创业者、企业家如何“同人”、如何创建并管理团队有很好的启发意义。

爻辞原文：初九，同人于门，无咎。

古文今译：在家门口召集人马、组织队伍，没有过失。

智慧锦囊：在家门口拉拢、联络、召集到的人无非是周围的邻居、乡亲、熟人，大家互相知根知底，所以“无咎”。需要指出的是，在家门口拉队伍，搭班子，搞个小团队去干事创业，在创业的初始阶段不得不这样干，但是不能作为长远大计。长期采取“同人于门”的策略必然规模搞不大，成不了大气候，企业干到一定规模就必须“聚天下英才而用之”。

马化腾在2016年成为《哈佛商业评论》评选的全球最佳CEO榜单上唯一的中国企业家，他就此接受采访时说：“我从大学到工作，一开始就是靠写代码养活自己，算是个典型的程序员。当时我更多的是想做个产品，没有太多想过开个公司，领导什么人。连我父母都没有想到，我这个书呆子还可以开公司。现在想想，如果我当时一个人单枪匹马地开公司，肯定走不远的。我觉得当时走对的第一步是找一些合作伙伴，我的缺陷他们可以弥补。”“我们最早的创业团队里，有四位是我的中学或大学同学，大家都知根知底，互相之间的互补性很强。比如我对产品比较在行，我知道我要什么，怎么去实现，这方面我想得比较清楚。张志东（腾讯原首席技术官）是个学霸，技术能力很强。陈一丹（腾讯原首席行政官）从政府部门出来，他虽然技术不强，但善于组建团队，对行政、法律和政府接待都很有经验。正因为我们都不是全才，所以需要互相补充，这也带来腾讯的风格比较民主，有事大家一起商量，没有出现一言堂的局面。”“如果要创业，最好不要单枪匹马。要发挥自己所长，同时要找伙伴一起来做，这样能够弥补自己不足。在这个过程中，尊重彼此不同的声音，寻找互补和共识。企业发展起来之后，更是如此。要保持开放协作的心态，寻找合作伙伴一起来发展，孤木难成林，只有集中力量在自己的优势上，把其他交给合作伙伴，这样才能真正把生意做成生态，获得更大的发展空间。”

马化腾所说的“我们最早的创业团队里，有四位是我的中学或大学同学，大家都知根知底”、“要创业，最好不要单枪匹马”、“要保持开放协作的心态，寻找合作伙伴一起来发展”等理念印证了初九爻“同人于门，无咎”的哲理。

爻辞原文：六二，同人于宗，吝。

说文解字：（1）宗：宗族，宗亲。

古文今译：召集人马、组织队伍仅局限于同宗族的人，有麻烦。

智慧锦囊：虽然俗话说“打仗亲兄弟，上阵父子兵”，但是大规模的用兵打仗或市场竞争显然不能只靠亲兄弟或父子兵。自古以来的历史经验证明，任人唯亲是非常狭隘的用人理念，任人唯亲者终究难成大事，所以“吝”。

楚汉战争中，项羽被刘邦打败的原因不止一种。据《史记》记载，多位了解项羽的将帅都指出了项羽在用人上局限于宗族的特点。刘邦说：“项羽有一范增而不能用，此其所以为我擒也！”后来身为汉丞相的陈平说：“项王不能信人，其所任爱，非诸项即妻之昆弟，虽有奇士不能用，平乃去楚。”郦食其说：“（项王）非项氏莫得用事。”任人唯亲应该算是项羽的队伍流失大量人才最终导致失败的一条重要原因。

现代企业管理研究发现，人力资源构成中家庭成员和各种亲属的存在甚至对企业发展起到严重阻碍的副作用。

且看企业界大咖们面对不同媒体时对于企业管理中“去家族化”的话题是怎么说的：

王健林说：“要求员工做到的，我一定要做到。比如说不搞裙带关系，我没有任何亲属在公司工作。他们也想过好的生活，那我给他们钱去创业。”

董明珠说：“我的亲戚绝对不允许进格力上班，就连我的儿子也不行。”

史玉柱说：“我的公司中，中层干部以上找不到我的亲戚，我不主张家人和亲戚在公司任职，这会给职业经理人带来很大压力，对公司发展不利，也会造成大家的心态不好。因此，我的女儿不存在接班的问题。”

王石说：“什么叫复杂问题简单化？举个例子，我家姊妹8个，加上配偶、小孩，再加上七大姑八大姨，多少人？但万科没有一个我的亲戚朋友和家人。”

以上案例可以很好地诠释六二爻的哲理在企业管理中的应用。

华为“董事会监事会自律宣言”的誓词中有一条：“高级干部要正直无私，用人要五湖四海，不拉帮结派，不在自己管辖范围内形成不良作风。”这条内容是对华为高管“同人”行为提出的原则。前两爻的“同人于门”和“同人于宗”适用于创业初期的用人理念，但是企业要做大、做强、做久，就必须采用华为的用人原则。

爻辞原文：九三，伏戎于莽，升其高陵，三岁不兴。

说文解字：（1）伏：埋伏。（2）戎：士兵，军队。（3）莽：茂盛的草木。（4）陵：山。

古文今译：在密林中埋伏士兵，在高山上布置军队，三年不用兴兵打仗。

智慧锦囊：“伏戎于莽”即设置埋伏，是排兵布阵的重要策略。楚汉战争中，韩信使用“十面埋伏”的战略决策而使项羽军队陷入“四面楚歌”的绝境，导致项羽兵败并最终自刎于乌江。《孙子兵法·军争篇》指出：“用兵之法，高陵勿向。”因此，“升其高陵”占领制高点也是一项重要的战略决策。九三爻描述的是古代国防中的战备战略。“伏戎于莽，升其高陵”就是《孙子兵法》中所说的“立于不败之地”。对于企业来说，“升其高陵”就是在技术或商业模式上占领制高点，拥有绝对优势。

任正非在华为 2013 年度干部工作会议上说："在大数据流量上，我们要敢于抢占制高点。我们要创造出适应客户需求的高端产品，在中、低端产品上，硬件要达到德国、日本消费品那样永不维修的水平，软件版本要通过网络升级。高端产品，我们还达不到绝对的稳定，一定要通过加强服务来弥补。""如果我们不能在高价值区域抢占大数据流机会点，也许这个代表处最终会萎缩、边缘化。这个时代在重新构建分配原则，只有努力占领数据流的高价值区，才有生存点。"任正非 2018 年 11 月在华为研究所 5G 业务汇报会上发表讲话说："我再次强调，我们的 5G 就是争夺'上甘岭'，就是世界高地。5G 这一战关系着公司的生死存亡，所以我们一定要在这场'战争'中不惜代价赢得胜利。攻上'上甘岭'，全要靠你们！"

任正非的上述观点印证了九三爻"升其高陵"的哲理。

爻辞原文：九四，乘其墉，弗克攻，吉。

说文解字：（1）乘：登上。（2）墉：城墙。（3）弗：不。（4）克：能够。

古文今译：登上敌方的城墙，致使其不能够攻击，吉。

智慧锦囊：《孙子兵法》说："上兵伐谋，其次伐交，其次伐兵，其下攻城。攻城之法，为不得已。""百战百胜，非善之善者也；不战而屈人之兵，善之善者也。"九四爻的"乘其墉，弗克攻"就是"其下攻城"，是"不得已"的办法。因为攻城必然意味着损兵折将，人员伤亡不可避免，所以不是"善之善者"。城墙是古代城市重要的军事防御设施，是由墙体和其它辅助设施围绕城市所构成的军事防线。在战争中，如果登上对方的城墙，基本上就等于胜券在握。所以，攻城在冷兵器时代是决战的重点。

任正非 2018 年 7 月在华为心声社区发表讲话说："过去的三十年，我们从几十人对准一个'城墙口'冲锋，到几百人、几千人、几万人到十八万人，都是对准同一个'城墙口'冲锋。攻打这个'城墙口'的'炮弹'已经增加到每年接近 150 亿到 200 亿美金，全世界很少有上市公司敢于像我们这样对准同一个'城墙口'进行投入，要相信我们领导行业的能力。我们有的研究所已经在单点上突破，领先世界了，要继续在单点突破的基础上，在同方向上多点突破，并逐步横向拉通。在未来三五年内，我们是有信心保持竞争力的。”“只要我们踏踏实实在基础研究上前进，在一个比较窄的方向上突破，就有可能博弈。我们已经有近8万项专利获得授权，许多还是基本专利、核心专利，这对人类是一个贡献，当然对美国的信息社会也是一个贡献。”“我们要站在后天看明天，也要从今天看未来，我们也要找到明天的技术曲线与商业需求曲线峰值的重合部，这就是我们的战略机会，作为我们排炮攻击的‘城墙口’。当然，这个‘城墙口’也随时间与需求的变化而变化。‘炮火’的校正就是我们的战略规划的责任。”

任正非“对准同一个‘城墙口’冲锋”的比喻与九四爻“乘其墉，弗克攻”的哲理有相通之处。

爻辞原文：九五，同人，先号咷而后笑，大师克相遇。

说文解字：（1）号咷：嚎啕大哭。

古文今译：召集人马，组织队伍，早先嚎啕大哭，后来开怀大笑，大部队成功会师。

智慧锦囊：“大师克相遇”也是“同人”的一种形式。不难想象，嚎啕大哭是因为遭遇失败，开怀大笑是由于取得胜利。我国古代军队分前、中、后三军。前军作为先锋负责开路、侦察、应付小规模战斗，带部分军需物资。中军是三军统帅所在的主要部队，有步兵、骑兵等兵种。后军负责后勤，如掩护、警戒、补充粮草和武器弹药等任务，还有军医、工匠、厨师等大量服务人员。现代国防力量中的三军是指海、陆、空三军部队。在战争中，双方各自分支部队之间的配合非常重要，各分支部队能否成功会师往往具有重要的战略意义。

世界历史上著名的军事天才“战神”拿破仑因为兵败滑铁卢而从法国皇帝的宝座上跌落下来成为囚徒。“滑铁卢战役”的初始阶段，双方在势均力敌的拉锯战中伤亡都很大。交战到中午前后双方官兵都已经疲惫不堪，进入胶着状态，双方都在迫切地期待着自己的援军到来。结果英军统帅惠灵顿的援军普鲁士军队领先一步到达，从而成就了世界军事史上著名的“滑铁卢战役”。

以上案例可以从不同层面很好地诠释“大师克相遇”的重要性。

爻辞原文：上九，同人于郊，无悔。

说文解字：（1）郊：周代王城之外一百里范围内的土地谓之郊。

古文今译：在郊外召集人马，组织队伍，没有悔恨。

智慧锦囊：卦辞中的“同人于野”与上九爻中的“同人于郊”，都是在城池外围的“郊野”中集结部队，是御敌于城门之外的军事布局，可以有效地防止敌军直接攻城。

大有卦第十四（下乾上离）

卦辞原文：大有：元亨。

说文解字：（1）有：拥有，占有，所有。

古文今译：大为亨通。

智慧锦囊：大有卦下天上火，为太阳高悬天空、日光明照之象。离卦在天为日，在地为火。太阳是地球万物的能量来源，当太阳升到天空，光芒无处不在。地球上任何野生动物都害怕火，只有人类会使用火，会利用火是人类文明的重要象征。最简单地说，自古及今，人类的三餐做饭离不开火。成语“红红火火”比喻富足、兴旺、繁盛等“大有”的态势。

爻辞原文：初九，无交害，匪咎，艰则无咎。

说文解字：（1）交：交往，结交。（2）匪：通“非”，不是。

古文今译：不交往有害的人，不是过失，艰苦奋斗则没有过失。

智慧锦囊：《论语》中说：“无友不如己者。”“益者三友，损者三友：友直、友谅、友多闻，益矣；友便辟、友善柔、友便佞，损矣。”《菜根谭》中说：“教弟子如养闺女，最要严出入，谨交游。若一接近匪人，是清净田中下一不净的种子，便终身难植嘉禾矣。”总之，交益友，大有收获；交损友，受害不浅。“无交害”与“艰苦奋斗”是实现“大有”生活的两个必要条件。无论多么努力艰苦奋斗，得到多么“大有”的劳动果实，如果“交害”，很可能“大有”的生活会变成“乌有”。

爻辞原文：九二，大车以载，有攸往，无咎。

古文今译：用大车满载而归，有所往，没有过失。

智慧锦囊：东西要用大车装载，说明收获颇丰，是“大有”的情景。出门在外没有白忙活一场，能够满载而归，当然“无咎”。

任正非常说：“钱分好了，管理的一大半问题就解决了。”任正非所说的广为人知的一个段子是：“华为2000年后最大的问题，是钱多得不知道如何花，你们家买房子的时候，客厅可以小一点，卧室可以小一点，但是阳台一定要大一点，还要买一个大耙子，天气好的时候，别忘了经常在阳台上晒钱，否则你的钱就全发霉了。”据媒体报道，华为员工2018年平均年薪高达人民币110万元，而国家统计局公布的2018年城镇私营单位就业人员年平均工资和2018年城镇非私营单位就业人员年平均工资，分别为49575元和82461元。对比可见，华为员工的收入可谓“大车以载”，而这正是激励华为员工“有攸往”必努力奋斗，“指到哪里，打到哪里”的重要原因。

爻辞原文：九三，公用亨于天子，小人弗克。

说文解字：（1）公：诸侯国的最高领导人，如齐桓公、晋文公、秦穆公等。（2）亨：通“享”，献礼，献祭。（3）克：能够。

古文今译：公向天子献礼，小人不能参与。

智慧锦囊：国家农业获得大丰收或对外用兵大获全胜的“大有”情况下，诸侯国的领导人向国家最高统治者举行盛大的献礼仪式进行庆祝。这种重大的庆典活动，“小人”是没有资格参与其中的。君子与小人是我国传统文化中对人的二分法，君子受推崇，小人受鄙视。诸葛亮在《出师表》中说：“亲贤臣，远小人，此先汉所以兴隆也；亲小人，远贤臣，此后汉所以倾颓也。”国君治国理政要“亲贤臣，远小人”，企业家治理企业也要“亲贤臣，远小人”。

爻辞原文：九四，匪其彭，无咎。

说文解字：（1）匪：通“非”，不是。（2）彭：多，大。

古文今译：不是那么多，没有过失。

智慧锦囊：“彭”就是“大有”的一种情景。无论财富，还是权力，未必是越多越大越好。万事万物的发展变化都会遵循物极必反的哲理。《红楼梦》中“好了歌”说：“世人都晓神仙好，只有金银忘不了。终朝只恨聚无多，及到多时人去了。”老子《道德经》第九章中说：“持而盈之，不如其已。揣而锐之，不可长保。金玉满堂，莫之能守。富贵而骄，自遗其咎。功遂身退，天之道也。”老子的上述理念与九四爻的哲理是一致的。

马云在阿里巴巴新人交流会上说：“说句心里话，我从第一天开始就没想过当首富，所以我才会把公司持股稀释到这个样子。但我还是没有想到，尽管把自己的股份降到8%，还是有那么多，这是我没想到的。很多年以前，我跟我的老婆、公司2号员工张瑛有过一次聊天。我问：‘你希望你老公将来成为首富吗？’她说：‘首你个鬼啊！你怎么看都不像首富的样子！’我说：‘你希望我是一个有钱人？还是一个很有钱的人？还是不缺生活费用同时受人尊重的企业家？’她回答：‘当然受人尊重了！’我们就定下了这个。那时候我都没想过成为杭州下城区或者翠苑街道的首富，我不想当，这不是我要的。我跟你们一样，年轻的时候好奇过首富，有些人就喜欢那口。钱在100万的时候是你的钱。其实现在中国最幸福的人是一个月有两三万、三四万块的钱，有个小房子，有个车，有个好家庭，没有比这个更幸福的了，那是幸福生活。超过一两千万，麻烦就来了！你要考虑增值，是买股票好呢？是买债券好呢？还是买房地产好？超过一两个亿的时候，麻烦就大了。超过十个亿，这是社会对你的信任，人家让你帮他管钱而已，你千万不要以为这是你的钱。”

马云对财富的观点印证了九四爻的哲理。“一个月有两三万、三四万块的钱”就是财富“匪其彭”，却是“在中国最幸福的人”，而“超过一两个亿的时候”，财富很多很“彭”了，但“麻烦就大了”。

爻辞原文：六五，厥孚交如，威如，吉。

说文解字：（1）厥：那个，那些。（2）交：合并，在一起。（3）

威：可观，壮观。

古文今译：那些所得合并在一起，相当壮观，吉。

智慧锦囊：秋天大丰收，收获的粮食堆积成山，是“大有”的一种情景。战争当中获胜，缴获的敌军武器、粮草、车马等战略物资堆积成山，俘获的敌军官兵被集中起来，是“大有”的另一种场景。总之，“厥孚交如，威如”是“大有”的景象，是“吉”事。

爻辞原文：上九，自天佑之，吉，无不利。

说文解字：（1）佑：护佑，保佑。

古文今译：受到来自上天的护佑，吉，没有什么不利。

智慧锦囊：古人认为，天是万物的主宰，更是人类命运的主宰。《史记》中记载，项羽遭受韩信的十面埋伏，在四面楚歌的情况下逃亡，到达乌江时再也无路可逃。项羽在拔剑自刎前说：“此天亡我，非战之罪也。”《史记》中记载，韩信与刘邦的对话中，对自己屡次为刘邦所擒的原因，也解释为“所谓天授，非人力也”。古代国家的最高统治者帝王、皇帝也被称为“天子”。古人认为君权神授，天子有天命，是代表天来统治国家。在“有神论”占统治地位的漫长古代社会，上至帝王将相，下至黎民百姓，绝大多数人都相信天命、顺应天命。“自天佑之”说明有上天的保佑，当然“吉，无不利”。

雷军在参加《杨澜访谈录》节目时说：“我们中国不乏很多既聪明又勤奋的人，又有能力的人，很多这样的人，然后这样的人有个通病就是很自信，甚至自负。”“他不信命，他觉得他自己可以改变整个世界，动不动就想改变世界。反正我自己到了40岁的时候，我觉得光有聪明和勤奋是远远不够的，我觉得还得顺势。我认为这是我观念最大的变化，顺势而为，我觉得重要性要远远大于把握时机、把握战略，要远远超过了战术。”“人家四十不惑，我不惑的那一点就是顺势而为。这是我在40岁那一年悟出的最重要的一个道理。我小时候干了很多逆天而为的事情，今天我们岁数大了，顺势而为就好。往往越能干、越有才华的人越有自己的观点，越喜欢标新立异，越喜欢逆天。当我们经过这个社会的很多坎坷以后才知道，其实有时候反而一般的人可能更容易成功。滚雪球总是从坡上往坡下滚，容易啊！我们原来说这个不具挑战，一定要从山下运石头到山上，其实你完成的东西是一样的。你得跟着大势走，不要试图逆天。势不对的时候能不能成？也能成，容易小成。你付出了一百倍的努力，获得了一个小成，你的内心会很纠结，势头不对是很痛苦的一件事情。台风来了，猪都会飞！我们看了这么多成败，觉得最最核心的原因是大势。”

雷军强调要顺势而为，不要逆天而动，企业家只有顺势而为，才能得到上九爻“自天佑之，吉，无不利”的结果。

谦卦第十五（下艮上坤）

卦辞原文：谦：亨，君子有终。

说文解字：（1）谦：谦虚，谦逊。（2）终：终局，了结，与“始”相对应。

古文今译：亨通，君子有善终。

智慧锦囊：谦卦下山上地，为山在地下之象。不显山、不露水的地形地貌与君子风度有相似性。《尚书·大禹谟》中说：“满招损，谦受益。”清朝名士郑板桥在一首写竹的诗中说：“未出土时先有节，已到凌云仍虚心”，借竹子的生长特点比喻君子应具备的气节和虚心这两种优秀品质。

刘向在《说苑·敬慎》中记载：

> 昔成王封周公，周公辞不受，乃封周公子伯禽于鲁，将辞去，周公戒之曰：“去矣！子其无以鲁国骄士矣。我，文王之子也，武王之弟也，今王之叔父也，又相天子，吾于天下亦不轻矣。然尝一沐三握发，一食而三吐哺，犹恐失天下之士。吾闻之曰：‘德

行广大而守以恭者荣，土地博裕而守以俭者安，禄位尊盛而守以卑者贵，人众兵强而守以畏者胜，聪明睿智而守以愚者益，博闻多记而守以浅者广。’此六守者，皆谦德也。夫贵为天子，富有四海，不谦者先天下亡其身，桀纣是也，可不慎乎！故易曰：‘有一道，大足以守天下，中足以守国家，小足以守其身，谦之谓也。’夫天道毁满而益谦，地道变满而流谦，鬼神害满而福谦，人道恶满而好谦。是以衣成则缺衽，宫成则缺隅，屋成则加错，示不成者，天道然也。易曰：‘谦：亨，君子有终，吉。’诗曰：‘汤降不迟，圣敬日跻。’其戒之哉！子其无以鲁国骄士矣。”

全卦六爻之中有五爻含“谦”字。需要特别指出的是，谦卦六爻之中都有“吉”或“利”、“无不利”的判语，这在六十四卦中是独有的，其他六十三卦都是吉凶休咎等好坏情况并存的，这说明在中国传统文化中，谦虚自古以来就是被人们所推崇的美德，可以说，谦虚的品德有百利而无一害。

爻辞原文：初六，谦谦君子，用涉大川，吉。

古文今译：谦谦君子，采取行动渡过大河，吉。

智慧锦囊：初六爻是成语“谦谦君子”的出处，谦而又谦是君子的美德。君子为人处世谦虚、谦让，与世无争，那么渡大河、出远门就会一团和气，得道多助，因此“吉”。

2001 年 3 月，东山再起的史玉柱接受央视《对话》节目采访。作为嘉宾的柳传志说：“我以前直说不喜欢史玉柱，1993 年、1994 年在泰山会上的时候，我基本不怎么跟史玉柱打招呼，原因就是我感觉到他后来要出大娄子，而且我觉得他浮躁。他主要就是对企业的发展和目标追求以及他的能力本身，没有想清楚，管理的基础不扎实。所以在当时是这么看，后来他的情况逐渐在变化，特别是以后东山再起，他要求剖析自己的时候，我的感觉确实就像老华（中国民营科技实业家协会秘书长华贻芳）说的开始有转变。那是到 1996 年那次会议，所以那时候他要求提意见，我就开始跟他讲些东西。过去我觉得讲了，他也未必听。我觉得是年轻人表示一种谦虚，来问你一下，我何必跟他说呢？所以我就没说什么。”“今天史玉柱有什么好的现象？为什么我认为他能改呢？

就是他自己真地敢解剖自己，真地要改，有不少人他是不愿意改的。就像刚才他说的，老华给他写这么难听的东西（一幅字：不顾血本，渴求虚荣；恶性膨胀，人财两空；大事不精，小事不细；如此寨主，岂能成功），他拿来往墙上一贴，这种东西说明他要改，而且敢于在众人面前解剖。人家说他可怜也罢，怎么也罢，他愿意坐在这里听，他就是有这种要求。然后就看他会不会改，会不会改本身这里又有若干条件，就是说明白不明白要改什么东西。”

柳传志对史玉柱的评价说明谦虚者容易获得帮助，浮躁者容易被人疏远，印证了初六爻的哲理。

爻辞原文：六二，鸣谦，贞吉。

说文解字：（1）鸣：鸟鸣，雷鸣。

古文今译：谦虚的美德名声在外，占卜得吉兆。

智慧锦囊：君子有谦虚、谦让的美德，在社会上有了好口碑，人们听到他的名字感觉如鸟鸣悦耳，如雷鸣贯耳，因此“贞吉”。

爻辞原文：九三，劳谦，君子有终，吉。

说文解字：（1）劳：功劳，苦劳。

古文今译：劳苦功高而谦虚谨慎，君子有善终，吉。

智慧锦囊：骄兵必败，骄傲是人自身的大敌。人在功成名就的时候，在光环的围绕下容易迷失自我，产生骄傲情绪，从而在人生路上马失前蹄。历史上功高盖主又不懂收敛而最终身败名裂的武将不胜枚举。刘邦和朱元璋对手下开国功臣大开杀戒虽然广受诟病，但是在很大程度上也是因为功臣们居功自傲、骄横放纵、贪赃枉法、目无尊长而咎由自取。

爻辞原文：六四，无不利，㧑谦。

说文解字：（1）㧑：谦逊。

古文今译：没有什么不利，谦恭有礼。

智慧锦囊：王仲宝的《褚渊碑文》中有：“功成弗有，固秉㧑挹。”老子《道德经》第二章中说：“万物生而不有，为而不恃，功成而不居，夫唯不居，是以不去。”第九章中说：“持而盈之，不如其已。揣而锐之，不可长保。金玉满堂，莫之能守。富贵而骄，自遗其咎。功成身退，天之道也。”帮助汉高祖刘邦打天下的张良和帮助越王勾践灭吴的范蠡都是“功成身退”、君子得善终的典型。

任正非 2014 年初在华为市场大会上发表演讲说：“怎么做一个谦虚的领导者？如何使华为的存在，客户认为是有益的，社会认为是有益的，竞争对手认为有益的，供应链伙伴也认为是有益的？这就是华为的转型。”“客户需求的本质是希望技术先进、质量好、服务好、价格低的产品和服务。我们渴望市场成功、有盈利，我们也要适应面对日益升高的优秀员工的待遇要求，以及为了追逐新技术潮流必须增大的投资而产生的矛盾。因此在价格、合同商务条款上的博弈，不能算不谦虚。”“有时候必须像姚明一样蹲着说话，也不能证明你不伟大。谦虚来自自信，谦虚来自自身的强大。我认为不谦虚是指颐指气使、趾高气扬、目中无人、盲目自大、自我膨胀等不平等的待人方法，以及不按合同执行的店大欺客行为。销售团队在与客户交流时，一定不能牛气哄哄的，否则我们在沙漠里埋头苦干半天，客户也不一定认同。无论将来我们如何强大，我们谦虚地对待客户、对待供应商、对待竞争对手、对待社会，包括对待我们自己，这一点永远都不要变。”“我们是能力有限的公司，只能重点选择对我们有价值的客户为战略伙伴，重点满足客户一部分有价值的需求，不能算是不谦虚。”

任正非的观点体现了六四爻的哲理在商业领域的应用，而保持谦虚正是华为在全球市场所向披靡的重要保证。

爻辞原文：六五，不富以其邻，利用侵伐，无不利。

说文解字：（1）侵：侵略。（2）伐：讨伐，进攻。

古文今译：不靠掳掠邻国而致富，利于采取行动侵略讨伐，没有什么不利。

智慧锦囊：俗话说，“兔子不吃窝边草”，“远亲不如近邻”。睦邻友好是中国传统文化的精髓之一。只要秉持不靠掳掠邻国而致富的原则，那么为了抵御外侮或反击敌人而用兵侵伐，就会“无不利”。第十一卦泰卦六四爻为：“翩翩，不富以其邻，不戒以孚。”两爻表达的是类似的哲理。

华为和中兴都是全球顶级的通信科技企业，但是中兴自从 2018 年 4 月遭遇“造芯”变故之后就一直在走下坡路。中兴在中美贸易战中不幸中枪而损失惨重、深陷经营泥潭，此时被竞争对手趁火打劫在无情的市场竞争中也属于情理之中，但是据媒体报道，任正非在华为内部会议上要求：“严禁对中兴落井下石，不许去搬中兴的设备，不许去挖中兴的人。”而华为轮值董事长徐直军也要求下属“不要接触中兴的客户”。

任正非和华为的上述举措就是“不富以其邻”的行动。

爻辞原文：上六，鸣谦，利用行师，征邑国。

说文解字：（1）邑：城池，小国。

古文今译：谦虚的美德名声在外，利于调兵遣将，征讨城邦小国。

智慧锦囊：有谦虚的美德才会赢得周边盟友的配合帮助，从而利于兴师动众、用兵讨伐。否则，自己出兵之后，国内空虚，就会被不友好的邻邦趁虚而入，抄了后路，产生后顾之忧。历史上的“围魏救赵”就是一个经典案例：战国时期魏国攻打赵国，赵国首都邯郸告急，赵国向齐国求救，齐国采用围攻魏国首都大梁的战略，迫使魏国退兵，赵国得到解围。如果魏国与齐国是关系很铁的盟友，就不会被齐国抄了后路。

豫卦第十六（下坤上震）

卦辞原文：豫：利建侯行师。

说文解字：（1）豫：快乐，游乐。（2）建侯：分封诸侯，建立侯国。（3）师：军队。

古文今译：利于分封诸侯、调兵遣将。

智慧锦囊：豫卦下地上雷，为春雷阵阵、大地复苏、万物萌发、欣欣向荣之象。春雷带来的春雨润泽大地，万物焕发出勃勃生机，正是踏春游乐的美好季节。中国传统文化认为，“一年之计在于春”。春天正是帝王治国理政、做出战略决策的好时候，所以，“利建侯行师”。春天里适度地游乐是可以的，但是不能一味贪欢忘了干正事。什么是正事？对于帝王来说，分封诸侯、调兵遣将就是正事；对于农民来说，耕地播种就是正事；对于商人来说，制定生产经营策略、维护客户关系就是正事。豫卦六爻之中初六、六三、九四、上六等四个爻都含“豫”字，皆为“游乐”、“逸乐”之义。

爻辞原文：初六，鸣豫，凶。

说文解字：（1）鸣：雷鸣。

古文今译：大张旗鼓地游乐，如雷鸣般声势浩大，凶。

智慧锦囊：大张旗鼓、声势浩大、肆无忌惮地游乐不是好事，容易导致正事荒废、事业滑坡、乐极生悲。

宋徽宗游乐无度，疏于治国，臣下也受徽宗影响而奢靡享乐之风盛行，最终导致了北宋灭亡。宋徽宗与儿子宋钦宗连同后宫、宗室、大臣等大量人员被金人掳掠到北国，史称“靖康之耻”。宋徽宗在被掳途中写下一首《在北题壁》诗：

彻夜西风撼破扉，萧条孤馆一灯微。

家山回首三千里，目断天无南雁飞。

“鸣豫”之“凶”由此可见一斑。

爻辞原文：六二，介于石，不终日，贞吉。

说文解字：（1）介：居中，在中间。

古文今译：（踏青游乐时）陷于石缝之间，在日落之前得以脱险，占卜得吉兆。

智慧锦囊：游山玩水时难免发生意外，在白天问题不大，但是日落之后，野兽出没，且气温降低，危险系数就大大增加。此外，如果卡在石缝中的时间超过一天，就容易导致人因饥饿或脱水而有生命危险。只要游乐时提防意外危险，安乐时能够预防隐忧，就会“贞吉”。六二爻的哲理比喻到治国理政、商业经营、修身治家等领域，就是启示我们要逸乐适度，居安思危，防止乐极生悲。要有预防险情的应急预案，确保危急时刻能够及时逢凶化吉，化险为夷。在仕途、商道及各种人生旅途的场景中要防止发生“介于石”的情况。

爻辞原文：六三，盱豫，悔迟有悔。

说文解字：（1）盱：张目而视，瞪大眼睛看。

古文今译：看到别人游乐时瞪大眼睛，羡慕不已，这种心态要及时悔改纠正，否则会有悔恨。

智慧锦囊：看到别人游乐而羡慕嫉妒恨是一种很危险的心态，不能在享乐上和别人攀比，而是要励精图治，艰苦奋斗。错误的心态如不及时悔改纠正，迟早会造成悔恨。近年来，大学校园里的大学生因贪慕虚荣进行高消费而“裸贷”进而走上“不归路”的故事不胜枚举。“盱豫”、爱慕虚荣容易使人误入歧途，“一失足成千古恨”。

宗庆后在参加《杨澜访谈录》节目时说：“我都在食堂里吃饭，早晨七点不到就到公司，晚上十一点多才下班。”“我不会打高尔夫，也没去打高尔夫。但是呢我的工作我成功了，我感觉很快乐，这也是我的乐趣。如果你不让我干活了，我感觉可能是麻烦。我想在我的手里创业创出了这么大一个公司，现在我希望基业常青，追求卓越。应该说中国的百年老店比较少，我想中国人也能办成百年老店，所以我想把这个基础搞扎实，希望这个娃哈哈能够成为百年老店。”

宗庆后即使贵为中国首富，也不贪图享乐，而是几十年如一日兢兢业业，朴素生活，努力干活。毋庸置疑，与那些寻欢作乐、纸醉金迷、声色犬马的企业家相比，宗庆后这样的企业家实现基业长青、百年老店的可能性更大。

爻辞原文：九四，由豫，大有得，勿疑，朋盍簪。

说文解字：（1）由：任由，任性。（2）朋：朋友。（3）盍：合。（4）簪：束发的簪子。

古文今译：任性地游乐，所得巨大，毫无疑问，朋友们聚首庆祝。

智慧锦囊：有了大的收获，主人呼朋引伴开个 PARTY 庆祝一番，也在情理之中。九四爻还说明一个道理，只要你在官位或财富上取得了大的成就，自然而然就会有各路亲戚朋友聚拢而来，正所谓“穷在闹市无人问，富在深山有远亲”。人在富贵之中要对蜂拥而来的各种“朋”进行审视和分辨，切勿结交狐朋狗友，要防止被损友带入歧途。

爻辞原文：六五，贞疾，恒不死。

说文解字：（1）恒：长久。

古文今译：占卜得疾病之兆，但很长时间内不会有性命之忧。

智慧锦囊：春天是万物生机勃发的季节，也是瘟疫和流行性疾病发作的季节。瘟疫和流行性疾病有明显的症状，有经验的医生们都有常备的对症疗法。生病不可怕，只要及时就医，不要讳疾忌医，就不会有性命之忧。企业如人，也会生病。有智慧的企业家善于居安思危，主动防病治病。

刘强东在2017年京东店庆日发布致全体员工信，信中说："有人说，过去一年是京东最好的时候——集团实现了全面盈利，业务高速增长，人工智能和机器人技术不断突破，团队凝聚力和士气持续高涨。然而，历史上很多企业恰恰都是在最好的时候失去了恐惧，失去了敬畏，失去了信念，为失败埋下了伏笔。""在大环境的变革转型期，向内看，我们要时刻警惕大企业病的滋生和蔓延，传承京东一直以来艰苦奋斗、客户第一的传统，不能有一丝一毫的傲慢和膨胀，对消费者、对合作伙伴、对社会保持一颗敬畏之心、谦卑之心；向外看，我们要有开放透明的心态和格局，秉持正道成功的发展理念，与产业链上下游的合作伙伴求同存异，带动行业实现包容性增长，与大家实现共赢、共生、共存。通过降低成本、优化效率，让消费者和合作伙伴得到实惠。总结起来就是九个字：永谦卑！不作恶！求共赢！"

从刘强东的案例可以看出，企业家居安思危、未病防病是企业健康发展的重要保障。

爻辞原文：上六，冥豫，成，有渝，无咎。

说文解字：（1）冥：暗地里，夜里。（2）渝：改变。

古文今译：暗地里不为人知地逸乐，积久成习，有所改变，没有过失。

智慧锦囊：自己的逸乐活动暗地里偷偷地进行，是因为害怕别人知道，说明内心明白大张旗鼓奢靡享乐的弊端，尚且有收敛之心。但是长此以往，也会在不知不觉中形成不良习惯。如果不及时纠正，就会形成恶习，积重难返。只要及时认识到因果，有所改变，就会无咎。

《史记》记载：齐威王之时，喜隐，好为淫乐长夜之饮，沉湎不治，委政卿大夫。百官荒乱，诸侯并侵，国且危亡，在于旦暮，左右莫敢谏。淳于髡说之以隐曰：“国中有大鸟，止王之庭，三年不飞又不鸣，王知此鸟何也？”王曰：“此鸟不飞则已，一飞冲天！不鸣则已，一鸣惊人！”于是乃朝诸县令长七十二人，赏一人，诛一人。奋兵而出，诸侯振惊，皆还齐侵地。威行三十六年。

齐威王“喜隐，好为淫乐长夜之饮，沉湎不治，委政卿大夫”就是上六爻的“冥豫”。“百官荒乱，诸侯并侵，国且危亡，在于旦暮，左右莫敢谏”就是“冥豫”造成的恶果。齐威王纳淳于髡之谏，果断改变，就是“有渝，无咎”。

搜狐 CEO 张朝阳做客央视财经《遇见大咖》节目，其中有这样的背景解说词：“熟悉张朝阳的人说，张朝阳这两年变化很大。以前的他，似乎玩心更重，充斥在媒体头条上的是玩滑板、登珠峰、与明星们参加慈善拍卖，报道他的记者也从 IT 记者变成了娱乐记者。”“2003 年，他为了能够成功攀登珠峰，花了两个月的时间在拉萨训练。2007 年买游艇，海上度假，自诩‘有钱有名第一人’，甚至一度把公司交给一群高管去打理。”“2016 年底，搜狐的市值在 14 亿美金左右，而 BAT 的市值则动辄千亿美金。”张朝阳说：“2003 年、2004 年之后，我基本上好像江山已经打下，包括董事会也搞定了，也不存在像当年的新浪王志东或者其他很多公司的这种董事会的斗争，包括现在你看王石发生的（宝万之争），就是这种战争我早就打过了，所以 2005 年之后我就有点忘乎所以了，那时候更加风光了，因为没有巨大的挑战和困难给你泼冷水。”“我当然过得比较快乐是 2004 年到 2011 年的时候，但是快乐得有点忘乎所以了，导致我现在有点鄙视自己，做人有点太嚣张了。”“业余生活也很丰富，晚上我就不工作了，可能去酒吧喝酒、聊天、唱歌什么的。”“有一次晚上 12 点马云才过来，待了一会儿就走了。我说你干吗呢，我们的 PARTY 都结束了，马云说还得工作呢。”“我经常去央视接受采访，经常各种媒体的采访，我见媒体见得非常多，我会更乐于去做这些事情，但是背后潜藏着一场危机。”“你这个时间分配就不太对，一个公司如果你的 CEO，尤其是互联网公司，如果你的 CEO 时间分配，在产品和技术上的分配不够，或者你跟你的产品和技术团队的沟通时间不够，深度不够，你自己没有潜下心来去当一个用户去理解产品，这个公司就会潜伏着危机。”“我们错失了两个重大的机会，一个是搜索引擎的机会，我觉得是搜索引擎和社交网络。”

张朝阳在搜狐事业如日中天、一片大好之时，满足于既有的成功而“盱豫、鸣豫、冥豫”过七八年的时间，当他意识到被 BAT 等互联网企业远远甩在身后之时，开始下决心“有渝”，改变自己，虽然似乎心有余而力不足，但是奋起直追总比破罐子破摔更好。只要张朝阳厉兵秣马，率领团队创新产品、重塑模式，搜狐再续辉煌也未可知。

随卦第十七（下震上兑）

卦辞原文：随：元亨，利贞，无咎。

说文解字：（1）随：跟随，追随。

古文今译：大为亨通，占卜得有利之兆，没有过失。

智慧锦囊：随卦下震上泽，为江河湖泊因水下震动而波浪翻滚之象。在波涛汹涌、波浪翻滚之时，水上的船只采取随波逐流、随遇而安的策略是较好的选择。人生也是如此，虽然在潮头浪尖上逆势而动令人侧目，但是顺势而为、顺应时代潮流的人生活会更好。

爻辞原文：初九，官有渝，贞吉。出门交，有功。

说文解字：（1）渝：改变。（2）交：交往，结交。

古文今译：官职有所改变，占卜得吉兆。出门与人交往，有功。

智慧锦囊：人在仕途，宦海沉浮，身不由己，官位要听从君王和上级的安排，因此要随遇而安。官职改变以后，到一个新的地方上任，必须“出门交”，从而了解自然环境、了解风土民情，了解社会现状，进而实现“为官一任、造福一方”的职责。国家有邦交，官员要访查民情，企业有上下游供应链，百姓为了生计要交往、交易，因此，“出门交，有功”。初九爻的哲理启示我们，官职升迁和出门交往，都不能强求，而要随遇而安，一切随缘。

范仲淹的传世名篇《岳阳楼记》中的名段应该成为“官有渝”者的座右铭：“不以物喜，不以己悲；居庙堂之高则忧其民，处江湖之远则忧其君。是进亦忧，退亦忧，然则何时而乐耶？其必曰‘先天下之忧而忧，后天下之乐而乐’乎！”

爻辞原文：六二，系小子，失丈夫。

说文解字：（1）小子：小男孩。（2）丈夫：成年男子。

古文今译：抓住了小男孩，失掉了成年男子。

智慧锦囊：在商周时代，诸侯国、部落之间为了利益而交战或入侵掳掠是常有的事。如果抓住年轻美貌的女子，就充实君王的后宫或论功行赏分给官兵们。如果抓住男子，就当作奴隶、劳工。小男孩年幼体弱还不能胜任重活，抓到了还要养到成年才能干重活，而成年男子抓到了就是现成的劳动力。六二爻的哲理启示我们，战场上有很大的随机性和偶然性，往往顾此失彼，利益难以兼得，人生中往往也是鱼和熊掌不能兼得。

爻辞原文：六三，系丈夫，失小子。随有求得，利居贞。

古文今译：抓住了成年男子，失掉了小男孩。求有所得要随缘，安居稳定的前提下占卜得有利之兆。

智慧锦囊：六二爻的“系小子，失丈夫”和六三爻的“系丈夫，失小子”说明战场上很少能够利益兼得，往往会顾此失彼。有求必应只是人类美好的心愿，事实上有所求未必有所得。不必刻意追求所得，而要安居乐业。佛教中随缘的哲理对六三爻是很好的诠释。

爻辞原文：九四，随有获，贞凶。有孚，在道以明，何咎！

说文解字：（1）获：收获，如猎得禽兽、收割庄稼等。

古文今译：是否有收获要随缘，占卜得凶兆。有所得，走光明大道，哪有什么过失！

智慧锦囊：猎得禽兽与收割庄稼都是“获”。在野外挖好了陷阱，放置了夹子，禽兽未必会进去。耕地播种辛苦忙活一场，还需要风调雨顺才会有收成。因此，是否有收获要随缘。俗话说得好，“富贵险中求”，宦海与商海都是波涛汹涌、起伏跌宕、危机四伏，要想获得高官厚禄或巨额财富，就要冒极大的风险，因此“贞凶”。“在道以明”警示后人，要获得富贵名利，必须走正道，走光明大道，反之，走黑道、邪道的黑社会、黑恶势力是不可能长久的。

刘强东作为全国政协委员，在2018年两会期间的一次记者会上说：“新的时代更加强调正道成功，现在也是给我们的年轻企业家提个醒，千万不要企业成功了，钱赚了，结果到头来因为违法犯罪，人进牢里去了，老婆孩子带着钱跟别人过去了，那就悲剧了。”2018年3月，刘强东发布了公开信，宣布京东价值观升级为“正道成功、客户为先、只做第一”，“其中，正道成功是整个价值观体系中的基石，也是京东基业长青的价值信仰。”

刘强东所说的“正道成功”反映了九四爻“在道以明”的哲理。

爻辞原文：九五，孚于嘉，吉。

说文解字：（1）嘉：赞美，嘉奖。

古文今译：所得值得赞美，吉。

智慧锦囊：无论从政还是经商，所得的名利要经得起检验，要值得赞誉。

马云2018年5月在香港大学发表演讲说：“生意人和钱打交道。但我认为真正的企业家、创业家不仅知道如何能赚钱，更知道为何挣钱。我们不为钱而活，也不为钱工作。你有100万的时候钱是你的，有1000万的时候钱已经开始带来麻烦，1个亿的时候，我认为这已经不是你的钱，是社会对你的信任，社会信任你能够用好这笔钱。所以真正的企业家，不是利用社会问题去赚钱，真正的企业家是通过解决社会问题来赚钱。”

马云所说的“真正的企业家是通过解决社会问题来赚钱”就是九五爻的“孚于嘉”。马云是企业家中“孚于嘉”的代表性人物。

爻辞原文：上六，拘系之，乃从，维之，王用亨于西山。

说文解字：（1）拘：拘留，拘禁。（2）从：顺从。（3）维：用粗绳子捆绑、连接。（4）亨：通“享”，献祭。

古文今译：抓获俘虏拘禁起来，他们才顺从，用粗绳子把他们连串捆绑起来，君王在西山举行献祭仪式。

智慧锦囊：上六爻描述的是在战争中取胜或掳掠成功而抓获大量俘虏，君王因此举行献祭仪式、进行庆祝的情景。“王用亨于西山”表达的是后人对天地与祖宗要有敬畏之心和感恩之心，有了收获要祭拜天地和列祖列宗。这种“用亨”、祭拜的形式本质上强调的是对大自然天公地母的敬畏和感恩，以及对祖先所流传下来的优秀文化基因的传承。

蛊卦第十八（下巽上艮）

卦辞原文：蛊：元亨，利涉大川，先甲三日，后甲三日。

说文解字：（1）蛊：害人的毒虫或邪术，蛊惑，欺骗。（2）甲：十天干之一。

古文今译：大为亨通，利于渡过大河，在甲日之前三天、甲日之后三天共七天之内采取行动均可。

智慧锦囊：蛊卦下风上山，为山下起风之象。风吹草动，尘土飞扬，山雨欲来，这种自然景象与施行毒害、邪术、诱骗行为的主角精心营造的诡异氛围有相似性。全卦有五个爻含“蛊”字，初六、九三、六四、六五爻与“父”相关，九二爻与“母”相关。父子、母子是至亲，父母受害，子女难免会跟着遭殃，因此，儿子有责任干预父母所遭受的侵害。需要指出的是，当今社会上有许多不法分子打着高息理财、卖保健品、返利销售等旗号诱惑、欺骗老年人。各种引诱老年人上当受骗、损失钱财的骗局就是“蛊”的现代版。我们必须清楚一点，在法制不健全的商周时代以及后来漫长的封建时代，儿子替父亲伸张正义的做法情有可原，但是在当今的法制社会，父亲或母亲遭受侵害之时，儿子不应私下解决，而应诉诸法律，利用法律武器保护父母的合法、正当权益。

天干地支，简称为干支，源自中国远古时代对天象的观测。“甲、乙、丙、丁、戊、己、庚、辛、壬、癸”称为十天干，“子、丑、寅、卯、辰、巳、午、未、申、酉、戌、亥”称为十二地支，十天干和十二地支依次相配，组成六十个基本单位，两者按固定的顺序相互循环配合，组成了干支纪元法。从殷墟出土的甲骨文来看，天干地支在中国古代主要用于纪日，此外还用来纪月、纪年、纪时等。卦辞用“先甲三日，后甲三日”有重要用意，“甲日”是十天干中的第一个，人们每次数日子时也惯于掰着手指头从“甲日”开始数，因此卦辞用“甲日”意在启示后人，既然早晚都要“涉大川”，那就尽早开始。当然，如果第一个甲日前后三天共七天之内准备不充分，那么就等到第二个甲日的周期再开始行动。

爻辞原文：初六，干父之蛊，有子，考无咎，厉，终吉。

说文解字：（1）干：干预。（2）考：父亲。

古文今译：干预父亲所遭受的蛊惑、侵害，有儿子在，父亲就没有过失，即使有危险，最终也会吉。

智慧锦囊：父子是命运共同体，父亲身陷有害境地，儿子挺身而出，天经地义。需要指出的是，初六爻讲的是商周时代的规则，放到当今社会，应该诉诸法律解决。

爻辞原文：九二，干母之蛊，不可贞。

古文今译：干预母亲所遭受的蛊惑、侵害，不可占卜。

智慧锦囊：“不可贞”即不可预测、无法预测，说明母亲作为女人囿于自身知识水平及社会经验的局限，更容易受骗上当或遭受侵害，而且儿子参与其中也很难解决问题，后果难测。

爻辞原文：九三，干父之蛊，小有悔，无大咎。

古文今译：干预父亲所遭受的蛊惑、侵害，有小的悔恨，没有大的过失。

智慧锦囊：“小有悔，无大咎”说明“干父之蛊”的行动后果是利大于弊。放到当今时代，父亲的利益受到侵害后，儿子不该私下解决，而应该通过法律途径解决问题。

爻辞原文：六四，裕父之蛊，往见吝。

说文解字：（1）裕：宽容，放任。

古文今译：对父亲所遭受的蛊惑、侵害放任不管，出门在外会遇到麻烦。

智慧锦囊：俗话说："打仗亲兄弟，上阵父子兵。"父子至亲，儿子对父亲所遭受的侵害尚且不出手相助，一方面说明儿子心狠、不孝，另一方面说明父子关系不够好。这种事在街坊四邻中传播开来，人们会看不起这个儿子，也不会选择与这种父子合作办事。在家中父子尚且不能团结，出门在外与陌生人团结协作更是难上加难。因此，这种人到哪里都没有好果子吃。中国传统文化"修齐治平"中"修身、齐家"的重要性由此可见一斑。

爻辞原文：六五，干父之蛊，用誉。

说文解字：（1）誉：赞誉，赞美，表彰。

古文今译：干预父亲所遭受的蛊惑、侵害，应该予以赞誉表彰。

智慧锦囊：参见以上各爻。六五爻表明父子齐心协力应对侵害是值得赞扬的。

爻辞原文：上九，不事王侯，高尚其事。

古文今译：不去为君王、诸侯做事，去做那些更高尚的事。

智慧锦囊：诸葛亮在《出师表》中说的"臣本布衣，躬耕于南阳，苟全性命于乱世，不求闻达于诸侯"就是上九爻的"不事王侯"。东晋"不为五斗米折腰"的陶渊明所作的《归去来兮》可谓对上九爻最好的诠释，文中"富贵非吾愿，帝乡不可期"即"不事王侯"，"登东皋以舒啸，临清流而赋诗"即"高尚其事"。

临卦第十九（下兑上坤）

卦辞原文：临：元亨，利贞，至于八月有凶。

古文今译：大为亨通，占卜得有利之兆，到了八月有凶险之事。

智慧锦囊：临卦下泽上地，为居高临下俯视江河湖泊之象。泽为聚水的洼地，江河湖泊都是泽的不同存在形式，所以，人站在地上看泽，就有居高临下的态势，这种现象与君临天下有相似性。需要指出的是，作为诸侯国的周国所统治的区域（约为今陕西省范围）在阴历八月份正值雨水充沛的夏季，各地洪涝灾害时常发生，因此，卦辞明确提示“至于八月有凶”，提醒各级官员要做好应急预案防止洪涝灾害殃及黎民百姓。防灾减灾、抚恤灾民是治国理政的重要内容之一。由卦辞可见，《周易》已经明确提出了洪涝灾害的预警机制。全卦六爻皆含“临”字，皆与治国理政相关。“至于八月有凶”放到政府、企业管理的场景中，就是要对那些周期性的自然灾害及各种可预见风险提前做好应急方案。

爻辞原文：初九，咸临，贞吉。

古文今译：公正平等地治国理政，占卜得吉兆。

智慧锦囊：咸本意是盐的味道，盐溶于水之后，咸味是均匀分布的，因此，咸比喻全面、均匀、平等的意义。“咸”与“心”相叠构成“感”，“感”就含有人同此心、心同此理、将心比心、以心换心之义。需要指出的是，我国社会主义核心价值观有十二个关键词，社会层面四个关键词中的“平等”、“公正”就是“咸临”的应有之义。由此可见，“平等”、“公正”的理念在我国传统文化中源远流长。

任正非亲自修订、更新数次的《致新员工书》中第七条是：“您有时会感到公司没有您想象的公平。真正绝对的公平是没有的，您不能对这方面期望太高。但在努力者面前，机会总是均等的，要承受得起做好事反受委屈。‘烧不死的鸟就是凤凰’，这是华为人对待委屈和挫折的态度和挑选干部的准则。”

华为人对待“公平”问题的理念值得企业家和职场中人借鉴。

爻辞原文：九二，咸临，吉，无不利。

古文今译：公正平等地治国理政，吉，没有什么不利。

智慧锦囊：参见初九爻。

爻辞原文：六三，甘临，无攸利，既忧之，无咎。

古文今译：治国理政者感觉甜美，没有什么好处，只有心怀忧患意识，才会没有过失。

智慧锦囊：王侯将相及各级官吏在其官位上不能贪图享受、作威作福、吃香喝辣、寻欢作乐，而应该有忧患意识，忧国忧民。成语“生于忧患，死于安乐”出自《孟子》。曹操名作《短歌行》中有含“忧”的名句：“慨当以慷，忧思难忘。何以解忧，唯有杜康。”“明明如月，何时可掇？忧从中来，不可断绝。”诸葛亮在给后主刘禅的《出师表》中说：“受命以来，夙夜忧叹，恐付托不效，以伤先帝之明。”诸葛亮在《后出师表》中说：“臣受命之日，寝不安席，食不甘味”，并留下“鞠躬尽瘁，死而后已”的千古名句。由此可见，为政者不该“甘”而应“忧”。范仲淹在其名作《岳阳楼记》中的名句“先天下之忧而忧，后天下之乐而乐”对于六三爻是绝佳的诠释。

爻辞原文：六四，至临，无咎。

古文今译：在治国理政的过程中，走到人民群众中去实地考察调研，没有过失。

智慧锦囊：“至临”就是深入基层，联系群众。毛泽东说：“没有调查就没有发言权。”治国理政不能高高在上，要下基层，要深入群众，要真正了解人民群众的疾苦，倾听人民群众的心声。要走毛泽东所说的“从群众中来，到群众中去”的群众路线。“至临”的哲理用于商业经营领域，就是企业家要亲临市场一线，摸透市场脉搏。

史玉柱谈到市场营销时说：“我们做事扎实，其中有一个重要的特点，就是一把手要亲自深入到一线去，要做当时矛盾的最主要的方面，要聚焦到那个点上去。因为你做，你聪明笨蛋并不一定是决定因素，关键是你在那做，你又在抓矛盾的最主要方面，周围的人更会重视，这一点更会得到突破。”“公司就怕老板架子大，为什么大公司会犯很多毛病？大公司为什么没有创新力？创新力为什么都在小公司？其实有很多方面，其中一个方面我觉得还是一把手是不是在干活，而且干的是最重要、最关键点的活。一把手领导全面没问题，但是也得干当时关键点的工作，你自己要亲自干，否则的话，这个一把手不称职。”

史玉柱的观点印证了六四爻“至临”的哲理。

爻辞原文：六五，知临，大君之宜，吉。

说文解字：（1）知：智慧。（2）大君：大国的君主。

古文今译：靠智慧治国理政，是君临天下的大国领袖应该具备的素质，吉。

智慧锦囊：智慧不是凭空产生的，要博览群书，要热爱学习、善于学习。

马云 2017 年 10 月在清华大学发表演讲说：“有些书我一天翻了就扔掉，有些书比如老子的《道德经》，儒家的《论语》，我能看十年，我有空没空都要看，短短几十个字，我可能看三四个月，还翻来覆去地看，因为这中间是要慢慢体会的。”“上个月我在美国纽约参加一个很有名机构的座谈，他们把所有的高管叫过来跟我对话，大家都提到一个问题：中美之间的冲突，东西方文化之间的冲突。我听到他们都在批判我们中国这个不对、那个不对，我说：‘中国是以儒释道文化为基础的，请问大家都在批评中国，谁看过老子的《道德经》？或者，孔夫子是你们所有人都知道的，有没有人看过一篇《论语》？有没有人看过一篇我们的佛经？’这些老外们说：‘没有。’当时，我告诉他们，我看过五遍《圣经》。虽然我没在美国读过一天书，但是我大学那时候学英文，我把《圣经》当作英文教材看。我们的儒释道文化之强盛是老外没有体验到的，对别人的文化不了解，你就没有资格批评。”“儒家思想在中国是最牛的。儒家思想讲社会管理治理体系，讲人与社会如何和谐相处，这中间能够学到很多牛的管理。真正的管理是什么？管理是管理人性。”“儒家思想很了不起，对社会治理的体系，封建社会两千多年靠的是儒家思想这么下来，它有很多的东西在里头。大家要认真地去体会。佛家思想讲究人与心之间配合，你在佛家也能学到很多东西。你生意做到一定程度的时候，没有佛家那种思想，也不行。如果你在竞争之中没有道家思想，也没有机会赢。如果公司长到一定程度，你不懂得儒家思想的组织体系建设，你没有机会持久。当然你要在走向全球的时候，如果你不懂基督教的文化，你不懂得伊斯兰教的文化，你是没有办法走遍世界的。”

马云关于读书的观点印证了企业家“知临”的哲理。

爻辞原文：上六，敦临，吉，无咎。

说文解字：（1）敦：敦厚，敦实。

古文今译：在治国理政的过程中，采取敦厚淳朴、实实在在的工作态度和作风，吉，没有过失。

智慧锦囊：俗话说：“做人要厚道。”做官更要厚道，“敦”就是厚道，就是厚德。《周易》全文中共有三处“敦”字，另两处分别是第二十四卦复卦六五爻：“敦复，无悔。”第五十二卦艮卦上九爻：“敦艮，吉。”三处带“敦”字爻的判语为“吉”、“无咎”、“无悔”，这充分说明“敦”属于“厚德”，是君子之德。

观卦第二十（下坤上巽）

卦辞原文：观：盥而不荐，有孚颙若。

说文解字：（1）盥：洗手。（2）荐：进献祭品。（3）颙：大，多。

古文今译：洗了手但不进献祭品，所得颇丰。

智慧锦囊：观卦下地上风，为风行地上之象。“风光”、“风景”、“风采”、“风和日丽”这些词语可以触发我们对“观察”、“观光”

的想象。人的目光扫视万物与风扫过大地也有相似性。卦辞描述了周人向神灵或祖宗献祭的情景。洗了手为献祭做好了准备，说明献祭的心是虔诚的。洗手之后并不急于做进献祭品的动作，一方面说明这是一种把进献祈福的机会让给同伴的谦让行为，另一方面说明此人不是地位最高的主献祭人，是否上前献祭无关大局。“盥而不荐”是举止谨慎、善于观察的表现。需要指出的是，如果主献祭人邀请此人参与献祭，由于已经洗手做好了准备，可以随时上前完成献祭礼仪，因此，此人主动把献祭机会让给别人而退后观察进展过程的行为是明智之举。既有虔诚之心，又有谦让态度，是进是退，相机而动，这种行为既能得到神灵和祖宗的护佑，又能得到自己周围同伴的认可，因此得到的收获也会相当丰富。观卦六爻皆含“观”字，皆为“观察”、“观看”之义。

爻辞原文：初六，童观，小人无咎，君子吝。

古文今译：采取儿童的观点，对小人来说没有过失，对君子来说就有麻烦。

智慧锦囊：君子、小人是中国传统文化中根据德行所作的两大分类。小人虽然年龄、体貌等生物特征与君子相近，但人品和性格特征仍停留在童年期，也就是学识、心理、举止不是成年人应有的样子。古代帝王对继承人以及百官的遴选都要求候选人具备君子风度。总而言之，作为成年人就应该有成年人的样子，小人可以孩子气，但是君子不能孩子气。

爻辞原文：六二，闚观，利女贞。

说文解字：（1）闚：从门缝或小孔中看，偷看。

古文今译：偷偷地观看，女子占卜得有利之兆。

智慧锦囊：从门缝或小孔中偷偷地观看，这是符合女子心态性格、行为举止的典型特征，因此，女人这样干情有可原，但男子汉大丈夫、正人君子显然不能这么干。也就是说，在传统文化中，男人不能女人气、娘娘腔、阴柔性格，不能缺乏男子汉气概，而要阳刚之气十足。无论初六爻的“童观”，还是六二爻的“闚观”，都不是君子应该持有的“观”。君子应该有长远的“眼光”和全局的“视野”。

史玉柱在接受媒体采访谈及对马云的看法时说：“在中国，可以说在战略思考上，基本上没有人赶得上马云。其实战略就跟下围棋一样，战略，先要看战术。看每一步的时候，它那一步看似有可能是臭棋，但是你要往后多看个十步二十步，有可能那一步棋就是很妙的一招。因为马云会下围棋，他围棋下得还是挺好的。”

从史玉柱对马云的评价可以看出马云卓越的“眼光”。

爻辞原文：六三，观我生，进退。

说文解字：（1）生：生活。（2）进退：比喻积极进取或收敛退守。

古文今译：观察自我的生活，或进或退。

智慧锦囊：人生中许多事如逆水行舟，不进则退。大的来说，官位的晋升、产业的扩大是进，反之则是退。小的来说，一件事主动参与其中是进，不参与而远观则是退。关键时刻，是进还是退，要审时度势、善于观察。

诸葛亮在给后主刘禅的《出师表》中说：“臣本布衣，躬耕于南阳，苟全性命于乱世，不求闻达于诸侯。”这时候诸葛亮选择的是“退”。接着又说：“先帝不以臣卑鄙，猥自枉屈，三顾臣于草庐之中，咨臣以当世之事，由是感激，遂许先帝以驱驰。”这时候诸葛亮选择的是“进”。

古代科举考试制度中，通过殿试的考生称为“进士”，从而进入仕途。“进士及第”是中国古代实行科举考试的朝代无数读书人最重要的梦想，可见“进”含有满满的正能量。需要指出的是，“进退”本身没有褒贬之义，只有是否合宜。比如，唐朝大诗人韩愈的字为“退之”。

阿里巴巴集团在 2018 年教师节发布一封公开信，宣布董事局主席马云将在 2019 年教师节交棒张勇。马云说：“首先我觉得我这不算休，而是进步，算是以退为进吧。既是公司的进步，也是个人的进步。如果把阿里的事业比作 4×100 米的赛跑，我只是跑了第一棒而已。有人说我可能害怕了，我说我从来没有害怕过未来，也没有害怕过今天。我只是知道论能力和精力，我已经不是未来带领公司的最佳人选。我一直说阿里承担着伟大的使命和愿景，要走 102 年。但是我一个人是走不下去的，个人的阅历、背景、知识结构、体力、精力是有限的，必须要建立制度，建设文化，培养人才。和逍遥子（张勇）以及他的年轻团队比起来，我确实有些不一样的东西，比如有创始人的光环，有自己阐释问题、运营管理的方式方法。但是，他们身上的东西我也没有，比如知识结构的全面性、系统性。我今年54岁，从现在起到70岁，也有16年可以干其他事业。这么多年积累的经验，可能用来做电商做互联网方面有点老了，但是用来做其他事业，还是年轻人。说不定我能玩出一个新的来，多好啊！”

马云的观点印证了六三爻“观我生，进退”的哲理。

爻辞原文：六四，观国之光，利用宾于王。

说文解字：（1）宾：做客，宾客。

古文今译：观察国家的风光，利于做君王的宾客。

智慧锦囊：如果单纯地想旅行观光、游山玩水，像徐霞客那样做一个专业的旅行家是理想境界。如果想到君王门下做宾客，也就是“进入仕途”去做君王的幕僚、参谋、食客，“观国之光”就不是游山玩水那么简单了，而是带着使命去视察风土人情，要拿出调研报告供君王施政参考。因此，做国王的宾客需要有独到的观察力。对于企业来说，咨询公司的顾问就是“宾”。顾问要深入企业调查研究，为企业提出诊断方案和应对策略，解决企业的痛点，促进企业的健康发展。

任正非接受媒体采访时说：“你们知道吗？丰田的董事退休后带着一个高级团队在我们公司工作了10年，德国的工程研究院团队在我们公司也待了十几年，才使我们的生产过程走向了科学化、正常化。从生产几万块钱的产品开始，到现在几百亿美元、上千亿美元的生产，华为才越搞越好。我们每年花好多亿美元的顾问费。我们走出国门、走向全世界的时候，什么都不会，不知道什么叫交付，全是请世界各国的工程顾问公司帮助我们。第一步就是认真学习，使公司逐步走向管理规范化。现在我们正在自己往前一步，就想再做得更简单一些、更好一些。”

任正非的案例印证了六四爻的哲理。

爻辞原文：九五，观我生，君子无咎。

古文今译：观察自我的生活，君子没有过失。

智慧锦囊：九五爻与六三爻有共性，就是要善于观察自我、反省自我。曾子说：“吾日三省吾身：为人谋而不忠乎？与朋友交而不信乎？传不习乎？”“吾日三省吾身”正是“君子”反省自我的最佳方式，这样做就会避免惹祸招灾。

史玉柱在湖畔大学授课时曾深刻剖析自己过往的失败："巨人倒台是必然的，内因在哪儿？第一，在我这个人，我的狂妄，我的不尊重经济规律，我不懂管理，对事物困难估计得过低。然后我的团队，被我带得也有同样的毛病。我们的管理漏洞百出，我们的模式就不可能赚钱，收入回来之后，大部分都被内部贪腐掉了，这个公司不破产才怪。""到底要不要多元化，其实是看企业有多大的能力，多元化的要求非常高，每多一元，就是对企业增加一份风险。""企业讲生态是对的，马云可以讲生态，因为它在某一个领域占有率太大之后，要溢出，就像一盆水太多，已经满了要溢出来了，他要考虑水往哪儿流。所以，我觉得创业的时候就讲生态是不对的。自己还是个空盆，搞一堆空盆，然后一个空盆和十个空盆连在一起有啥区别？""一个人的能力是有限的，在最低谷的时候,反思相对要深刻很多,成功的时候总结的经验往往是扭曲的。"

深刻的自我反思正是史玉柱东山再起、避免重蹈覆辙的重要基础，史玉柱的案例印证了九五爻"观我生，君子无咎"的哲理。

爻辞原文：上九，观其生，君子无咎。

古文今译：观察他人的生活，君子没有过失。

智慧锦囊：六三爻与九五爻是反观自我、反思自我，而上九爻是观察别人，既要学习别人的优点，又要避免重蹈别人的覆辙。"观我生"可以使自己"吃一堑，长一智"，而"观其生"可以通过看别人"吃一堑"使自己"长一智"。《孙子兵法》中说："知彼知己，百战不殆；不知彼而知己，一胜一负；不知彼，不知己，每战必殆。"《道德经》中说："知人者智，自知者明。"通过"观我生"和"观其生"，君子能够成为"知己知彼"的明智者。

雷军曾应邀到联想集团做过一次演讲，称做小米的时候，他真正学习的是同仁堂、海底捞、沃尔玛和 Costco 这几家公司。"我们像同仁堂一样做产品，货真价实，有信仰。""向海底捞学用户服务，做超预期的口碑。""向沃尔玛、Costco 这样的公司学运作效率。"在 2018 年 10 月小米 MIX3 的发布会上，雷军说："在内部将一定要认真跟友商对标，向友商学习。"

雷军的案例印证了上九爻"观其生，君子无咎"的哲理。

䷔

噬嗑卦第二十一（下震上离）

卦辞原文：噬嗑：亨，利用狱。

说文解字：（1）噬：咬。（2）嗑：用牙齿夹击。（3）狱：刑罚，监牢。

古文今译：亨通，利于使用刑罚。

智慧锦囊：噬嗑卦下雷上火的卦象与人牙齿紧扣撕咬肉食的现象有相似性。六三、九四、六五这三爻中的“腊肉”、“干胏”、“干肉”要用“火”烤熟才可食用，而“腊肉、干胏、干肉”的肉质比较硬，吃肉的时候上下牙齿必须用力“噬嗑”，撕咬过程中下巴猛地用力而产生的“震动”与“雷震”有相似性。罪犯身上的刑具紧扣身体相关部位并且摩擦皮肤、撕破皮肤的情形与人牙齿紧扣撕咬肉食的现象有相似性，可以想象，身受牢狱之灾的罪犯所经历的痛苦有如“火烧雷击”一般，所以初九、六二、上九这三爻与罪犯身负刑具相关。以上分析是对噬嗑卦认知基础的逻辑推理。

爻辞原文：初九，屦校，灭趾，无咎。

说文解字：（1）屦：鞋子，穿鞋。（2）校：刑具。（3）趾：脚。

古文今译：戴脚镣，砍掉脚，没有过失。

智慧锦囊：商周时代，戴脚镣、砍脚的刑罚很常见，因为能起到惩罚罪犯、警示社会的作用，所以“无咎”。当然，“无咎”的是实施刑罚者，遭受刑罚者是“有咎”的。

爻辞原文：六二，噬肤，灭鼻，无咎。

古文今译：鞭笞拷打，割掉鼻子，没有过失。

智慧锦囊：鞭子抽在身上，板子打在身上，皮肤撕裂般地疼痛，就像遭到啃噬、撕咬一样难受。商周时代，鞭笞拷打、割鼻子的刑罚很常见，因为能起到惩罚罪犯、警示社会的作用，所以“无咎”。与初九爻一样，“无咎”的是实施刑罚者，遭受刑罚者是“有咎”的。

爻辞原文：六三，噬腊肉，遇毒，小吝，无咎。

古文今译：撕咬腊肉，遇到毒素，有小麻烦，没有过失。

智慧锦囊：腊肉在制作过程中有可能产生细菌或毒素，虽然会引起一定程度的身体不适症状，如腹泻、腹痛等，但腊肉制作过程中自然产生的毒素不会致命，没有大的危害，所以“小吝，无咎”。同时，腊肉的肉质比较硬，在吃的时候需要用力啃噬、撕咬。六三爻的哲理启示我们，正如腊肉可能含有毒素一样，世人所孜孜以求的权力、名利等也可能暗含危险因素。

爻辞原文：九四，噬干胏，得金矢，利艰贞，吉。

说文解字：(1)胏：带骨头的干肉。(2)金：金属。(3)矢：箭头。

古文今译：撕咬带骨头的干肉，吃出来金属箭头，艰苦奋斗的前提下占卜得有利之兆，吉。

智慧锦囊：吃带骨头的干肉，吃出来金属箭头，一方面说明吃的是用弓箭猎杀的野兽的肉，另一方面说明野兽不是自己射杀的，烤肉也不是自己制作的，否则自己会提前知道肉中有箭头。“干胏”是一种美味，但是肉质坚硬，吃的时候要用力啃噬、撕咬，此时肉中的“金矢”很可能一不小心把牙齿磕坏。九四爻的哲理启示我们，正如美味“干胏”中可能暗藏“金矢”一样，人们孜孜以求的权力、名利之中也可能暗藏危险因素。

“利艰贞”说明“噬干胏”是啃硬骨头，需要付出一番努力。“啃硬骨头”在现代语境中比喻攻坚克难去完成重大任务。

爻辞原文：六五，噬干肉，得黄金，贞厉，无咎。

说文解字：（1）黄金：黄色金属，黄铜。

古文今译：撕咬干肉，吃出来黄铜，占卜得危险之兆，没有过失。

智慧锦囊：九四爻明确指出“得金矢”，而六五爻的“得黄金”没有明确说明是“矢”或“矛”或别的武器，这表明“黄金”是不明形状的金属物质在打猎时留在了野兽的身体里。干肉里面有黄铜，人在啃噬、撕咬较硬的干肉时就有可能把牙齿磕坏，甚至把金属吞入腹中造成生命危险，因此“贞厉”。如果提前有防范心理，就会“无咎”。六五爻的哲理启示我们，正如美味“干肉”中可能暗藏金属一样，人们孜孜以求的权力、名利之中也可能暗藏危险因素。

爻辞原文：上九，何校，灭耳，凶。

说文解字：（1）何：通“荷”，肩扛。

古文今译：肩扛枷具，割掉耳朵，凶。

智慧锦囊：枷具围绕脖子容易造成罪犯脑供血不足，还容易造成罪犯窒息，从而导致罪犯意外死亡。罪犯本来罪不至死，却由于刑具不适合而不正常死亡，所以“凶”。初九爻的“屦校，灭趾”和六二爻的“噬肤，灭鼻”一般不会造成罪犯的不正常死亡，所以“无咎”。相比之下，上九爻的刑罚比初九爻和六二爻的刑罚更严重，因此应该慎用，避免罪犯因用刑不当而不正常死亡。

《汉书·刑法志第三》中记载：

> 昔周之法，建三典以刑邦国，诘四方：一曰，刑新邦用轻典；二曰，刑平邦用中典；三曰，刑乱邦用重典。五刑：墨罪五百，劓罪五百，宫罪五百，刖罪五百，杀罪五百，所谓刑平邦用中典者也。凡杀人者踣诸市，墨者使守门，劓者使守关，宫者使守内，刖者使守囿，完者使守积。其奴，男子入于罪隶，女子入舂槁。

上文中的“刖”就是初九爻的“灭趾”，“劓”就是六二爻的“灭鼻”，而且罪犯受刑之后还要服劳役，“刖者使守囿”，“劓者使守关”。

贲卦第二十二（下离上艮）

卦辞原文：贲：亨，小利有攸往。

古文今译：亨通，小利于有所往。

智慧锦囊：贲卦下火上山，为山下有火之象。火被山压住的卦象犹如一座火山，象征内部积蓄的力量亟待喷发。“贲”加“口”字旁是“喷”，“贲”加竖“心”旁是“愤”，这就说明“贲”有蕴蓄积压已久、亟待喷发的能量的含义。这种力量在贲卦六爻中表现为强烈的爱美之心以及展示自身美好形象的迫切心理需求。全卦六爻皆含“贲”字，而且皆为装饰打扮之义。

爻辞原文：初九，贲其趾，舍车而徒。

说文解字：（1）贲：装饰，打扮。（2）趾：脚。（3）徒：徒步。

古文今译：脚上穿着精心装饰的鞋子，舍弃车辆而徒步行走。

智慧锦囊：初九爻说明商周时代的达官贵人们已经十分注重时尚品位，而且热衷于吸引眼球，炫耀自己的精心装扮。脚上的鞋子就是装扮的一个重点，成语“从头到脚”就说明头和脚这上下两端在装扮中是两个重点。

爻辞原文：六二，贲其须。

说文解字：（1）须：胡须，胡子。

古文今译：装饰胡须。

智慧锦囊：六二爻说明商周时代的古人已经十分注重面部尤其是胡须的打理，反映出古代男子对颜值的要求还是很高的。三国时代蜀国五虎将之首、被后人誉为关帝、武圣的关羽以“美髯公”著称，关羽的“五绺长髯”肯定是需要精心梳理的，可谓“贲其须”的典型。

爻辞原文：九三，贲如濡如，永贞吉。

说文解字：（1）濡：弄湿。（2）永：长久。

古文今译：弄湿头发对头部精心装扮，占卜得长久之吉兆。

智慧锦囊：干涩的头发容易产生静电而不容易梳理，把头发进行湿润则有利于对其造型。九三爻说明商周时代的古人对于头部的装饰相当重视。古代帝王将相、达官贵人的权威和级别可以通过头饰装扮得到体现。从商周时代直至清末民初，“冠礼”在上至帝王将相、下至黎民百姓的生活中都是非常重要的礼仪。自民国时代开始，由于西风东渐，“冠礼”逐渐没落消失。

古时候，不论男女都要蓄留长发，等他们长到一定的年龄，要为他们举行一次“成人礼”的仪式。男行冠礼，就是把头发盘成发髻，谓之“结发”，然后再戴上帽子。

从初九爻到九三爻的爻辞可见，《周易》对男人的仪表非常重视，男人从头到脚都要精心打扮。这反映了《周易》对“修身”的要求是内外兼修，仪表风度也非常重要。

爻辞原文：六四，贲如皤如，白马翰如，匪寇，婚媾。

说文解字：（1）皤：白色。（2）翰：飞奔。（3）寇：盗贼。（4）媾：结亲，结婚。

古文今译：白色的装饰打扮，骑着白马飞奔，不是贼寇侵扰，而是联姻结亲。

智慧锦囊：六四爻说明商周时代婚礼的喜庆色彩尚白，而不是后来的红色。浩浩荡荡的人马乍一看分不清是抢掠的贼寇还是婚礼的队伍。毫无疑问，贼寇抢掠是悲剧，而婚媾迎亲是喜剧。六四爻说明古代贵族的婚礼声势浩大。

爻辞原文：六五，贲于丘园，束帛戋戋，吝，终吉。

说文解字：（1）帛：丝织品的总称。（2）戋戋：众多的样子。

古文今译：在有山丘美景的花园里进行装饰打扮，绫罗绸缎成捆罗列，有麻烦，最终吉。

智慧锦囊：从初九爻的“贲其趾”、六二爻的“贲其须”、九三爻的贲头发、六四爻的贲服装、贲马匹、讲婚礼排场，再到六五爻的“贲于丘园”，说明商周时代富裕阶层对生活品质的要求很高。“贲于丘园”说明高官、富豪在生活居住环境上已经有了园林景观的设计，用于满足他们及家眷休闲娱乐的需求。“束帛戋戋”说明商周时代的丝绸纺织技术已经达到相当高超的程度,而且高官显贵们拥有的丝织品数量相当多。六五爻说明高官富豪及其家眷们生活闲散、刻意追求打扮，消费大量的绫罗绸缎，生活相当奢侈。生活奢靡消费大，当然“吝”，但适当收敛，还会“终吉”。

爻辞原文：上九，白贲，无咎。

古文今译：白色装扮，没有过失。

智慧锦囊：白色是丝织品的本色，相对于五颜六色需要漂染的丝织品要节省大量人力物力，因此价格也相对低廉，使用白色衣料是生活朴素的表现，同时白色蕴含纯洁无染的象征意义，也展现了主人纯洁高雅的品性，从而“无咎”。

1944 年出生的任正非领导的华为是全球同行业的领军企业，但是他身上却没有大老板的派头。任正非的生活非常简朴，经常去职工食堂和员工一起吃工作餐。任正非在公司没有专车、没有保镖，也没有私人飞机和游艇。即便现在他已 70 多岁了，也不坐特等舱，下飞机后仍自己打的，拒绝下属和客户接机。任正非在华为内部颁布了一条禁令：严禁讨好上司，机场接机也不行。在华为只有客户才享有专车接送的待遇。2016 年 4 月，72 岁的任正非在上海虹桥机场排队等出租车的照片刷爆朋友圈。照片中，任正非独自拉着行李箱，在排队等候出租车，没有保镖和专车，神态自若。当天，华为消费者业务 CEO 余承东在微博中说：“过去二十多年，任总一个人打出租车是常事了。昨天早晨我在酒店向他汇报工作，他就是打出租车来的。他把自己的股票分给了员工之后，又没有上市，不是大富翁，就无须保镖了。”

1945 年出生的娃哈哈创始人宗庆后的生活也非常简朴，近年来，宗庆后独自一人乘坐飞机经济舱、乘坐高铁二等座出差的照片被偶遇的网友拍到并发到网上，引起社会的热议。宗庆后在 2010 年、2012 年、2013 年曾 3 次问鼎《福布斯》中国内地富豪榜首富宝座，而在 2019 年 2 月胡润研究院发布的《2019 胡润全球富豪榜》中，宗庆后家族则以

900 亿元的身家排名全球第 100 位。虽然身家百亿，但是宗庆后的日常生活很节俭，平时一日三餐喜欢在娃哈哈公司的食堂解决，脚上常穿的是 10 元左右一双的黑布鞋，出差时也会买 20 元以下的内裤穿，他用的智能手机也是千元左右的普通机，一部算是奢侈品的奔驰车也用了十多年，主要还是接送客户使用。

任正非和宗庆后的案例印证了上九爻的哲理。

剥卦第二十三（下坤上艮）

卦辞原文：剥：不利有攸往。

古文今译：不利于有所往。

智慧锦囊：剥卦下地上山，为山在地上之象，与损卦（第四十一）的山在泽上之象有很大的相似性。“剥”和“损”都有剥蚀、减损之意。山的剥蚀既有自然的因素，如泥石流、山体滑坡、地震等，也有人为的因素，如开山取石、挖矿等。总之，露出地表的山被剥蚀、减损是难以避免的。全卦六爻有五爻含“剥”字，其中三爻明确为“剥床”。在卧室里地板上的床与地面上的山有相似性。自古以来，床主要用作卧具，也有兼作坐具的情况。床是人类家居生活中最基本的家具，人类晚上休息、睡眠离不开床。无论古今，一个家庭再穷，可以没有衣橱、柜子、桌椅等，但不能没有床。如果床腿、床板、油漆等剥脱都没有得到重视并进行更换和修理，那么最大的可能原因有两个：其一，主人生活太穷困，实在拿不出余钱来更换或维修床；其二，主人麻痹大意，根本没有意识到床的损坏可能带来的危险。无论穷人，还是富人，都离不开床这种最基本的生活用具，床的安全性是非常重要的。主人必须重视床出现的细节问题并及时采取措施进行处理。剥卦的哲理比喻到治国理政、商业经营、修身治家等领域，就是提醒人们要关注细节问题，否则，小问题可能引发大灾难。

爻辞原文：初六，剥床以足，蔑，贞凶。

说文解字：（1）床：供坐卧的器具。（2）蔑：无视，蔑视。

古文今译：床脚剥脱，无视这个情况，占卜得凶兆。

智慧锦囊：商周时代没有如今发达的家居制造业和各种材质的原料，那时候的床是用各种树木为材料采用卯榫结构制造的。如果无视床脚剥脱的情况，那么人坐卧在床上面就可能造成床的坍塌，导致床上的人受伤，所以“贞凶”。床足、床脚、床腿在整张床的比例中占比不大，但是对整张床的平衡性和稳定性至关重要。初六爻的哲理比喻到治国理政、商业经营、修身治家等领域，就是警示我们要关注细节，从细节入手对危机进行预先防范。

初六爻的“剥床以足”、六二爻的“剥床以辨”、六三爻的“剥之”、六四爻的“剥床以肤”描写的是“床”各种受剥损的情况，都属于局部、细节问题的逐渐扩大化或严重化。在管理学上，“细节决定成败”是一个普遍的共识，也是一个常识，但是在实践中却常常被“蔑”、被忽视。“千里之堤，溃于蚁穴”，大灾难往往是小问题引起的，因此，管理者要学会以小见大、见微知著，从细节入手提升管理水平。

“一枚铁钉毁了一个王朝”的故事与剥卦“小细节可能引发大灾难”的哲理是一致的。

公元1485年，英国国王亨利七世征讨与自己争夺王位的里奇蒙德伯爵。决战前一天，御用马夫牵着国王的坐骑到铁匠铺钉马掌。铁匠发现铁钉不够用了，最后马夫牵着马掌上少了铁钉的战马离开了铁匠铺。在战斗中，这匹战马带着国王冲到了最前面，却因马失前蹄而导致国王被擒。故而西方谚语有云：

缺了一枚铁钉，掉了一只马掌；
掉了一只马掌，瘸了一匹战马；
瘸了一匹战马，摔了一位将领；
摔了一位将领，输了一场战役；

输了一场战役，毁了一个王朝。

这是一个细节决定成败的故事，“魔鬼在细节之中”，不注重细节，是注定要吃亏、失败的。

爻辞原文：六二，剥床以辨，蔑，贞凶。

说文解字：（1）辨：床板与床头、床帮、床腿的连接处。

古文今译：床板剥脱，无视这个情况，占卜得凶兆。

智慧锦囊：如果无视床板与床头、床帮、床腿连接处不牢固的问题，就容易造成床体摇晃，甚至床板一角或整体坍塌的情况，发生的事故可能比初六爻的情况更严重，导致床上的人受伤，因此“贞凶”。

爻辞原文：六三，剥之，无咎。

古文今译：剥蚀脱落，没有过失。

智慧锦囊：初六爻的“剥床以足”和六二爻的“剥床以辨”，之所以“贞凶”，关键是因为“蔑”。如果采取不“蔑”的态度，及时修理，其实“剥床以足”和“剥床以辨”的问题很容易解决好，不会“贞凶”。六三爻的“剥之，无咎”，中间没有“蔑”字，正是《周易》语言文字简洁、微言大义的妙处，意在启示后人，“剥床以足”也好，“剥床以辨”也罢，只要你不“蔑”，只要你及时应对，都会“无咎”，不会“贞凶”。

爻辞原文：六四，剥床以肤，凶。

说文解字：（1）肤：表面的保护层，如油漆等涂层。

古文今译：床的油漆剥脱，凶。

智慧锦囊：商周时代没有化工技术，油漆都是由桐油、漆树液等制成的纯天然物质，与木质的床黏合度高，很难出现剥落的情况。如果床的油漆剥落，往往是因为这张床年岁太久而腐烂、朽败或虫蛀严重，床体已经不坚固。达到“剥床以肤”的程度，无论“蔑”还是不“蔑”，结果都是“凶”，因此，这种床应该赶紧抛弃，换用新床。同样的道理，人生当中的“危险资产”也应该果断抛弃，舍得放下。

爻辞原文：六五，贯鱼以宫人宠，无不利。

说文解字：（1）贯鱼：像穿起来的鱼一样连贯、连续。（2）宫人：服侍王室成员的工作人员。（3）宠：宠幸，奖赏。

古文今译：王室的工作人员鱼贯受到恩宠奖赏，没有什么不利。

智慧锦囊：维持王室的日常运转需要一笔巨大的开支，对工作人员的额外奖赏也需要花钱。对于达官贵人们来说，支出手下人薪资奖励的开销就是“剥”自己的财产，但是花钱发工资、发奖金能够换来“宫人”们忠诚的服务，这是值得的。六五爻的哲理比喻到商业经营领域，就是企业家要及时给员工发放足够的薪水和奖金进行激励。

《孙子兵法》中说：“夫战胜攻取，而不修其功者凶，命曰‘费留’。”强调的就是在战争中必须对有功的官兵及时进行奖赏和激励。据《史记》记载，刘邦在与手下大将分析楚汉战争中项羽失败的原因时，众多将领一致指出项羽的一个重大缺点就是舍不得封赏功臣。摘录几条如下：

（1）韩信：“至使人有功，当封爵者，印刓敝，忍不能予。”

（2）陈平：“至于行功爵邑，重之，士亦以此不附。”

（3）郦食其：“于人之功无所记，于人之罪无所忘。战胜而不得其赏，拔城而不得其封……攻城得赂，积而不能赏。”

（4）高起、王陵：“战胜而不予人功，得地而不予人利。”

无论存量还是增量，荣耀手机都是2017年的国内冠军。网上刷屏的一份《荣耀品牌手机单台提成奖金方案》透露出两条信息：一是下放更多的自主权给荣耀，只要交够一定利润额，就可以自由发展；二是将荣耀作为华为薪酬改革的试验田，奖金不再有职别之分。业绩越高，分的奖金就越多，13级都有可能拿到23级的奖金。华为的13级员工是应届本科生、硕士生刚入职的级别，而23级则是总裁级，总裁级的年终奖一般在100万元左右。这就意味着荣耀不再搞论资排辈，而是以贡献、能力计算员工的收入。为了帮助荣耀走向全球市场，华为对于荣耀的支持力度非常大，荣耀已经成为华为公司人力资源改革和业务改革的一个试点。

华为在荣耀手机部门设立的绩效考核方法体现了六五爻的哲理。

爻辞原文：上九，硕果不食，君子得舆，小人剥庐。

说文解字：（1）舆：马车。（2）庐：房屋。

古文今译：硕果没有人吃，君子得到马车，小人却连房屋也被剥夺。

智慧锦囊：硕果没有人吃，是因为硕果的主人特别富有，可吃的美味特别多，根本轮不着吃硕果。而穷人因为没有果树的所有权，即使挨饿、眼馋，也根本没有权利吃硕果。“君子”指有德之人、饱学之士、各级领导者，“小人”指品德与学问低劣、社会地位低下的人。“君子”得到在古代算是典型奢侈品的马车，而“小人”却连自己赖以遮风挡雨的房屋这一生活必需品也被剥夺。杜甫的诗句“朱门酒肉臭，路有冻死骨”所描述的情况与上九爻有类似之处。上九爻的哲理类似于《圣经新约》“马太福音”第二十五章中所记载的“马太效应（Matthew Effect）”：“凡有的，还要加给他叫他多余；没有的，连他所有的也要夺过来。”

复卦第二十四（下震上坤）

卦辞原文：复：亨，出入无疾，朋来，无咎，反复其道，七日来复，利有攸往。

说文解字：（1）朋：朋友。（2）疾：疾病。

古文今译：亨通，外出或在家都没有疾病，朋友到来，没有过失，顺着原路返回，七日回归，利于有所往。

智慧锦囊：复卦下雷上地，为地下有雷之象，也就是地震之象。周代以前的建筑抗震能力不强，地震之后，地面上的建筑都被夷为平地，一切都恢复到初始的状态。这种“回到初始状态”的意义在卦辞和爻辞中被比喻为复归、返回。全卦六爻皆含“复”字，皆为“返回”之义。“出入无疾”类似于现在的“出入平安”，表达了人们对无病无灾、平平安安的期盼。

《周易》全书共有三处明确的“七日”，另两处分别是：第五十一卦震卦六二爻：“震来，厉，亿丧贝，跻于九陵，勿逐，七日得。”第六十三卦既济卦六二爻：“妇丧其茀，勿逐，七日得。”此外，第十八卦蛊卦卦辞：“元亨，利涉大川，先甲三日，后甲三日。”第五十七卦巽卦九五爻：“贞吉，悔亡，无不利，无初有终，先庚三日，后庚三日，吉。”其中的“先 × 三日，后 × 三日”算起来也是“七日”。《周易》全书之所以在“七日”的时间段上具有统一性，最重要的原因就是“七日”是与太阳、月亮、星辰的变化运行规律相符的一个周期，这一点与当今普遍采取的一周七天的星期制是一致的。也就是说，《周易》的“七日”等各种日期的说法并不是随机或凭空产生的，而是与天体运行规律相符的。

爻辞原文：初九，不远复，无祇悔，元吉。

说文解字：（1）祇：只，微量。

古文今译：出行不远就返回，没有一点悔恨，元吉。

智慧锦囊：地下有雷，当然路不好走，这种情况下，当然是打道回府为吉。俗话说：“在家千日好，出门一时难。”出行不远就回家，没有什么不好。“不远复”还比喻上路不久发现方向不对就迷途知返、寻求正道。

任正非在华为内部讲话中说：“继承与发展是人类走过几千年的优良哲学，随着技术与社会进步的速度越来越快，变化时间短，就成了颠覆。我们大公司比较笨，也要淡定对待变化，出现新的颠覆，及时扑上去，追过它。例如：当年，核心网这个产品我们走错了路，而且我们还很固执，抵制了很长时间，错过了机会与时间，被中国市场所排斥。但我们及时醒悟了，以我们坂田基地这一小块试验田，试一试我们的核心网产品，这个试验证明了我们改正、追赶的水平。现在世界上绝大多数都使用了我们的核心网。”“人工智能我们同样也晚了，我们现在将着力点用在简化管理和产品竞争力提升上，这样可以让工程部汇聚起几千人马，奋起追赶。”

任正非的观点体现了初九爻的哲理。

爻辞原文：六二，休复，吉。

说文解字：（1）休：休息，休整。

古文今译：休息之后返回，吉。

智慧锦囊：俗话说：“磨刀不误砍柴工。”旅途劳顿，休息之后再踏上返程，当然“吉”。劳逸结合、有张有弛就是顺随了身体的自然需求，这就是顺应自然。反过来说，“过劳死”就是由于过度“不知疲倦”、过度勤奋劳动造成的。六二爻的哲理启示我们，人生旅途上，从政、经商、治学等都要劳逸结合，进行必要休整之后才会有更好的状态。

俞敏洪在大学巡回演讲中告诫大学生：“良好的休息也是克服惰性的最佳途径。所谓一张一弛，文武之道。一张弓总是拉紧就会崩断，一个人总是紧张就会失常。我们需要先学会休息，再学会努力。同时要学会阅读和自己的工作和专业无关的书籍，这是一种思维转换，也会给大脑带来休息和放松。”

爻辞原文：六三，频复，厉，无咎。

说文解字：（1）频：频繁，多次。

古文今译：频繁往返，危险，没有过失。

智慧锦囊：“频复”用现在的话说就是“折腾”，就是缺乏明确的方向和稳定的方案，反反复复缺乏定性。因为“频复”而遇到“厉”的情况之后，吸取教训则“无咎”。老子说：“治大国若烹小鲜。”就是治国理政中不要折腾。企业经营也是如此，贵在有恒。不能朝令夕改，今天喊这个口号，明天换那个口号。这不叫新思想，而叫不稳当。咬定青山不放松，一张蓝图绘到底，就没有办不成的事情。

2019年3月27日，马云在湖畔大学第五期开学典礼上演讲说：“在经济状况不好的时候才会诞生真正了不起的企业家，在公司碰到困难的时候，才看到企业文化的重要性。在形势好的时候要培养文化，坏的时候就去锻炼。很多企业家会埋怨外边的环境，但在湖畔，我们要学习沉着冷静，不断反思自己。”“湖畔要探索一套发现、训练企业家精神的体系出来。湖畔大学不教你怎么赚钱，而教你怎么正确地创造价值。湖畔也不教大家怎么办企业，我们教大家怎么把企业办得更久，办得更好。企业像人一样，要活得开心，活得好，才能活得长，不能老折腾。所以创业者要不断看自己，调节自己的心态，调节企业的心态。”

马云说的“不能老折腾”就是有定力，反映了六三爻的哲理。

爻辞原文：六四，中行，独复。

古文今译：行走于道路的中间，独自返回。

智慧锦囊：古代的道路与交通规则与现在不同。古代道路没有双向几车道，也没有道路交通标识。车马与行人走道路中间最安全方便，遇到对面来车、来马、来人时再临时错开让道。“中行”比喻君子遵循“中庸之道”，为人处世奉行“中道直行”的原则。“独复”说明行程没有同伴，虽然旅途中难免孤独寂寞，但也没有好坏可言。

任正非接受媒体采访时说：“我个人与任何政府官员没有任何私交关系，没有密切的工作伙伴。与中国任何企业家我没有往来，除了联想的柳传志、万科的王石，在20年中有过两次交往外。也没有与任何媒体任何记者有交往。我个人的私人生活很痛苦，非常寂寞，找不到人一起玩。和基层员工离得更远一些，为了公司能够平衡，我得忍受这种寂寞，忍受这种孤独。”

董明珠接受媒体采访时说：“自己的职位越高朋友就越少，我也不可能跟我的员工做朋友，如果我跟某一个员工走得很近，别的员工就不敢得罪他，就会说他和老板的关系很好。如果存在这样的事情，以后一定会出事情的。”“有得有失，我曾经讲过，让世界美好，你不能让所有人做牺牲，大部分人是享受这个成果，但是一定有极少一部分人，他必须付出。我付出了我所有的个人乐趣，我没有朋友，因为我不能有朋友，比如说我一个同学就找过我，他说董明珠，你当老总了，我们给你搞点配套，当然他也许配套产品质量也会不错，但是他破坏了我的企业文化，会让我们所有的底下员工认为，这人是跟董总的关系，可能就是他的质量不达标也不敢去说。”

任正非和董明珠所说的是作为成功企业家在人生旅途中的“独复”，这种孤独和寂寞就是做成功企业所必须付出的代价。

爻辞原文：六五，敦复，无悔。

说文解字：（1）敦：敦实，稳重。

古文今译：敦实稳重地返回，没有悔恨。

智慧锦囊：敦实稳重是一种良好的品德，这样行事不至于做错事而产生悔恨。《周易》全文中共有三处“敦”字，另两处分别是：第十九卦临卦上六爻：“敦临，吉，无咎。”第五十二卦艮卦上九爻：“敦艮，吉。”三处带“敦”字爻的判语为“吉”、“无咎”、“无悔”等，这充分说明“敦”属于“厚德”，是君子之德。

小米科技2018年5月正式向港交所递交上市申请。在招股书中，附上了雷军的一封公开信：小米是谁？小米为什么而奋斗？公开信结尾部分写道：

小米是一家工程师文化主导的公司。工程师们的梦想就是持续探索先进技术，并惠及尽可能多的用户，做用户心中最酷的公司是我们的愿景。我们坚信，科技创新进步带来的利益应该能被大众轻易共享，互联网精神的本质是透明、高效以及平等普惠。

最大的平等，莫过于日常生活体验的平等：让所有人，不论他/她是什么肤色、什么信仰，来自什么地方，受过什么教育，都能一样轻松享受科技带来的美好生活。

这就是我和小米所有员工夜以继日持续奋斗的目标。

感谢您关注小米，和我们并肩投身于创造商业效率新典范、用科技改善人类生活的壮丽事业。许商业以敦厚，许科技以温暖，许大众以幸福，我们的征途是星辰大海，现在才刚刚走出了第一步，我们已经改变了几亿人的生活，未来我们将成为全球几十亿人生活中的一部分。

厚道的人运气不会太差。请和我们一起，永远相信美好的事情即将发生。

雷军所说的“许商业以敦厚”、“厚道的人运气不会太差”与六五爻的哲理是一致的。

爻辞原文：上六，迷复，凶，有灾眚，用行师，终有大败，以其国君凶，至于十年不克征。

说文解字：（1）迷：迷乱，分辨不清方向。（2）眚：危害。

古文今译：返程中迷路，凶，有灾祸危害，用兵打仗，最终会有大败，给国君带来凶险，以至于十年内没有能力再次兴兵征伐。

智慧锦囊：上六爻反映了《周易》谨慎用兵的战争观。军队在战争中迷失了返回的道路，很容易被敌军包围歼灭，因此“凶，有灾眚”。战败国元气大伤，国力严重削弱，国君甚至会因此失去王位。上六爻的哲理启示我们，启程之前就要思考好返程之事，做事之初就要思考好最终后果，用兵打仗前一定要考虑好万一失败了该如何收拾。

据《史记》记载，“飞将军”李广随大将军卫青出击匈奴，李广率军迷路而丢失歼灭单于的作战良机，李广因不愿遭受牢狱的屈辱愤而自杀。由此可见战场上“迷复”的严重后果。

䷘

无妄卦第二十五（下震上乾）

卦辞原文：无妄：元亨，利贞，其匪正有眚，不利有攸往。

说文解字：（1）妄：胡乱，虚妄。（2）匪：通“非”。（3）眚：危害，过失。

古文今译：大为亨通，占卜得有利之兆，那些不正派的人要有危害了，不利于有所往。

智慧锦囊：无妄卦下雷上天，为雷在低空之象。雷是大气中的云体之间、云地之间正负电荷互相摩擦产生剧烈的放电，产生高温，使大气急剧膨胀，产生巨响，从而出现电闪雷鸣。因此，天打雷是有具体条件的，不是虚妄的，也就是无妄的。“晴天霹雳”这种虚妄的情况在自然界是不存在的，因为它是不符合科学道理的。春天和夏天打雷的情况较为常见，冬天打雷的情况非常罕见。雷电可以使天空中的元素发生化学反应，杀死空气中的细菌，杀灭某些害虫，促进农作物的生长，所以“元亨，利贞”。人在雷电天气下外出有被雷击或雨淋的风险，所以“不利有攸往”。需要指出的是，古人认为雷电等自然现象与神灵的意志相关，上天会通过雷击惩罚恶人。如果雷电击中地面上的人类、动物、植物，会被古人视为上天对雷击对象的惩罚。因此，古人认为“天打雷劈”是对那些“不正”之人的惩罚，这就是“其匪正有眚”的认知根源。

爻辞原文：初九，无妄，往吉。

古文今译：没有虚妄，出行为吉。

智慧锦囊：无妄卦卦辞中的总体判断为“不利有攸往”，而且，同样在“天雷”“无妄”的前提下，初九爻为“往吉”，上九爻则为“行有眚，无攸利”，这种差别说明，趁着雷雨还未开始，抓紧出行办事还来得及。到了雷雨后期，地面湿滑泥泞，雨水横流，再出行则没有好处。这种观点反映了《周易》的朴素辩证法。

爻辞原文：六二，不耕获，不菑畬，则利有攸往。

说文解字：（1）菑：开荒。（2）畬：已开垦两三年的熟田。

古文今译：如果不耕种却能得到收获，不开荒却能得到熟田，则利于有所往。

智慧锦囊：“不耕而获，不菑而畬”就是“不劳而获”，这种现象只能在两种情况下发生：其一，原主人馈赠或捐献；其二，原主人因种种原因自动遗弃。如果通过暴力手段侵略获得，那么所付出的伤亡代价比农业劳动要大得多，所以不能算不劳而获。能够不劳而获，当然“利有攸往”。但是，“不耕获，不菑畬”如同守株待兔，是虚妄的幻想，这种虚妄的好事在现实中存在的可能极低。六二爻的哲理启示我们，地球上没有不劳而获的虚妄美事，到哪里都是一分耕耘、一分收获，与其外出到别的地方谋幸福，还不如在家乡努力耕耘、艰苦奋斗。

爻辞原文：六三，无妄之灾，或系之牛，行人之得，邑人之灾。

古文今译：没有无缘无故的灾祸，比如拴在路边一头牛，对于偷走牛的行人来说是得，对于当地的牛主人来说就是灾。

智慧锦囊：天底下没有无缘无故的灾祸，一般来说，除了天灾，就是人祸。洪涝、泥石流、地震、战争等灾害属于人力不可抗因素造成的灾害，而许多的灾祸是由于人自身的疏忽大意、不注重细节造成的。牛是农耕社会最重要的生产资料之一，是农业家庭里非常贵重的财产。牛的主人把牛拴在路边，而且没有人看护，是造成损失牛的根本原因。《孟子·离娄上》中说：“行有不得，反求诸己。”六三爻的哲理启示我们，人类最大的敌人是自己，许多灾祸是源于自身的麻痹大意，要从自身找原因，自我谨言慎行方能防患于未然。

爻辞原文：九四，可贞，无咎。

古文今译：可以占卜，没有过失。

智慧锦囊：“可贞、不可贞”的句型类似于“可说、不可说”、“可以预测、不可预测”。“可贞，无咎”说明未来事情的发展在预料之中。因为万事“无妄”，都有来由，只要掌握了足够的正确信息，未来就可以预测。既然未来可以预测，那么就可以做到防患于未然，因此“无咎”。

任志强在第六届凤凰网财经峰会上演讲说：“你至少要掌握信息，如果没有信息的话，你是做不了决策的，企业家是干什么的？企业家就是分析和掌握信息的人，这是机器人替代不了的，否则机器人都当企业家了。这是绝对不可能被替代的东西，就是因为他要决策，这个决策来自于什么呢？来自于市场信息。如果我们市场的信息都是假的，机器人一定做出一个错误的判断。但是如果市场的信息是假的，企业家不一定会做出错误的判断。因为企业家在一线服务的时候，他会了解更多和新闻报道不一样的信息，因此他做决策的时候会从另外一个角度出发去研究，真实的世界是怎么回事，所以他才能做出正确的决策。”

任志强的观点印证了九四爻的哲理。九四爻的“可贞”必须基于正确的信息，如果是基于虚妄或虚假的信息，预测的结果和做出的决策就是错误的。因此，“可贞，无咎”的前提是信息真实“无妄”，这也是《周易》预测的根本原则。

爻辞原文：九五，无妄之疾，勿药有喜。

古文今译：没有无缘无故的疾病，不必用药即可康复。

智慧锦囊：九五爻并不是说生了病不用治疗，而是说疾病与人的生活方式密切相关，如果日常生活中加强保健意识，就会很少生病，甚至不生病。生活规律的人即使生了病，也不用吃药，通过自身免疫能力会自然康复。九五爻说明《周易》已经提出了“治未病”的保健意识。

无论个人、家庭、企业，还是国家，“治未病”都是健康发展、基业长青、长治久安的重要保证。

爻辞原文：上九，无妄，行有眚，无攸利。

古文今译：没有虚妄，出行有危害，没有什么利益。

智慧锦囊：同样基于“天雷”“无妄”的前提，初九爻为“往吉”，是因为在“天雷”的初始阶段，抓紧前往办事还来得及，而上九爻为“行有眚，无攸利”，是因为在“天雷”的终结阶段，雷雨已经落下，道路湿滑泥泞，不利出行。爻辞的变化证明《周易》不是死板的教条，而是尊重事物发展客观规律的实事求是的哲理。因此，在同样的客观环境和物质条件下，处于不同的时间段，就应该尊重时局和大势灵活应对，而不应该机械地、教条地采取策略。赵括的“纸上谈兵”就是将兵法教条生搬硬套，从而导致40万赵兵在长平之战失败后被活埋。而韩信的“背水一战”和项羽的“破釜沉舟”正是违反常规兵法灵活作战的经典战例。

䷙

大畜卦第二十六（下乾上艮）

卦辞原文：大畜：利贞，不家食，吉，利涉大川。

古文今译：占卜得有利之兆，不在家中吃饭，吉，利于渡过大河。

智慧锦囊：大畜卦下天上山，为大山高耸入云、高达天际之象。“畜”主要有两层含义：一是指动物、畜牲；二是指积蓄、蓄积。只有高大的山脉才能够提供虎、豹、熊、牛、羊、鹿等大型野兽繁衍生息、躲避天敌所需要的自然环境。在古代，人们要想捕猎大型野兽，需要靠多人合作的群体力量，还要借助特殊的捕猎工具，必须进入深山老林去搜寻、守候猎物，所以要在野外吃饭，不能“家食”。对于猎人来说，为了猎取大型动物，跋山涉水出远门是家常便饭。对于古人来说，猎得大畜是巨大收获，因此，大畜也比喻大的积蓄。参照第九卦风天小畜卦，可以更好地理解大畜卦的哲理。

爻辞原文：初九，有厉，利已。

说文解字：（1）已：停止，止步。

古文今译：有危险，止步有利。

智慧锦囊：俗话说："富贵险中求。"无论是积聚权力，还是蓄积财富，尽快达到"大畜"的程度固然重要，但是安全前进、防范风险更加重要。寻求"大畜"的人必须有敏锐的风险意识。在重大行动之初遇到险阻，就果断止步，放弃行动计划，懂得知止，是有利的。如果进行到一半或大半，再选择放弃，从而导致半途而废，则会产生不必要的麻烦。初九爻的哲理比喻到商业经营中，就是企业家要关注并顺应国家政策和市场趋势，发现苗头不对就果断停止，及时止损。

爻辞原文：九二，舆说輹。

说文解字：（1）舆：车，车厢。（2）说：通"脱"。（3）輹：车厢下面钩住、卡住车轴的木头块。

古文今译：车厢脱离轮轴。

智慧锦囊：舆是古代的大型车辆，需要由马或牛这种"大畜"来拉动。在车辆行进过程中，如果车厢脱离轮轴，往往会造成车辆侧翻，车上财物会遭受损失，甚至造成人员伤亡。造成"舆说輹"的原因可能有三个：其一，车辆本身不够坚固；其二，驾驶技术不过关；其三，拉车的马或牛不驯服。一般来说，车辆满载的时候最容易发生"舆说輹"的事故，此时，车上装载的"大蓄"财物和拉车的"大畜"都会遭受损失。如果车上运载的是瓦器、陶器或装满酒的酒缸，那么"舆说輹"的损失就更大了。九二爻的本义启示后人在行车前要注意检查车况，避免在行车途中出现"舆说輹"的情况，这与我们现在驾驶汽车之前（尤其是上高速之前）要检查车轮、车轴等安全状况是同样的道理。九二爻的哲理比喻到治国理政、商业经营、修身治家等领域，就是要居安思危，防患于未然。

爻辞原文：九三，良马逐，利艰贞，日闲舆卫，利有攸往。

说文解字：（1）闲：娴熟，熟习。（2）卫：保卫，防护。

古文今译：良马奔跑竞逐，艰苦奋斗的前提下占卜得有利之兆，每天练习驾车、护卫，利于有所往。

智慧锦囊：马是人类所驯养的"大畜"。良马天性喜爱奔跑竞逐，但是必须经过艰苦的驯化过程才能够听人指挥，供人骑乘或拉车。马不驯服、车辆不牢固、驾驶技术不过关都可能会造成九二爻“舆说輹”的后果。马经过驯化变得温顺可以拉车之后，驾车人还要每日艰苦训练，使得人、马、车三者融为一体，安全可靠。对于驾车人来说，在驾驶、护卫技术娴熟以后再驾车外出才是良策。九三爻的哲理比喻到治国理政、商业经营、修身治家等领域，就是要保持艰苦奋斗、用心做事、精益求精的精神。

宗庆后自从创业以来，数十年如一日艰苦奋斗，几乎没有节假日，每年有三分之一以上的时间在市场一线跑。宗庆后在接受媒体采访时说：“我想就是我做一件事情，我首先要自己搞它懂。当然了，现在有的老板做大了以后就不用干了，就高尔夫打打，怎么弄弄。我的能力比较差一点，没有办法用这么休闲的办法把企业管好，但是，我认为，市场竞争这么激烈，确实你要更用心，而且压力现在也越来越大。有几万员工，靠我吃饭的可能有几十万、几百万人。一旦掉下来的话，也很麻烦。第二个，我这一辈子，四十二岁才创业，也就做了哇哈哈这一个事业。我也希望它能够成为百年老店、基业长青，不能在我手里再给它倒下去。我看我们中国的企业，包括世界的企业，生命力都不强，有的几年就倒了。所以我想，要把这个企业搞好，确实要花一点力气，花一点精力。”

宗庆后的观点体现了九三爻的哲理。正因为如此，娃哈哈这匹“良马”才在竞争激烈的饮料市场上“一马当先”，“利有攸往”，所向披靡。

爻辞原文：六四，童牛之牿，元吉。

说文解字：（1）牿：对公牛进行阉割。

古文今译：对幼童期的公牛进行阉割，元吉。

智慧锦囊：牛是人类所驯养的一种“大畜”。六四爻说明周人已经掌握了公牛的阉割技术，而且认为阉割公牛应该在其幼童期进行。如果等公牛成年了再进行阉割，一方面手术难度会大大增加，另一方面阉割造成的死亡率也会极大增加。小公牛在阉割之后性情会变得像母牛一样温顺，而且成长速度会大大加快，体型也会比普通公牛更大。阉割后的公牛无论是用于耕种、拉车，还是用于肉食，都是有利的，因此“元吉”。自古至今，普通农家几乎不蓄养未阉割的公牛，专业养牛者也只需要蓄养极少数优良的公牛做种牛。那么母牛有必要进行阉割吗？答案是没必要。母牛原本性情温顺，适于配合人类进行农业耕种或运输等劳动，而且还能够生育小牛。六四爻与第三十卦离卦卦辞中的“畜牝牛吉”表达了古人的养牛理念。

爻辞原文：六五，豮豕之牙，吉。

说文解字：（1）豮：阉割过的猪。（2）豕：猪。

古文今译：阉割过的猪的獠牙，吉。

智慧锦囊：猪是汉民族自古以来所豢养的专门用作肉食的“大畜”。六五爻说明周人已经掌握了猪的阉割技术。对于猪的阉割同样要在其幼童期进行。需要指出的是，与六四爻只阉割公牛、不阉割母牛不同，自古至今，对于用作肉食的公猪和母猪都会进行阉割。专业养猪者只会蓄养少量优良公猪和母猪繁育猪仔。阉割过的猪性情会变得温顺，生长速度会大大加快，体型也会更大，出肉率高。因此，尽管阉割过的猪还长着獠牙，但是性情温顺，不再有攻击性。

爻辞原文：上九，何天之衢！亨。

说文解字：（1）衢：四通八达的道路。

古文今译：通天的道路多么壮观！亨通。

智慧锦囊：高耸入云的大山与天相接，宛如通天的大道。在没有飞行、航天技术的古代，登山是古人接近天的最佳途径。登高望远还可以使人心胸开阔，产生志存高远的意境。孔子有“登东山而小鲁”、“登泰山而小天下”的名句。五岳之首泰山上有中天门、南天门、天街等与“天”相关的景观。当权力或财富积累到一定的程度，权力或财富拥有者的人生之路就宛如走上了通天的大道。

䷚

颐卦第二十七（下震上艮）

卦辞原文：颐：贞吉，观颐，自求口实。

说文解字：（1）颐：腮，下巴。（2）实：果实。

古文今译：占卜得吉兆，看到别人大快朵颐，要自己努力求得口中的果实。

智慧锦囊：颐卦下雷上山，象征人的嘴巴。颐卦初爻和上爻为阳爻，其他为阴爻，上爻与嘴的上面一排牙齿及上颚有相似性，初爻与嘴的下面一排牙齿及下颚有相似性，所以颐卦的卦象与人的嘴部构造有相似性，进而与饮食行为产生比喻联想。而且上卦艮卦是静止的，下卦震卦是动态的，这与人类咀嚼时上颌不动、下颌运动的特点是一致的。颐与人的饮食有关，因此“贞吉”。颐卦卦辞的哲理启示我们，看着别人大快朵颐而羡慕嫉妒恨是没有用的，要想吃香的、喝辣的，就必须靠自己努力争取。正如一句英语谚语所说：God gives every bird his worm, but He does not throw it into the nest.（上帝给每个鸟儿虫子，但不会把虫子扔进鸟巢里。）

爻辞原文：初九，舍尔灵龟，观我朵颐，凶。

古文今译：舍弃你自己的灵龟，看我大快朵颐，凶。

智慧锦囊：灵龟之肉是具有滋补功能的美味，灵龟之甲是用于占卜的贵重之物。自己有灵龟却不珍惜，一味地羡慕别人大快朵颐，这种人生态度不是好事，是“凶”事。初九爻的哲理启示我们，要珍惜自己拥有的，不要羡慕别人拥有的。

《周易》全书共有三处“龟”字，另两处分别是：第四十一卦损卦六五爻：“或益之十朋之龟，弗克违，元吉。”第四十二卦益卦六二爻："或益之十朋之龟，弗克违，永贞吉。王用享于帝，吉。"对于龟与占卜的关系请参照益卦六二爻的阐释。

爻辞原文：六二，颠颐，拂经于丘颐，征凶。

说文解字：（1）颠：颠簸，颤动。（2）拂：拂拭。（3）经：经络。（4）丘：小山丘，比喻胖鼓鼓的腮帮子。

古文今译：嘴巴颤动咀嚼食物，在胖鼓鼓的腮帮子上拂拭经络，出征为凶。

智慧锦囊：嘴巴颤动（颠颐）说明这个人在咀嚼食物。腮帮子胖鼓鼓的（丘颐）说明这个人吃得很胖、营养很好。由此可知，此人是丰衣足食的富贵之人。一个人在丰衣足食的情况下，还想"征"——出远门做生意或打猎，甚至掳掠他人，这是贪得无厌、不知满足的心态，因此"征凶"。六二爻的哲理启示我们，人要知足常乐，不要贪得无厌。

爻辞原文：六三，拂颐，贞凶，十年勿用，无攸利。

古文今译：拂拭面颊，占卜得凶兆，十年不得所用，没有什么好处。

智慧锦囊："拂颐"的动作用一个成语表达就是"抓耳挠腮"，是遇到难题无法解决而乱了方寸的身体语言，是不够镇定、从容的外在表现，这种信息如果让属下、盟友或敌人捕捉到，则是凶险不利的。中国传统文化认为"喜怒不形于色"是优秀领导者的必备素质。遇到难题就"抓耳挠腮"的人是难以担当大任的，因此，"贞凶，十年勿用，无攸利"。

爻辞原文：六四，颠颐，吉，虎视眈眈，其欲逐逐，无咎。

古文今译：嘴巴颤动咀嚼食物，吉，像老虎那样虎视眈眈，准备追逐猎物，没有过失。

智慧锦囊："颠颐"是饮食、咀嚼之象，有吃有喝，当然"吉"。"虎视眈眈，其欲逐逐"，说明周人对老虎的习性有细致入微的观察了解。虎被喻为"山大王"、"森林之王"，在所有野兽中，老虎是最威猛的，也是捕食能力最强的。如果看过老虎捕食的视频就会知道，老虎捕食的效率非常高，不仅在于它身体非常强壮，爪牙特别锋利，更在于它在捕食之前总是做好细致耐心的准备。老虎捕猎从来不靠蛮力在猎物群里乱冲乱撞，也从来不靠蛮力在猎物后面穷追不舍，而是埋伏在丛林中静静地等待猎物靠近自己，或者悄悄地靠近猎物。老虎总是双目紧盯猎物，静待时机，等到猎物距离自己足够近时，才猛地一跃而起，一招致命。六四爻的哲理启示我们，智者追求所得要像老虎捕食那样，仔细观察，待机而动，势在必得。

爻辞原文：六五，拂经，居贞吉，不可涉大川。

说文解字：（1）居：安居，稳定。

古文今译：拂拭经络，安居前提下占卜得吉兆，不可渡过大河。

智慧锦囊：人在悠闲之时，才有机会拂拭经络，强身健体。安居稳定的状态是人颐养身心的必要条件，从而“不可涉大川”，不可出远门。

爻辞原文：上九，由颐，厉，吉，利涉大川。

说文解字：（1）由：任由。

古文今译：由着性子满足口腹之欲，危险，吉，利于渡过大河。

智慧锦囊：由着自己的性子，想吃啥就吃啥，想吃多少就吃多少，对身体是有害的。现代医学指出，肥胖的人容易患“三高富贵病”：高血压、高血糖、高血脂。由上九爻可知，周人已经认识到任由口腹之欲是“厉”的。口腹之欲还可比喻为对权力、金钱、名利、女色等事物的“胃口”欲望。既然“由颐”是“厉”的，那么“吉”从何来？因为，有“由颐”个性的人欲望强烈，从而有争名夺利、干事创业的巨大冲劲，愿意“涉大川”、出远门去闯荡世界。只在家门口的小圈子里折腾是满足不了“大胃口”的。这种“厉”、“吉”之间可以相互转化的观点体现了《周易》的朴素辩证法。

下面这首广为流传的古诗《解人颐》是对“由颐”性格之人的逼真描绘：

终日奔波只为饥，方才一饱便思衣。
衣食两般皆俱足，又想娇容美貌妻。
取得美妻生下子，恨无田地少根基。
买到田园多广阔，出入无船少马骑。
槽头拴了骡和马，恨无官职被人欺。

县丞主簿还嫌小，又要朝中挂紫衣。
做了皇帝求仙术，还想登天跨鹤飞。
若要世人心里足，除是南柯梦一夕。

䷛

大过卦第二十八（下巽上兑）

卦辞原文：大过：栋桡，利有攸往，亨。

说文解字：（1）栋：栋梁，正梁。（2）桡：弯曲。

古文今译：栋梁弯曲，利于有所往，亨通。

智慧锦囊：大过卦下风上泽，初爻和上爻为阴爻，中间四爻为阳爻，比喻木材两端虚弱，容易弯折、扭断之象。俗语说得好：“上梁不正下梁歪。”中国古代建筑多采用木结构，栋梁是房屋、楼宇、殿堂的主梁，必须正直、坚固、耐久。一座建筑当中，如果栋梁弯曲、折断了，就会房倒屋塌。如果栋梁出了问题，仍然待在房屋里面就难免有被砸死砸伤的风险，因此“利有攸往”。在中国传统文化中，“栋梁之才”比喻拥有修身、齐家、治国、平天下能力的重要人才。如果栋梁之才的品德不够正直、坚固、持久，那么国家就会面临大厦倾颓的危险。因此，大过卦除了实指在建筑中要注意对栋梁的甄选，还比喻对重要岗位的栋梁之才要严格选拔。

爻辞原文：初六，藉用白茅，无咎。

说文解字：（1）藉：坐卧在某物上。

古文今译：坐卧用白茅垫子，没有过失。

智慧锦囊：白茅属多年生草本植物，其叶如矛，故谓之“茅”，秆直立，高可达 80 厘米。喜阳耐旱，多生于路旁、山坡、草地。其生命力非常顽强，茎叶倒地后，每节草茎都能长出根须。在古代，白茅草主要有两大用途：其一，其根做药用（参见泰卦和否卦中的相关阐释）；其二，其茎叶编织成草垫，用作坐具或卧具。初六爻的意思是说，如果用白茅草做草垫，是“无咎”的；如果用白茅草做栋梁，就是“大过”。大过卦设置初六爻更深的意图在于比喻甄选和任用人才的重要规则。能力和品德像白茅一样的人如果用于最底层的岗位，是“无咎”的，如果把他们用作“栋梁”，则是“大过”。初六爻的哲理与第七卦师卦上六爻“大君有命，开国承家，小人勿用”是一致的。用现代管理学的话来说，初六爻的哲理就是“把对的人用在对的位置上”，否则就会酿成大祸，成为“大过”。

爻辞原文：九二，枯杨生稊，老夫得其女妻，无不利。

说文解字：（1）稊：树木新生的枝叶或嫩芽。

古文今译：枯萎的杨树生出嫩芽，老年男子得到年轻的妻子，没有什么不利。

智慧锦囊：老夫娶嫩妻被比喻为枯杨生嫩芽，两者都没有什么不利。需要指出的是，自古至今，杨树在建筑中是不会被能工巧匠选用为“栋梁”的。杨树生长速度很快，成年的杨树虽然外形比较粗且直，但是木质不够坚硬，而且容易腐烂和被虫蛀坏。如果用杨树做“栋梁”，在建筑学上来说，就是“大过”。通常，楠木、柏木、松木等会被选用为“栋梁”，因为这些树木不仅外形正直，而且木质坚实。九二爻的哲理启示我们，能力和品德像杨树一样的人，过他们自家的小日子，还算“无不利”，如果把这种人用作栋梁之才，就是犯了用人不当的“大过”。

初六爻中的“白茅”不能用作“栋梁”是显而易见的，但是九二爻中的“枯杨”就特别具有迷惑性和欺骗性，因为“枯杨”从外表上看并不比楠木、柏木、松木差。在建筑工程中，水平不过关的工匠很有可能把杨树用作栋梁。在日常生活中，能够获得“女妻”的“老夫”可能身体强壮或外表不错，但其本质是类似“枯杨”的，这种人很有可能被识人能力不强的领导人安排到“栋梁”的岗位，犯下“大过”。在治国理政和商业经营中，领导者尤其要防范“枯杨”型的人，识人、选人、用人尤其不能只凭外表或言谈，“德才兼备”是用人的核心要素。

柳传志说在联想的管理体系中，有十种人不适合做团队管理者：（1）把个人利益时时放在第一位的人；（2）心胸狭隘的人；（3）喜欢在企业内部拉帮结派的人；（4）喜欢欺上瞒下的人；（5）表里不一的人；（6）想到哪做到哪，做任何事情都比别人慢半拍的人；（7）做事不讲原则，随意性很强的人；（8）喜欢揽权又不落实工作、不解决问题的人；（9）做事喜欢情绪化的人；（10）不尊重科学、不爱学习、不喜欢接受新的事物的人。

以上十种人就是初六爻“白茅”型的人和九二爻“枯杨”型的人，如果企业家不慎将这十种人用作企业的栋梁，那么企业大厦倾覆是难以避免的。

爻辞原文：九三，栋桡，凶。

古文今译：栋梁弯曲，凶。

智慧锦囊：九三爻的“栋桡”有两大可能原因：其一，选错了树种，如本该选楠木、柏木、松木的，却选了杨树；其二，选对了树种，但树龄不够，从而不够粗壮。九三爻的哲理启示我们，在选人用人时要全方位、多角度地考察人才。《史记》中记载的纸上谈兵的赵括导致赵军在长平之战大败的故事就是九三爻的绝佳案例。

任正非说：“考核最关键的核心是：让雷锋不吃亏，让小人不得志。”“公司一定要铲除沉淀层，铲除落后层，铲除不负责任的人，一定要整饬吏治。对于一个不负责任而且在岗位上的人，一定要把他的正职撤掉，等到有新的正职来时，副职也不能让他干。对于长期在岗位上不负责的人，可以立即辞退。若不辞退，这个队伍还有什么希望呢？”“整改干部队伍的目的，是要公司活下去。要想活下去，只有让那些阻碍公司发展的人下去，公司才能得以生存。”

马云在湖畔大学第五期开学典礼上发表演讲：“在来湖畔之前，很多人可能关注产品、关注融资，要么空谈理想，要么天天想赚钱，但是到了湖畔，你要超越这些东西。什么是公司的产品？公司的产品是人，人不提升、员工不提升、干部不提升，产品哪怕提升，将来也会掉下去。一个企业，要看你的人才培养和训练体系有多好，这个很关键。”

任正非和马云的观点印证了九三爻的哲理。

爻辞原文：九四，栋隆，吉，有它，吝。

说文解字：（1）隆：坚挺，笔挺。

古文今译：栋梁坚挺，吉，有意外，麻烦。

智慧锦囊：“栋隆”除了指建筑领域优质木材的本义，还比喻能够齐家兴企、治国安邦的真正栋梁之才。九四爻的哲理启示我们，即使在有了真正“栋梁”的情况下，仍要居安思危，有忧患意识，防止“有它”意外的发生。

雷军接受《北京晚报》采访时说：“我创业过程中最大的难题就是找人。……我用 excel 表格列了个长名单，一个个打电话去找。我打了 90 多个电话，一个个约出来聊，我跟一个硬件工程师谈了 10 个小时还没说服他，他就是不相信小米模式行，我讲了几十种方式还是说服不了，毕竟做硬件的人理解小米模式有困难。后来我开玩笑说，是你有钱，还是我有钱？他说肯定是你有钱。我说，这说明我会挣钱，你把挣钱的事情交给我，你把产品做好就行了。后来他说这一条说服了他。”

雷军亲自去找的人都是小米事业所急需的栋梁之才。

爻辞原文：九五，枯杨生华，老妇得其士夫，无咎无誉。

说文解字：（1）华：花。（2）士夫：未婚年轻男子。

古文今译：枯萎的杨树生出杨花，老年妇女得到未婚年轻男子，没有过失也没有美誉。

智慧锦囊：九二爻中，老夫娶嫩妻被比喻为枯杨生嫩芽，其评价是“无不利”，是褒义的。九五爻中，老妇得青年丈夫被比喻为枯杨生花，其评价是“无咎无誉”，不褒不贬。同样是“老牛吃嫩草”，评价不同，这反映了周人对于男女婚恋与双方年龄之间关系的社会认可度不同。需要指出的是，老夫娶嫩妻有可能生育子女，而老妇得嫩男是不可能生儿育女的，这一点很可能是两爻评价不同的关键原因。毋庸置疑的是，九五爻与九二爻有一致的哲理，即能力和品德如“枯杨”的人，无论男女，都不能被选用到“栋梁”的岗位，否则就是“大过”。

爻辞原文：上六，过涉灭顶，凶，无咎。

说文解字：（1）涉：不借助船只等工具而蹚水过河。（2）顶：头顶。

古文今译：蹚水过河，河水淹没了头顶，凶，没有过失。

智慧锦囊：成语“灭顶之灾”就源于上六爻。一个人在不知水流深浅的情况下过河，如果不使用船只等工具，难免会遇到河水淹没头顶的情况，这种情况无疑是“凶”。如果“灭顶”时能认识到“凶”而及时止步，就有可能捡回一条命，从而“无咎”。如果“灭顶”时仍不止步而继续前行，就会犯“大过”，那么淹死了也只能是“咎由自取”。上六爻的本义是提醒人们在旅途中遇到不熟悉的河流不要冒险徒步涉水过河，应该借助船只等工具，或求助摆渡的船夫。上六爻的哲理启示我们，在治国理政、商业经营、修身治家的过程中，要小心谨慎、规避风险，尤其不要冒险做无谓的试探。人生中的“大过”往往是因为“大胆”“不小心”造成的。俗话说“富贵险中求”，但上六爻警示我们，冒“灭顶之灾”去求“富贵”就是“大过”。古往今来，“一失足成千古恨”的案例不胜枚举，我们不要抱着侥幸心理做无谓的冒险尝试。

马云在清华大学经济管理学院 2014 年毕业典礼上说：“我是犯过无数错误的人，阿里在前 15 年内至少有过 100 多次灭顶之灾，都挺过来了。可以这么讲，如果今天再来一遍，我们今天的人比那时候多，我们今天的人知识和能力比那时候强，但是重新再走一遍我们一定走不出来。”“今天很残酷，明天更残酷，后天很美好，但是绝大部分人死在明天晚上。这就是残酷的生活。你光努力还不够，还要有运气。”

马云的话值得我们深思，我们要避免自己“过涉灭顶”，就必须从别人的“灭顶之灾”中吸取教训，就必须避免冒不可测的风险。

坎卦第二十九（下坎上坎）

卦辞原文：坎：有孚，维心，亨，行有尚。

说文解字：（1）维：维系，连接。（2）尚：崇尚，遵守。泰卦九二爻中“尚于中行”与“行有尚”意义相近。

古文今译：有所得，心相连，亨通，行动要有崇尚的原则。

智慧锦囊：坎卦下水上水，为水之象。水中有鱼鳖虾蟹等各种生物，可作为人类的食物来源，江河湖泊还能作为水运航道而连通各地，农业种植也需要水的灌溉，因此，水可以使人“有所得”。“水平”一词说明，无论水下的地面如何不平，水面都是持平的，因此，如果人心能保持“水平”做到“一碗水端平”，就能实现“心相连”的效果。团队“维心”是共同奋斗、克服坎险、实现“有孚”的根本保证。俗话说得好：“人往高处走，水往低处流。”所以，人的行动要像水流一样，遵守一定的原则。《周易》认为，“中行”或“中道直行”是人立身处世应该遵守的原则。“风”和“水”是《周易》六十四卦中与人类关系最密切、变化性最强、最容易使人产生直感的元素。

爻辞原文：初六，习坎，入于坎窞，凶。

说文解字：（1）习：通晓，熟悉。（2）坎：坑穴。（3）窞：深坑。

古文今译：即使熟悉水中的坑穴，如果落入了水中的深坑，也是凶险的。

智慧锦囊：初六爻反映了古人对水中凶险坑穴的认识。俗话说得好：“河里淹死会水的。”“会水的”就是“习坎”之人。水中的“坎窞”是看不见的，如果心存侥幸徒步涉水过河，就可能“入于坎窞”，结果就是“凶”。初六爻的哲理启示我们，人生旅途上要提高警惕，谨防凶险。俗话说：“吃一堑，长一智。”有智慧的人是通过别人吃一堑，而自己长一智。因此，要从古今中外人士吃亏上当的经验中汲取教训。

周鸿祎曾总结出“硬件创业的十个大坑”并以亲身经历提醒创业者：（1）错把产品原型当批量生产；（2）以为可以修补 bug；（3）什么都自己做；（4）没有平衡矛盾；（5）供应链断裂；（6）没有管理好库存；（7）没有严控供应商质量；（8）不懂硬件的人做硬件；（9）以为找到代工厂就万事大吉；（10）忽视硬件里的软件开发。

周鸿祎所说的“十个大坑”就是初六爻的“坎窞”，如果创业者不小心掉入，就是“凶”。

爻辞原文：九二，坎有险，求小得。

古文今译：水中的坑穴有危险，要只求小得。

智慧锦囊：既然意识到水中的坑穴有危险，那么就不能贪得无厌求大得。知足、求小得、适可而止，就可避免危险。如果盲目求大得，就有可能送命。九二爻的哲理启示我们，追求名利要适可而止，不可为了名利而奋不顾身、舍生忘死。

爻辞原文：六三，来之坎坎，险且枕，入于坎窞，勿用。

说文解字：（1）且：将要。（2）枕：头的枕部，后脑勺。

古文今译：坎险一个接一个到来，危险都到后脑勺了，结果落入了水中的深坑，不能这样干。

智慧锦囊：六三爻描写的是蹚深水过河、不停落入河底坑穴的危险情景。因为不明水的深浅，不熟悉水下的地形，当水深达脖子以上的时候，再深一脚浅一脚地徒步过河是非常不明智的行为。六三爻的哲理启示我们，在治国理政和商业经营中，冒险要把握合适的尺度，当风险不可控、无法预知时，就不要冒险，否则，可能遭遇“灭顶之灾”。

郭广昌在香港出席复星国际业绩发布会时谈及 P2P 行业，他坦率地说：“我从来不看好 P2P，我不说所有，基本都是骗局。一个金融企业最核心的能力是对风险的定价能力，你用大数据也好，或者用产业基金也好，或者用产业链的上下端也好，如果离开了风险的定价能力的话，其他的基本都是耍流氓。”郭广昌做出如上评论的背景是：近年来，因冒险进入 P2P 行业而倾家荡产、家破人亡、身陷囹圄的人数不胜数。对于许多人来说，P2P 就是人生的大坎。

爻辞原文：六四，樽酒，簋贰，用缶，纳约自牖，终无咎。

说文解字：（1）樽：酒器。（2）簋：古代盛食物的圆形器具。（3）缶：瓦制的打击乐器。（4）牖：窗。

古文今译：一樽酒，两簋食物，用缶做乐器，从窗口接纳合约，最终没有过失。

智慧锦囊：六四爻描述的是周人订立合约的简单仪式。一樽酒，两簋食物，乐器只有缶，的确很简单，但是有的吃、有的喝、有音乐听，该有的礼仪元素也都有了。可能是房子太小、太简陋，没有足够的室内空间容纳宾主双方为数众多的人举行欢庆仪式，所以喝酒、吃饭、奏乐都是在户外露天举行的。双方酒足饭饱之后，主人从窗口接纳了客人递交的合约。总之，仪式虽然简朴，但是毕竟有了合约，所以“终无咎”。国家之间结盟、企业之间合作、个人之间共事，达成协约、协议、合约、合同是很重要的“坎”。签字仪式、庆祝礼仪即使很简单，只要过了这道坎，前面的道路就顺畅多了。

爻辞原文：九五，坎不盈，祇既平，无咎。

说文解字：（1）盈：充满。（2）祇：只。

古文今译：坑穴中的水没有充满，只是刚刚与坑口持平，没有过失。

智慧锦囊：如果坑穴在水下，人们无法用肉眼判断水的深浅，无法观察水底的情况，那么路过的人们就容易遇到危险。如果坑穴中的水没有满，只是与坑口持平，那么路过的人们就可以绕开坑穴，规避危险。

任正非在华为内部讲话中说：“我们的业务越做越好，攻击目标明显，议论的人会越来越多，小漏洞就很容易被抓住和放大，所以要管好风险。怎么管好？就是要走到业务中去，飞到风险国家去。风控中心要走出围墙，要走到现实生活中去。”

从以上演讲可以看出，任正非在企业经营中对于规避风险、“绕开坎险”非常重视，而这种“管好风险”的意识也是华为安全发展、茁壮成长的重要保证。

爻辞原文：上六，系用徽纆，寘于丛棘，三岁不得，凶。

说文解字：（1）徽：三股线合成的绳索。（2）纆：两股线合成的绳索。（3）寘：放置。

古文今译：用结实的绳索五花大绑，放置在荆棘丛生的牢狱之中，三年奈何不得，凶。

智慧锦囊：人生中的“坎”有旅途中客观实在的沟沟坎坎，也有成长、成才、成功道路上的“坎”。比如在“仕途”上，如果不走正道、不避开贪污腐败的坑穴，即使官至省部级，乃至正国级、副国级，也会落马而被绳之以法，落得身陷囹圄、身败名裂的下场。“商道”上的亿万富豪，因为不走正道而身陷牢狱之灾的也是屡见不鲜。总之，尽管说“富贵险中求”，但是为官和经商都要走正道，规避“坎险”，如此方能行稳致远。

离卦第三十（下离上离）

卦辞原文：离：利贞，亨，畜牝牛，吉。

说文解字：（1）离：火，离开，附丽。（2）牝：雌性动物。

古文今译：占卜得有利之兆，亨通，蓄养母牛，吉。

智慧锦囊：离卦下火上火，为火之象。火在天空就是太阳，太阳是地球万物的能量来源。火在地上表现为多种形式，与人类生活息息相关。

中国传统文化里“三皇五帝”中三皇之一燧人氏是钻木取火的发明人。燧人氏教会部族用火做熟食，我国先民从此告别茹毛饮血的野蛮时代，开创了华夏文明。燧人氏被后世奉为“火祖”，列为三皇之一，史称“燧皇”。

卦辞中有“畜牝牛，吉”的说法，是因为如火一样的黄色是中国耕牛的典型颜色。我们往往用“老黄牛”来比喻勤勤恳恳、兢兢业业的优秀劳动者。母牛性情温顺，能够忍辱负重，既利于受人役使干农活，又能够生育小牛，所以“畜牝牛”为“吉”。这一点与坤卦卦辞中的“利牝马之贞”类似。相比之下，公牛性情不如母牛温顺，不容易驯服，不利于干农活，还不能够生育小牛。自古以来，人们往往将初生的公牛进行阉割，当作肉牛蓄养，或作为畜力使用，如第二十六卦大畜卦六四爻：“童牛之牿，元吉。”只有极少数优良的公牛被选育当种牛。“畜牝牛，吉”，反映了中国古人选育利用家畜的智慧。

爻辞原文：初九，履错然，敬之，无咎。

说文解字：（1）错：交错。（2）敬：尊敬，敬畏。

古文今译：步履交错，心怀敬畏，没有过失。

智慧锦囊：俗话说，水火无情，火能造福人类，也能伤害人类，因此，人类在面对火的时候，要保持敬畏之心。成语“玩火自焚”说的就是由于对火缺乏敬畏之心而导致的悲剧。初九爻的哲理启示我们，权力、名利、财富如同火一样，既可能造福，也可能成灾，对待它们要有敬畏之心。

任正非在强调敬畏客户需求时说：“爹还是那个爹，娘还是那个娘。做企业就是要对得起客户，你给他们满意的产品，他们付钱养活你。华为走到今天，就是靠着对客户需求宗教般的信仰和敬畏，坚持把对客户的诚信做到极致。”

任正非的观点体现了初九爻的哲理。只有心存敬畏，企业经营才能红红火火；只有心存敬畏，人生路上才能避免摔跟头。

爻辞原文：六二，黄离，元吉。

古文今译：旺盛的黄色的火，元吉。

智慧锦囊：成语“红红火火”用来比喻事物繁荣旺盛的发展态势。火在燃烧过程中呈现出红色或黄色时正是火势旺盛之时，所以“黄离”用于比喻事物发展的旺盛态势，“元吉”。

爻辞原文：九三，日昃之离，不鼓缶而歌，则大耋之嗟，凶。

说文解字：（1）昃：太阳西斜。（2）缶：瓦制的打击乐器。（3）耋：年老，“耄耋”指八九十岁的老人。（4）嗟：嗟叹，感叹，叹息。

古文今译：太阳西斜之时的光芒，如果不击鼓、击缶而高歌，那么到了衰老的耄耋之年就只好叹息了，凶。

智慧锦囊：太阳从朝阳升起，到日在中天，再到日薄西山，是大自然的规律。人类的生命历程也如从朝阳到夕阳一样，生老病死是不可抗拒的自然规律。九三爻的哲理启示我们，大自然中没有永恒的“如日中天”，任何事物都逃不过盛极而衰的规律。人生也有夕阳红，人在暮年要保持乐观精神，否则风烛残年时会空留嗟叹。

爻辞原文：九四，突如其来如，焚如，死如，弃如。

古文今译：火灾突如其来，焚烧，死亡，遗弃。

智慧锦囊：九四爻描述的是周人对于火灾的深刻认识。火灾是突如其来、防不胜防的，大火所到之处，一切可燃物都会被燃烧殆尽，被烈火焚烧过的一切也只能被遗弃。九四爻的哲理启示我们，水火无情，在利用火的同时，还要注意防范火灾。人民群众日常生活中要预防火灾，企业生产中更要预防火灾，防范火灾必须从细节抓起。

爻辞原文：六五，出涕沱若，戚嗟若，吉。

说文解字：（1）涕：眼泪或鼻涕。（2）戚：忧愁，悲伤。

古文今译：涕泪交流、泪雨滂沱，忧伤嗟叹，吉。

智慧锦囊：人在极度伤心、难过、愧悔之时，才会泪如雨下、唉声叹气，这一定是发生了不好的事所导致的，比如九四爻所描述的火灾。既然如此，那还有什么“吉”可言呢？“出涕沱若，戚嗟若”，说明此人在痛定思痛，深刻反思，只要能从灾难或挫败中吸收经验教训，就有东山再起的机会，因此“吉”。

史玉柱在回忆自己最低谷的经历时说：“1997 年是巨人最落魄的时候。之前我一直是很荒唐的一个人，不按经济规律办事，感觉‘人有多大胆，地有多大产’。那时候如果叫我‘史大胆’，是挺合适的。我自从巨人汉卡做成功之后，一下子做了十几个行业，多元化经营，管理上也很粗糙。”“在最低谷的时候，我经常一个人在房间里面，回顾我的过去，哪些做错了，反思如果我要再创业的话，哪些地方是需要克服的，哪些错误是不能重犯的。”“人在顺利的时候、成功的时候，要胜不骄，在失败的时候不要轻易服输。你有不服输的这股劲头，再难的关都能过，所以我建议创业者在这个阶段能坚强一点，当然也不能靠蒙头睡大觉睡过去。”“其实某种程度上，人遇到波折是好事。人在成功的时候，顺利的时候，其实是学不到啥东西的。只有那些失败的时候，总结教训往往是深刻的，确实是受用的。”

史玉柱的反思可以使我们对六五爻的哲理有更深刻的理解。

爻辞原文：上九，王用出征，有嘉折首，获匪其丑，无咎。

说文解字：（1）嘉：嘉奖。（2）匪：通“非”。（3）丑：类。

古文今译：君王用兵出征，斩获敌人首领，战绩可嘉，俘获了那些异类，没有过失。

智慧锦囊：“离为火”，离卦上九爻描述了君王用兵出征的场景，反映了古人“用兵如火”的思维。《孙子兵法·军争篇》中形容用兵“其疾如风，其徐如林，侵掠如火，不动如山”，《孙子兵法》十三篇之中第十二篇为《火攻篇》。“有嘉折首”强调了战役中斩杀或擒获敌人首领的战略要义。

咸卦第三十一（下艮上兑）

卦辞原文：咸：亨，利贞，取女吉。

说文解字：（1）咸：全部，全面，感应。（2）取：通“娶”。

古文今译：亨通，占卜得有利之兆，娶女为吉。

智慧锦囊：咸卦下山上泽，为江河湖泊的水面之下有山之象。泽下有山的情况下，山体的每一部分都受到了水的浸润，因此，有全面、平等、均衡等比喻义。咸本意是盐的味道，盐溶于水之后，咸味在水中是全面、均匀分布的。综合以上两方面的原因，“咸”通过比喻产生了全面、均匀、普遍、平等的意义。“咸”与“心”相叠构成“感”，含有人同此心、心同此理、将心比心、以心换心的心灵感应义。咸卦六爻中有五爻含有“咸”字，都含“感应”之义，从初六爻到上六爻描述了男女恋爱循序渐进的过程。综合“咸”卦各爻可知，《周易》认为男女双方在恋爱中是平等的，男女双方要将心比心、以心换心，而且认为两心相悦、你情我愿是“取女”的前提条件。

爻辞原文：初六，咸其拇。

说文解字：（1）拇：大脚指。

古文今译：触碰女方的大脚指。

智慧锦囊：男女双方刚刚认识，男方用自己的脚触碰女方的脚趾，试探女方的态度。当然此时男女双方是穿鞋的，但鞋子不妨碍两人通过触碰传情达意。“咸其拇”是男女恋爱初始阶段常用的调情方式。古今中外，恋爱是绝大多数人最重要的人生体验之一。恋爱中的认知元素可以比喻到人类生活的多种场景。

爻辞原文：六二，咸其腓，凶，居吉。

说文解字：（1）腓：腿肚子。（2）居：稳重。

古文今译：触碰女方的腿肚子，凶，稳重为吉。

智慧锦囊：腿肚子是藏在衣服里面的，而且腿肚子是非常敏感的部位，因此，触碰腿肚子有强烈的性意味。比如“有一腿”就是指男女之间存在性关系。对于男女之间的关系来说，女方从允许男方“咸其拇”到允许男方“咸其腓”是一步很大的跨越，这一步非常关键。男女刚认识不久，男方就触碰女方的腿肚子，女方是很难接受的，说不定会把男方当作流氓，两人的关系因为这个举动就崩了，难免“凶”，所以，男子在与女方相识初期还是以察言观色、语言交流为主，动作上还是老实、稳重为妙。

爻辞原文：九三，咸其股，执其随，往吝。

说文解字：（1）股：大腿。（2）执：手握，掌握。（3）随：跟随。

古文今译：触摸女方的大腿，手牵着她，她会跟随，再进一步有麻烦。

智慧锦囊：女方允许男方触摸自己的大腿，并且让男方牵着手跟随自己漫步，说明两人关系已经进入“牵手”的亲密阶段。此时男方要想更进一步，还是要慎重，要充分尊重女方意愿，如果违背女方意愿，就是“往吝”。由此可见，《周易》在对待男女恋爱关系上，强调男方要尊重女方的意愿。九三爻的哲理启示我们，为人处世、行为举止要充分尊重对方意见，要顺势而为、待机而动。

爻辞原文：九四，贞吉，悔亡，憧憧往来，朋从尔思。

说文解字：（1）憧：憧憬，期待。（2）朋：朋友。（3）思：心思。

古文今译：占卜得吉兆，悔恨消失，满怀憧憬、频繁往来，女朋友就会顺从你的心思。

智慧锦囊：男女双方的关系发展到这一步已经有“贞吉”之兆，

以前双方之间产生的所有不愉快都已经消失，双方对美好未来充满期待、频繁往来、约会沟通，如此这般，水到渠成，女朋友会自觉自愿地顺从男方的心思。

爻辞原文：九五，咸其脢，无悔。

说文解字：（1）脢：后背。

古文今译：抚摸女方的后背，没有悔恨。

智慧锦囊：此时男女双方的关系更亲密了，进入拥抱、爱抚阶段。

爻辞原文：上六，咸其辅、颊、舌。

说文解字：（1）辅：腮。（2）颊：脸颊。

古文今译：男女双方耳鬓厮磨、互相亲吻。

智慧锦囊：男女双方感情深入到舌吻的层次，说明男女感情十分融洽、如鱼得水。此时男方迎娶女方就是水到渠成之事。

恒卦第三十二（下巽上震）

卦辞原文：恒：亨，无咎，利贞，利有攸往。

说文解字：（1）恒：恒常，恒久，长久。

古文今译：亨通，没有过失，占卜得有利之兆，利于有所往。

智慧锦囊：恒卦下风上雷，为雷霆震动、风驰电掣之象。雷厉风行的天气是每年特定季节都会反复出现的恒常气象，因此本卦命名为“恒”。雷的特点是声音大，传播距离远，风的特点是无所不至、无所不通且速度快，因此，“亨，无咎，利贞，利有攸往”。全卦六爻有四爻含“恒”字，均为恒常、恒久、长久之义。

爻辞原文：初六，浚恒，贞凶，无攸利。

说文解字：（1）浚：疏浚，疏通河道。

古文今译：疏浚河道的工作久久不能完成，占卜得凶兆，没有什么好处。

智慧锦囊：水道阻塞一方面会造成船只无法通行，另一方面会造成洪涝灾害。疏浚工作进行得很久，说明组织不力，这是政府官员的失职。在古代，治水工作的成效是考察官员能力的重要指标。“大禹治水”是最经典的案例，大禹因为采用疏通水道的办法治水成功，才被舜帝选为继承人。我国历史上主持兴修水利的著名功臣及其完成的项目还有孙叔敖主持兴修的安丰塘、西门豹主持兴修的西门子渠、李冰父子主持兴修的都江堰、王元玮主持兴修的它山堰、范仲淹主持兴修的江苏东部海滨大堤范公堤等。初六爻的哲理启示我们，在治国理政、商业经营和修身治家的过程中，积弊不可太深、太久，要及时清理、疏浚各种阻碍发展的弊端、弊病，保持发展渠道畅通无阻。

爻辞原文：九二，悔亡。

古文今译：悔恨消失。

智慧锦囊：初六爻中疏浚河道工作不力，长此以往必然带来不良后果，而责任人肯定会遭到上级的批评、责罚。负责疏浚工作的官员在受到批评后，只要努力改变工作方法，尽心尽力完成任务，就会迎来“悔亡”的结果。九二爻的哲理要与初六爻相结合来理解，两爻启示我们，在仕途、商道、人生旅途中，发展渠道存在弊端、弊病很正常，而且不可怕，只要清理、疏浚工作及时、得力，就会“悔亡”。

爻辞原文：九三，不恒其德，或承之羞，贞吝。

说文解字：（1）德：道德，德行。（2）承：承担，承受。（3）羞：羞辱，羞耻。

古文今译：不能恒久保持其德行，有可能因此承受羞辱，占卜得有麻烦之兆。

智慧锦囊：“德”在中国传统文化里是一个至关重要的概念。《荀子·王制》中说：“无德不贵，无能不官。”

司马光在《资治通鉴·周纪》中深入论述了“德”与“才”的关系：

智伯之亡也，才胜德也。夫才与德异，而世俗莫之能辨，通谓之贤，此其所以失人也。夫聪察强毅之谓才，正直中和之谓德。才者，德之资也；德者，才之帅也。云梦之竹，天下之劲也，然而不矫揉，不羽括，则不能以入坚；棠溪之金，天下之利也，然而不熔范，不砥砺，则不能以击强。是故才德全尽谓之圣人，才德兼亡谓之愚人，德胜才谓之君子，才胜德谓之小人。凡取人之术，苟不得圣人、君子而与之，与其得小人，不若得愚人。何则？君子挟才以为善，小人挟才以为恶。挟才以为善者，善无不至矣；挟才以为恶者，恶亦无不至矣。愚者虽欲为不善，智不能周，力不能胜，譬之乳狗搏人，人得而制之。小人智足以遂其奸，勇足以决其暴，是虎而翼者也，其为害岂不多哉？夫德者人之所严，而才者人之所爱。爱者易亲，严者易疏，是以察者多蔽于才而遗于德。自古昔以来，国之乱臣，家之败子，才有余而德不足，以至于颠覆者多矣，岂特智伯哉！故为国为家者，苟能审于才德之分而知所先后，又何失人之足患哉！

九三爻应与六五爻对照，方可深入了解其中哲理。

爻辞原文：九四，田无禽。

说文解字：（1）田：田野。（2）禽：鸟兽的总称。

古文今译：田野中没有鸟兽。

智慧锦囊：恒卦下风上雷，九四爻正是恒卦的上卦雷卦初始之爻。在雷鸣电闪开始之际，无论飞鸟，还是走兽，都会尽快返回巢中躲避雷暴天气，因此“田无禽”。飞禽走兽在雷雨到来之际返回巢中躲避雷雨是一种“恒常”现象。九四爻的哲理启示我们，人类要向鸟兽学习，懂得躲避各种天灾人祸，要顺势而为，不要逆天而动。

爻辞原文：六五，恒其德，贞妇人吉，夫子凶。

说文解字：（1）妇人：妇女。（2）夫子：男人。

古文今译：恒久保持其德行，妇女占卜得吉兆，男人占卜得凶兆。

智慧锦囊：九三爻中，因为“不恒其德”，结果“或承之羞，贞吝”，按说，“不恒其德”不好，“恒其德”就该是好事、有好结果了，为什么还会“夫子凶”呢？需要指出的是，九三爻中，“不恒其德”的结果不是一定“承之羞”，而是“或”“承之羞”，也就是说，有可能会“承之羞”，也有可能不会“承之羞”。六五爻中，“恒其德”的结果是，“妇人吉”，而“夫子凶”，也就是说，“妇人”“恒其德”有吉兆，是好事，而男人该“恒其德”还是“不恒其德”要辩证地来看。这种“男女有别”是因为，在漫长的农业社会里，中国传统文化奉行的是男主外、女主内、男耕女织的劳动分工原则，女人的活动空间主要是在家里，责任主要是相夫教子、负责家务，男人除了负责农业生产，还可能负责打猎或出门在外做生意。因此，女人的活动空间和人际交往基本是恒定的状态，所以与“恒其德”可以对应，而男人的活动空间和人际交往是有较大变化的，因此，男人不应该死板迂腐，而应该根据外部时局的变化审时度势、顺势而为，正所谓“大丈夫能屈能伸”、“识时务者为俊杰”。总之，六五爻对“恒其德”的结果采取“男女有别”的吉凶判语证明《周易》中的哲理不是固定死板的，而是变通圆融的，这体现了《周易》朴素的辩证法。

爻辞原文：上六，振恒，凶。

说文解字：（1）振：振动，动荡。

古文今译：长期动荡不安，凶。

智慧锦囊：无论家庭、企业，还是社会，长期动荡不安都不是好事，而是“凶”事。

圆通速递董事长喻渭蛟在接受采访时说：“外头看快递风光，实际上中国快递难做。租金、人工、设施等所有成本都在上涨，利润却持续下跌。”“从2015年开始的三年，中国快递会出现行业第二次大动荡。”“第一次大动荡期是2006、2007、2008这三年。所谓动荡就是快递行业面临大洗牌，企业没有选择好发展的机会就被淘汰出局。”“其实明年还有一个特点，利润虽然在降，但行业整体服务要求在提升，也会带来竞争的第二次洗牌。到时候，就得看谁的产品创新能力最强。而产品创新靠服务和信息技术、靠企业的资源整合来支撑，服务越好，技术越先进，信息化程度越高，洗牌的速度就加快，这期间哪家公司走得慢，市场占有率就会降低。”“三年之后，市场份额还要再聚焦。我估计前几大的快递公司，都能够生存下来，但可能发展速度会有分化。能够坚持创新和提升服务的，又有资金和资源实力的，也能够抓住机遇的公司可能会冒得更快些。”“中国快递这个产业仍在高速发展期，我估计它至少还有十年的增长期，增速可能保持不了过去这么高，但也会至少有 20% ~ 35% 的增速。”

喻渭蛟关于快递业三年动荡期、洗牌期的预测以及他提出的应对措施、解决方案与上六爻的哲理是一致的。上六爻的“振恒，凶”，《周易》用的是“振”，而不是恒卦上卦的名称“震”，其实就是为了突出一个哲理：在“振动”、“震动”的状态下，虽然“凶”，但是有准备者、顺势而为者反而会抓住机会“振奋”、“振作”、“振兴”起来，从而“逢凶化吉”、“遇难成祥”。

遁卦第三十三（下艮上乾）

卦辞原文：遁：亨，小利贞。

说文解字：（1）遁：逃跑，隐退。

古文今译：亨通，占卜得小利之兆。

智慧锦囊：遁卦下山上天，为天下有群山之象。山区是动物逃避猎人追击的去处，是百姓逃避兵荒马乱的去处，是交战中弱势一方躲避强敌的去处，还是世外高人隐居修炼的去处。因此，“遁”有多重比喻义。全卦六爻有五爻含“遁”字，六爻皆与“逃跑”、“逃脱”、“逃避”、“隐退”相关。九四爻的“好遁”、九五爻的“嘉遁”和上九爻的“肥遁”都是《周易》在启示我们不可贪得无厌，要知足，要知止。老子《道德经》第四十四章中说：“名与身孰亲？身与货孰多？得与亡孰病？甚爱必大费；多藏必厚亡。故知足不辱，知止不殆，可以长久。”老子的这段话可以很好地诠释遁卦“好遁”、“嘉遁”、“肥遁”的智慧。

爻辞原文：初六，遁尾，厉，勿用有攸往。

说文解字：（1）尾：末尾，最后。

古文今译：逃跑落在末尾，危险，不用有所往。

智慧锦囊：无论是被围猎的野兽，还是被追击的军队，在逃跑途中落后的难免挨打，因此“厉”。在逃跑落后的情况下，跑也没有用，只是徒劳无益之举，还不如不跑，站稳脚跟想办法对抗，因此“勿用有攸往”。《孙子兵法》中说：“投之亡地然后存，陷之死地然后生。”跑不成就进行绝地反击，说不定还能绝处逢生，反败为胜。

爻辞原文：六二，执之用黄牛之革，莫之胜说。

说文解字：（1）执：捉拿，捆绑。（2）革：皮革。（3）说：通“脱”。

古文今译：用黄牛革材质的皮带将其捉拿捆绑，没有可能逃脱。

智慧锦囊：在没有化学工业的古代，黄牛革材质的皮带是最坚韧的材料之一。无论是捆绑猎物，还是捆绑俘虏，黄牛皮带都是最好的选择。骏马配上黄牛革制作的笼头和缰绳，就能够供主人安全驾驭而无法“遁逃”。山羊系上黄牛革的脖套和绳索，就无法“遁逃”。俘虏用黄牛革的皮带捆绑起来，就无法“遁逃”。第四十九卦革卦初九爻“巩用黄牛之革”与六二爻有类似之处。六二爻的哲理启示我们，要把事情做好，无论用人还是用料，素质都要过硬、靠得住。

任正非于 2017 年 4 月在华为手机工厂考察时发表讲话说：“我们要瞄准高质量前进，敢于投资，要以胜利为中心，不以省钱为中心。我们所有业务的本质是实现高质量，高质量的实现是需要投入高成本的，我们一定要明白我们要的是胜利。”“我们要的是领先、是领导者。要利用世界上一切优势的资源，一切先进的工具和方法、一切优秀的人，实现高质量。”“要实现高质量，必须有大质量体系，大质量就是全面质量管理。就是要和世界上最好的公司合作、和世界上最优秀的人在一起。”

任正非的高质量观点体现了六二爻“执之用黄牛之革”的哲理。

爻辞原文：九三，系遁，有疾，厉，畜臣妾，吉。

说文解字：（1）系：拴住。（2）疾：生病。（3）畜：蓄养。（4）臣：男仆。（5）妾：女仆，或丈夫所娶的妻子以外的女人。

古文今译：拴着的牲畜跑掉了，生了疾病，情况危急，蓄养男女仆从，吉。

智慧锦囊：拴着的牲畜都跑掉了，说明缺乏人手看管、照料。自己生了大病时，也需要有人护理。猎物跑掉和自己生病都是“厉”的情况，蓄养男女奴仆照料自己和维护家业是有必要的，因此“畜臣妾”为“吉”。九三爻的哲理启示我们，要想身体安康、家大业大、基业长青，就必须学会选人、用人。如果凡事亲力亲为、靠拼命三郎式的单打独斗，不仅不会有大的成就，而且还会损失原有的产业，搞垮自己的身体。

爻辞原文：九四，好遁，君子吉，小人否。

说文解字：（1）好：美好。

古文今译：在美好的形势下隐退，君子以此为吉事，小人以此为坏事。

智慧锦囊：成语“见好就收”、“适可而止”与九四爻的哲理有契合之处。陶渊明在做彭泽令时，“不为五斗米折腰”，辞官回家乡过起隐居生活，并在隐居期间写下《归去来兮辞》《桃花源记》《归园田居（五首）》等传世名作。无论古今，县令虽然不算大官，但当上县令应该算是“好”事，辞去县令的官职而隐居就是“好遁”。陶渊明这样的高士会把辞官当作吉事，而小人会对官位恋恋不舍，把辞官当作坏事。

爻辞原文：九五，嘉遁，贞吉。

说文解字：（1）嘉：美好，赞美，嘉奖。

古文今译：在赢得美誉嘉奖的形势下隐退，占卜得吉兆。

智慧锦囊：范蠡在协助越王勾践打败吴王夫差之后，果断带家人离开越国，退隐江湖，隐姓埋名，成为巨富，史称“陶朱公”。范蠡的隐退就是“嘉遁”的典型案例。老子《道德经》中说：“功遂身退，天之道也。”正所谓“狡兔死，走狗烹；飞鸟尽，良弓藏；敌国破，谋臣亡”，历史上不得善终的功臣不胜枚举，因此，“嘉遁”是大智慧。

2013年4月9日晚间，51岁的史玉柱在《仙侠世界》网游发布会上宣布：自4月19日起，他将正式卸任巨人网络CEO，从此退休，未来会将生活重心转移到生活及慈善中去。史玉柱说：“退休不是受到什么刺激，年龄大了，应该找人来接班。”“互联网是年轻人的世界。”“到一定年龄一定要把位置放出来，否则对公司发展不利，因为互联网需要活力。”“互联网不能是让我们这种老年人、叔辈的人继续在这个地方演出，就是应该让年轻人来演出。”“自己年龄大了，还主观，老认为自己是对的，要按照自己的思路做，那一做就做砸了。”

史玉柱年富力强时的退休反映了遁卦的智慧。

爻辞原文：上九，肥遁，无不利。

说文解字：（1）肥：肥美，富有。

古文今译：在肥美的形势下隐退，没有什么不利。

智慧锦囊：俗话说，“人怕出名猪怕壮。”猪肥了最终要挨宰，人成为巨富免不了成为众矢之的，因此，有智慧的巨富要选择隐退，那些富甲天下还想名满天下的商人，在历史上都没有好下场。老子《道德经》中说：“知足不辱，知止不殆。”“金玉满堂，莫之能守；富贵而骄，自遗其咎。”元末明初的巨贾沈万三和清末富商胡雪岩都是因为不懂“肥遁”的哲理而落得身败名裂的下场。

2018 年的教师节，马云发布公开信宣布“退休”，在 2019 年 9 月 10 日，将不再担任阿里巴巴集团董事局主席，由现任集团 CEO 张勇接任。马云在公开信中说：“10 年前我们就问自己这个问题，如何保证马云离开公司以后，阿里巴巴依然健康发展？我们相信只有建立一套制度，形成一套独特的文化，培养和锻炼出一大批人才的接班人体系，才能解开企业传承发展的难题。为此，这十年来，我们从未停止过努力和实践。”“今天的阿里巴巴最了不起的不是它的业务、规模和已经取得的成绩，最了不起的是我们已经变成了一家真正使命愿景驱动的企业。我们创建的新型合伙人机制，我们独特的文化和良将如潮的人才梯队，为公司传承打下坚实的制度基础。事实上，自 2013 年我交棒 CEO 开始，我们已经靠这样的机制顺利运转了 5 年。”“关于我自己未来的发展，我还有很多美好的梦想。大家知道我是闲不住的人，除了继续担任阿里巴巴合伙人和为合伙人组织机制做努力和贡献外，我想回归教育，做我热爱的事情会让我无比兴奋和幸福。再说了，世界那么大，趁我还年轻，很多事想试试，万一实现了呢？！我可以向大家承诺的是，阿里从来不只属于马云，但马云会永远属于阿里。”

马云的“激流勇退”印证了遁卦的哲理，体现了“功遂身退”的高超智慧。

大壮卦第三十四（下乾上震）

卦辞原文：大壮：利贞。

古文今译：占卜得有利之兆。

智慧锦囊：大壮卦下天上雷，为天上打雷、雷鸣电闪之象。打雷从视觉和听觉上都是很壮阔、很壮观的现象，因此产生了“大壮”的比喻义。全卦六爻有三爻含“壮”字，皆为“强壮”之义。其中四爻与“羊”或“羝羊”有关，这是因为在食草动物里，羊的体格是非常健壮、敏捷的，尤其是山羊，可以在悬崖峭壁上窜上窜下、来去自如，而且公羊非常爱打架，用长着大角的头猛烈互抵、撞击是公羊打架的典型画面。在大壮卦中，“羝羊”是使用蛮力的象征，“小人”被比喻为“羝羊”，君子不应该像“羝羊”一样使用蛮力，而应该使用智慧。

爻辞原文：初九，壮于趾，征凶，有孚。

说文解字：（1）趾：脚。

古文今译：壮在脚力上，出征凶，有所得。

智慧锦囊：靠脚力壮，徒步而行，到近处办事还可以，如果靠徒步出远门，脚力再壮也会疲劳、困顿，如果行军远征，则更难胜任，因此“征凶”。初九爻的哲理启示我们，在事业起步之时，白手起家，靠体力赚取第一桶金尚情有可原，但是靠体力不是长久之计，靠智慧才能行稳致远。

中国最大饮料企业娃哈哈的创始人、多次登顶中国富豪榜的宗庆后42岁借钱创业，就是靠蹬着三轮、走街串巷卖冰棍起家。

1984年40岁的柳传志开始创业，尽管他曾向中科院副院长周光召信誓旦旦保证“将来我们要成为一家年产值200万元的大公司”，但当时最担心的是月底工资从哪里来。他和同事每天在中关村摆摊，卖冰箱、电子表、旱冰鞋甚至运动裤衩，门口却高挂“中国科学院计算技术研究所新技术发展公司”的招牌，所作所为与科技企业的形象大相径庭。

宗庆后和柳传志在创业之初的困境中不得不亲自干活、靠体力辛苦赚钱。这种故事听起来非常励志，但是那种情况只是白手起家时不得已而为之，他们的企业由小到大，直至成为行业领军品牌，主要是靠智慧、靠团队。如果靠个人、靠蛮力，只能有小成。只有靠团队、靠智慧，才会有大成。

爻辞原文：九二，贞吉。

古文今译：占卜得吉兆。

智慧锦囊：在初九爻靠努力打拼赢得了第一桶金之后，到九二爻一如既往地艰苦奋斗、不遗余力，则“贞吉”。

小米科技联合创始人王川说：“雷军每天工作十五六个小时，每周工作六到七天，很少有人能像他那样劳模了。每天这么高强度地工作，一定需要巨大的信念支撑。雷军的希望是小米能够像索尼之于日本、三星之于韩国一样，改变中国制造在全球的印象，用质优价廉来改变每个人的生活。我没有那么高的追求，只能协助他实现这个梦想了。”

爻辞原文：九三，小人用壮，君子用罔，贞厉，羝羊触藩，羸其角。

说文解字：（1）罔：渔猎用的网罟。（2）羝羊：公羊。（3）藩：藩篱。（4）羸：缠绕。

古文今译：小人用强壮的体力，君子用网罟等捕猎工具，占卜得危险之兆，公羊用头撞击藩篱，它的角被缠住了。

智慧锦囊：“小人用壮”被比喻为“羝羊触藩”，小人与羝羊的相似之处在于，两者都是不动脑子、靠蛮力办事，这是缺乏智慧的表现，因此“贞厉”。《诗经·小雅·小旻》中说：“不敢暴虎，不敢冯河。”孔子说：“暴虎冯河，死而不悔者，吾不与也，必也临事而惧、好谋而成者也。”“暴虎”、“冯河”者就是“用壮”的“小人”，“临事而惧、好谋而成者”就是“用罔”的“君子”。《荀子·劝学篇》中说：“吾尝终日而思矣，不如须臾之所学也；吾尝跂而望矣，不如登高之博见也。登高而招，臂非加长也，而见者远；顺风而呼，声非加疾也，而闻者彰。假舆马者，非利足也，而致千里；假舟楫者，非能水也，而绝江河。君子生非异也，善假于物也。”九三爻的哲理启示我们，“君子”应该“善假于物”、“临事而惧、好谋而成”。

爻辞原文：九四，贞吉，悔亡，藩决不羸，壮于大舆之輹。

说文解字：（1）决：决裂。（2）舆：车。（3）輹：车轴。

古文今译：占卜得吉兆，悔恨消失，藩篱决裂开而公羊的角没有被缠住，比大车的车轴还要强壮。

智慧锦囊：九四爻与九三爻、上六爻放在一起看，能够反映出《周易》对于同一类事件所采取的不同的辩证观点。“羝羊触藩”的结果是好还是坏，关键要看羝羊够不够“壮”。但是，“羝羊”的角“壮于大舆之輹”的情况还是非常罕见的，因此我们可以预测，绝大多数“羝羊触藩”的结果是“凶多吉少”。九四爻的哲理启示我们，一定要对自己的实力有足够清醒的认识，轻易不要逞“羝羊触藩”式的匹夫之勇。

爻辞原文：六五，丧羊于易，无悔。

说文解字：（1）丧：丧失，丢失。（2）易：交易市场。

古文今译：在交易市场上丧失了羊，没有悔恨。

智慧锦囊：在交易市场上丧失了羊，有三种可能原因：其一，羊被人顺手牵羊偷走了；其二，羊自己溜走了；其三，卖羊人做生意水平不够，一群羊卖出去结果亏损了一两只甚至几只羊的价钱。前两种情况是因为自己不够细心，没有看护好自己的财产；后一种情况是因为自己生意经不够精通，没有把握好市场规律。总之，自己的损失怨不得别人，要怨只能怨自己。但是，羊已经丢了，后悔也没有用，再说，羊也不算什么贵重的财产，丢一只羊也不算太大的损失，因此“无悔”。第五十六卦旅卦上九爻为：“鸟焚其巢，旅人先笑后号咷，丧牛于易，凶。”因为牛是比羊贵重的财产，是农业社会重要的生产资料，所以“丧牛于易，凶”。

爻辞原文：上六，羝羊触藩，不能退，不能遂，无攸利，艰则吉。

说文解字：（1）遂：向前，通过。

古文今译：公羊用头撞击藩篱，不能后退，也不能前进，没有什么利处，能忍耐艰辛则吉。

智慧锦囊：“羝羊触藩”是因为羝羊不愿意受藩篱围困而试图冲破藩篱，同样的道理，崇尚自由的人类更不愿意受束缚、受围困，处于困境中的人更会尝试各种途径冲出重围，但是，如果在自己力量达不到的情况下乱冲乱撞，结果只会“不能退，不能遂，无攸利”，此时，与其盲目冲动，不如忍耐艰辛，思索良策，待机而动。上六爻的哲理启示我们，人毕竟不是“羝羊”，在人生路上遇到困境、阻碍、束缚等各种藩篱时，千万不要依靠蛮力乱冲乱撞，而是要学会忍耐一时的艰辛，积极思考，凭借智慧，善于借力来解决难题。

䷢

晋卦第三十五（下坤上离）

卦辞原文：晋：康侯用锡马蕃庶，昼日三接。

说文解字：（1）晋：晋升，上升，进步。（2）康侯：周武王之弟姬封，初封于康，故称康侯。（3）锡：赐予。（4）蕃庶：动物配种、繁殖。（5）昼：白天。（6）接：动物交配。

古文今译：康侯用赏赐给自己的良马作种马进行配种，一个白天再三交配。

智慧锦囊：晋卦下地上火，为大火在地上熊熊燃烧或太阳在地平线上升起之象。燃烧的火有个明显特点就是火苗向上窜，因此，火有蓬勃向上之义，比如成语“红红火火”就是指生活蒸蒸日上。太阳是地球上万物的能量来源，也是火的来源，太阳初升也有朝气蓬勃、积极向上的比喻义。康侯被赐予良马，精神是喜悦向上的，他用良马当种马与自己的多匹马交配，一方面体现了自己获得赏赐的喜悦之情，另一方面体现了自己对周王的忠心。全卦六爻中有四爻含“晋”字，均为“晋升”之义。

爻辞原文：初六，晋如摧如，贞吉，罔孚，裕，无咎。

说文解字：（1）摧：推进。（2）罔：网，网罗。（3）裕：富裕，富足。

古文今译：力求晋升、奋力推进，占卜得吉兆，网罗所得，富足宽裕，没有过失。

智慧锦囊：初六爻之时，上进心强，势不可挡，因此“贞吉”。“罔孚”说明是借助工具获取物质财富，而不是徒手逞强凭蛮力致富，网罗财富，资财丰裕，可为后盾，因此“无咎”。

任正非说：“我们非常欢迎雄心万丈的穷小子，你现在一文不名没关系，只要你有雄心壮志，未来一定能衣锦还乡。”

柳传志说：“年轻人能不能被培养，上进心强不强非常重要。企业真正要做好，总得有一批这样的人，真的是为国家、为民族富强，把职业变成事业的人。纯粹求职的人，在联想没有大的发展。”

任正非与柳传志的观点反映了企业员工拥有“晋如摧如”这种品质的重要性。

爻辞原文：六二，晋如愁如，贞吉，受兹介福，于其王母。

说文解字：（1）愁：发愁，忧愁。（2）兹：此，这里。（3）介：大。（4）王母：周王之母。

古文今译：力求晋升，心怀忧愁，占卜得吉兆，受此大福，来自周王之母。

智慧锦囊：晋升之路不是一帆风顺的，遇到阻力时心怀忧愁很正常，而此时意想不到的是，由于周王之母过生日、祝寿之类的喜事而得到福荫，自己因而得到加官晋爵，晋升的问题顺利解决。例如，清朝慈禧太后在六十大寿前就对各级官员大范围加官晋爵。需要指出的是，此类晋升不是靠自己的真本事，而是由于意想不到的外力，因此不可复制、不可依赖。

爻辞原文：六三，众允，悔亡。

说文解字：（1）允：允许，认可。

古文今译：群众认可，悔恨消失。

智慧锦囊：要想得到晋升，自己的努力奋斗是基础，上级的赏识提拔也很重要，但是仅仅有上级的赏识还是不够的。俗话说："群众的眼睛是雪亮的。"群众是否认可，民意调查如何，也是影响上级决策的重要原因。由六三爻可知，自古以来，领导者在提拔官员时就非常重视民意。群众拥护不拥护、赞成不赞成、高兴不高兴、答应不答应是衡量一切工作得失的根本标准。谁从群众利益出发，群众就会选择谁。正所谓"得众则得国，失众则失国"。

雷军出席在波士顿举行的2017年"哈佛中国论坛"时演讲说："小米创立之初的想法就是用互联网的方式来做，但是一家互联网公司每周升级更新很正常，硬件公司就太不容易了。如果升级失败，互联网公司打个补丁即可，手机如果升级失败，可能1亿台手机都瘫痪了。在这一点上，小米做得很好，可以将研发周期控制在一个星期。""很多用户愿意参与进来，小米给用户最大的价值即是参与感，有点像农家乐，自己钓的鱼自己吃。这一点与iPhone不同，苹果公司都是保密的，但是我们让用户发挥作用，走的是中国式互联网版的群众路线，从群众中来，到群众中去。小米利用互联网模式来做硬件，这一点是了不起的。"

雷军的观点反映了六三爻的哲理。

爻辞原文：九四，晋如鼫鼠，贞厉。

说文解字：（1）鼫鼠：又称"五技鼠"，身有五技，但无一技精专。

古文今译：力求晋升，有如鼫鼠，占卜得危险之兆。

智慧锦囊：《荀子·劝学》中说："螣蛇无足而飞，梧（鼫）鼠五技而穷。"一方面，"鼫鼠"可以说是"样样都通、样样稀松"；另一方面，"鼫鼠"作为偷吃粮食、咬坏家什的有害动物行动猥琐、鬼鬼祟祟，很不受人欢迎。谋求晋升的人如果能力和品行与"鼫鼠"相似，前途肯定堪忧，因此"贞厉"。九四爻的哲理启示我们，人生路上，要想晋升、进步，就要靠真本事、凭真才实学。

爻辞原文：六五，悔亡，失得勿恤，往吉，无不利。

说文解字：（1）恤：忧虑，担忧。

古文今译：悔恨消失，切勿患得患失，前往为吉，没有什么不利。

智慧锦囊：像“鼫鼠”那样能力不强且行为猥琐的人是不应该得到晋升的。只有不计较得失，只有靠真才实学，只有行事光明磊落，才更有可能得到领导和群众的认可。“但行好事，莫问前程”这句话可以概括六五爻的哲理。

董明珠接受媒体采访时说：“一把手和副手完全不同，一把手要有担当精神，其次要有牺牲精神。没有这两点的人容易患得患失，可能会在关键时刻舍去公众的利益，保护私人利益。”“我们提供平台、机会，给那些勇于担当责任的人，让他们脱颖而出。”

董明珠所说的“一把手”应有的“担当精神”和“牺牲精神”就是六五爻的“失得勿恤”。

爻辞原文：上九，晋其角，维用伐邑，厉，吉，无咎，贞吝。

说文解字：（1）维：通“惟”，想，思考。（2）伐：讨伐，攻打。（3）邑：小国，小城镇。

古文今译：力求晋升，如牛羊用角一样靠蛮力，试图用攻打小国的办法来实现目的，结局或危险，或吉，或没有过失，占卜得有麻烦之兆。

智慧锦囊：“晋其角”与第三十四卦大壮卦爻辞中的“羝羊触藩”、“羸其角”的情况类似。“厉，吉，无咎，贞吝”一连串四个判语中只有一个“吉”，说明“晋其角”的行事方式结果会“凶多吉少”。《周易》认为，人做事不应该像牛、羊这类动物一样靠蛮力，而应该靠智慧、靠德行。在中国传统文化中，靠蛮力行事的貌似勇猛者是不受领导人欢迎的，领导者选拔重用的人才往往是“临事而惧、好谋而成”的谦谦君子。

明夷卦第三十六（下离上坤）

卦辞原文：明夷：利艰贞。

说文解字：（1）夷：平，灭，伤。

古文今译：忍耐艰辛的前提下占卜得有利之兆。

智慧锦囊：明夷卦下火上地，为火被埋地下或太阳落到地平线以下之象。太阳是地球万物最重要的能量来源，是万物所依赖的主要光源。太阳每天东升西落是地球人习以为常的现象。古人顺应天时，日出而作，日落而息。古代长期存在宵禁制度，禁止百姓夜间在外活动，主要是基于社会治安的考虑。全卦六爻有五爻含“明夷”，其中三爻为“太阳已落”之义，一爻为“暗昧”之义，一爻为“隐退”之义。

爻辞原文：初九，明夷于飞，垂其翼。**君子于行，三日不食，有攸往，主人有言**。

古文今译：日落之后，飞鸟垂下羽翼栖息。君子忙于赶路，三天顾不上吃饭，有所往，主人有话要说。

智慧锦囊：飞鸟有明确的作息规律，太阳升起时活跃，太阳落山后栖息。君子不能连飞鸟都不如，也应该遵循日出而作、日落而息的作息规律。“君子于行，三日不食”，不难想象是急于赶路、行色匆匆，或者是在家出发时没有准备充足的干粮，或者是在路上遇到客栈或人家时没顾上花时间、花钱吃饭。俗话说，“人是铁，饭是钢，一顿不吃饿得慌。”因此，君子赶路行程再紧，也要该吃饭就吃饭、该休息就休息，只有吃饱睡好，“有所往”时才能行稳致远、完成任务，否则，走不了多远身体就垮掉了，根本没有足够体力与精力去完成重要任务，结果就会导致上级领导“主人”“有话说”，即批评指责。初九爻的哲理启示我们，飞鸟尚且知道顺应天时，遵循作息规律，我们人类在工作中要注意劳逸结合，身体健康的前提下才能够担当大任。

爻辞原文：六二，明夷，夷于左股，用拯马壮，吉。

说文解字：（1）夷：伤。（2）股：大腿。（3）拯：助力，拯救，救援。

古文今译：日落之后，左边大腿有伤，用来助力的马很健壮，吉。

智慧锦囊：天黑再加上左大腿有伤，深一脚浅一脚走夜路，肯定是异常艰难的，此时，就不能靠蛮力硬撑。如果懂得巧妙借力，比如骑上一匹健壮的骏马，即使是跛子也能比奥运跑步冠军跑得更快、跑得更远，有借力的智慧就会逢凶化“吉”。

六二爻所比喻的哲理正如《荀子·劝学篇》中所说：“假舆马者，非利足也，而致千里；假舟楫者，非能水也，而绝江河。君子性非异也，善假于物也。”

爻辞原文：九三，明夷于南狩，得其大首，不可疾贞。

说文解字：（1）狩：狩猎。（2）首：头，脑袋。（3）疾：疾病。

古文今译：日落之后，在南郊狩猎，获得大型动物，身患疾病的前提下这样干后果不可预测。

智慧锦囊：动物的脑袋大小与身体大小是呈正比例的，脑袋大的动物体型也大，因此，“大首”为大型动物。因为老虎、狮子、熊、豹、狼等肉食动物夜晚也有很好的视力（它们在夜晚的视力比人类的视力强得太多），而且它们在夜晚能够奔跑、活动自如，因此，人在夜晚不但更难捕获它们，而且自身很容易成为它们的猎物。由此可知，“南狩”中所捕的“大首”应该是大象、野牛等大型食草野兽。针对大型野兽，与白天捕猎相比，夜晚捕猎的难度更大、危险系数更高，身体强健的人这样干也相当冒险，如果是病体欠安的人这样干，后果就更不好说了，说不定送命都有可能，因此“不可疾贞”。九三爻的哲理启示我们，在治国理政、商业经营、修身治家的过程中，要保重身体，量力而行，切勿不自量力、轻身重财，为了财富舍生忘死。

据《史记·扁鹊仓公列传》记载：“故病有六不治：骄恣不论于理，一不治也；轻身重财，二不治也；衣食不能适，三不治也；阴阳并，藏气不定，四不治也；形羸不能服药，五不治也；信巫不信医，六不治也。”由此可见，扁鹊把“轻身重财”列为六种“不治之症”中的第二种。商场如战场，商场上有许多人为了追求财富而不惜牺牲自己的身体健康，从而不知不觉间就染上了扁鹊所说的“轻身重财”的“不治之症”。

爻辞原文：六四，入于左腹，获明夷之心，于出门庭。

说文解字：（1）门：家门。（2）庭：庭院。

古文今译：从左腹入手，就可以摘取暗昧之中眼睛看不见的心脏器官，只有掌握了得人心的技巧，才可出门在外闯荡世界。

智慧锦囊：六四爻说明周人已经掌握了人体和动物的解剖结构，知道哺乳动物和人的心脏都在身体左边的胸腔内。只要从左腹部肋骨下方伸手向上探就能触摸到人或动物的心脏。尽管心脏在动物或人体内部，眼睛不能直接看见，但只要掌握了人体和动物的构造，知道从左腹入手的技巧，用不着看见就能够找到心脏的位置。俗话说，“得人心者得天下”。“不得人心”者肯定不会有好结果。因此，出门在外，掌握“得人心”的技巧很重要，要想“得人心”，就要顺应人的本性。如果违背人的本性，则会“不得人心”。六四爻的哲理启示我们，在治国理政、商业经营、修身治家的过程中，要以人为本，了解人性，尊重人性。

宗庆后在参加《杨澜访谈录》节目谈到女儿宗馥莉时说：“因为她在美国读的书，接受美国的教育，美国呢老板就是老板，员工就是员工，我给你多少钱，你给我干多少活，不行你走人就是。但我觉得中国文化还是跟他们不一样的，还是要以人为本的。你要真正把他内心的积极性调动起来才行，因为中国人太聪明了，中国人也是最难管的。”

宗庆后所强调的“以人为本”、“真正把他内心的积极性调动起来”，就是六四爻的“入于左腹，获明夷之心”。

爻辞原文：六五，箕子之明夷，利贞。

说文解字：（1）箕子：商纣王的叔父，官太师，封于箕地，故称“箕子”。

古文今译：像箕子一样隐退，占卜得有利之兆。

智慧锦囊：箕子与微子、比干，在殷商末年齐名，并称“殷末三仁”。孔子说：“微子去之，箕子为之奴，比干谏而死，殷有三仁焉。”商朝末年，纣王无道，箕子因其道之不得行、其志之不得遂，“违衰殷之运，走之朝鲜”，在那里建立了东方君子之国。箕子之流风遗韵至今犹存。

爻辞原文：上六，不明，晦，初登于天，后入于地。

说文解字：（1）晦：天黑，昏暗。

古文今译：不再明亮，天昏地暗，太阳初始时升上天空，后来落入地下。

智慧锦囊：古人认识到，太阳每天东升西落是一个永恒的循环，进而联想到万事万物都有一个从无到有、由盛而衰的发展过程。上六爻的哲理启示我们，天上没有不落的太阳，人生活在天地之间，应该顺应大自然的规律，而不应该违背大自然的规律，也就是要学会顺势而为，不要欺天、不要逆天。

䷤

家人卦第三十七（下离上巽）

卦辞原文：家人：利女贞。

古文今译：女子占卜得有利之兆。

智慧锦囊：家人卦下火上风，为火在下面燃烧、风在上面吹动、风助火势、火借风威、风风火火之象。比喻一家人如火与风一样关系密切，相互助力，相互借势，把日子过得风风火火、红红火火。全卦六爻有四爻含“家”字，其中一爻含“家人”，六爻都与持家、治家有关。

中华民族历来重视家庭。正所谓“天下之本在家”。《大学》中说：“所谓治国必先齐其家者，其家不可教而能教人者，无之。”诸葛亮诫子格言、颜氏家训、朱子家训等，都是在倡导一种家风。尊老爱幼、妻贤夫安、母慈子孝、兄友弟恭、耕读传家、勤俭持家、知书达礼、遵纪守法、家和万事兴等中华民族传统家庭美德，融入中国人的血脉之中，是支撑中华民族生生不息、薪火相传的重要精神力量，是家庭文明建设的宝贵精神财富。家风好，就能家道兴盛、和顺美满；家风差，难免殃及子孙、贻害社会，正所谓“积善之家，必有余庆；积不善之家，必有余殃”。

爻辞原文：初九，闲有家，悔亡。

说文解字：（1）闲：熟习，熟练，娴熟。

古文今译：熟习家务，悔恨消失。

智慧锦囊：初九爻中“闲”字用法与第二十六卦大畜卦九三爻中“日闲舆卫”的“闲”字用法相同。无论男、女、长、幼，在家中都要承担一定的家务劳动。男人在家，则由男人当家，男人不在家，则由妻子当家。只有每个家庭成员风风火火、齐心协力、共同奋斗，一家人才能过上红红火火的日子。

爻辞原文：六二，无攸遂，在中馈，贞吉。

说文解字：（1）遂：前往，通过。（2）中：家中。（3）馈：吃饭。

古文今译：没有地方可去，就在家中吃饭，占卜得吉兆。

智慧锦囊：孔子说：“父母在，不远游，游必有方。”古人安土重迁，无论农民、猎户、商人、官员，出外活动，都要有明确的目的、方向、计划，漫无目的、到处游荡的人会被视为浪子、流浪汉。六二爻的哲理启示我们，如果没有明确的目的地可去，那就安分守己、居家过日子，干点力所能及的家务，一家人一起吃饭，享天伦之乐，如此做则“贞吉”。

爻辞原文：九三，家人嗃嗃，悔，厉，吉；妇子嘻嘻，终吝。

说文解字：（1）嗃嗃：高声斥责。（2）嘻嘻：嘻嘻哈哈，不严肃的情态。

古文今译：家人高声斥责，悔恨，严厉，吉；妇女和孩子嘻嘻哈哈、毫不严肃，最终有麻烦。

智慧锦囊：九三爻说的是治家之道，小孩子犯了错误，如果受到家人高声斥责，小孩子会记住所犯的错误并心生悔恨、进而悔改，这样做虽然严厉，但长远看来为“吉”。妇女和孩子嘻嘻哈哈，毫不严肃，犯了错误不加批评斥责，反而一笑了之，久而久之会带来麻烦，因此“终吝”。《三字经》里说“养不教，父之过”，而不说“养不教，母之过”，就是因为母亲作为妇女，在天性上容易和孩子嬉嬉闹闹，很难严肃、严厉起来，而父亲作为男性，在天性上有阳刚之气，能够对孩子保持严厉的态度。

爻辞原文：六四，富家，大吉。

古文今译：家庭致富，大吉。

智慧锦囊：在前三爻正确治家方式的基础上，一家人风风火火齐努力，日子红红火火就容易。六三爻的哲理应用于企业管理就是企业家要保证员工的收入，增强员工的获得感。

2019年1月8日，格力电器下发文件：“经公司研究决定，自2019年元月起，根据不同岗位给予薪资调整，总共增加薪酬在10亿元以内。”时光回溯到2016年11月，格力电器决定：“凡是入职满三个月的员工，在现有工资的基础上，每人每月增发1000元，从2016年12月起开始实施。”当时，格力员工大约有74000名，这意味着格力电器每年要多支付约9亿元薪水。2018年，董明珠又给员工涨工资，总金额是10个亿。除了加薪，董明珠正在兑现给格力员工分房的承诺。2018年8月25日，格力电器自费投资20亿元建设的人才公寓正式破土动工。根据格力电器介绍，该公寓占地面积约为8万平方米，总建筑面积约为27.84万平方米，包含11栋住宅楼，配套1栋商业及邻里中心、1栋幼儿园，预计整体2021年2月可建成交付使用。董明珠在公开场合最早提出格力员工分房的事情是在2018年初，董明珠说：“我鼓励员工好好干下去，格力会给8万员工提供二房一厅的房子，只要你干到退休，房价再高都跟你没关系。”在2018年5月举办的“格力2018再起航”梦想盛典上，董明珠再次说：“只要是格力人，我保证，我也承诺，一人一套房。”2019年3月26日，在博鳌亚洲论坛分论坛上董明珠回应员工分房计划说：“我给员工分房是我们为他给企业做出的贡献给予的回报，这也是一种大爱精神。用分房这种条件来留员工是留不住的，靠的更多的是文化。”

毫无疑问，格力电器能够做到空调行业世界第一，而且近年来能够保持良好的发展态势，与董明珠采取的让员工“富家”的管理决策有着显著的因果关系。

爻辞原文：九五，王假有家，勿恤，吉。

说文解字：（1）假：至，到。（2）恤：担忧，忧虑。

古文今译：君王到臣民家来，不必担忧，吉。

智慧锦囊：九五爻说明，中国传统文化强调君王与人民上下一心、同心同德、齐心协力共同建设国家。自古以来，君王就有到基层人民群众家中考察调研的优良传统。君王能够关心人民的疾苦，那么老百姓的困难就容易解决，因此，“勿恤，吉”。《大学》中对君子人生之路的规划就是“修身、齐家、治国、平天下”，本卦从初九爻到九五爻的发展过程正体现了从小家到大家再到国家的哲理。

爻辞原文：上九，有孚，威如，终吉。

说文解字：（1）威：壮观。

古文今译：有所得，蔚为壮观，最终吉。

智慧锦囊：在全家人的共同努力下，所得颇多，蔚为壮观，家庭富有，生活殷实，老百姓家家富裕幸福，则国家富强安定，所以“终吉”。

睽卦第三十八（下兑上离）

卦辞原文：睽：小事吉。

说文解字：（1）睽：乖违，背离。

古文今译：办小事为吉。

智慧锦囊：睽卦下泽上火，火向上窜，水面持平，为水火两不相交、相互背离之象。如果离卦象征太阳，那么太阳光照射到水面上也会被反射回去，因此“睽”有背离、相反之义。睽卦卦象与第六十三卦未济卦（下水上火）有近似之处，都有相互背离、互不相交、两不相济之义。

全卦六爻，有两爻含“睽”字，都是“睽孤”，为乖违孤独之义。因为乖违孤独，身单力薄，干大事力有不逮，所以“小事吉”。因此，睽是小人之德，不是君子之德。

爻辞原文：初九，悔亡，丧马，勿逐，自复。见恶人，无咎。

说文解字：（1）丧：丢失。（2）逐：追寻。（3）复：返回。

古文今译：悔恨消失，丢失了马匹，不必追寻，它自己会回来。见到恶人，没有过失。

智慧锦囊：“马逐水草”是其本性，下卦为“泽”，“泽”边水草丰茂，马在主人没有察觉的情况下沿着泽边吃水草，不知不觉就“与主人背离”而走失了。主人发现马走失了，不必“急急火火”地去追寻。成语“老马识途”说明马有很强的认路能力，马吃饱了自然就会回家的。“塞翁失马，焉知非福”的寓言故事也说明马会记住回家的路。总之，“丧马，勿逐，自复”是符合逻辑的。

在路途上见到恶人，要敬而远之、不去招惹他，不要与“恶人”“同行”，而要与“恶人”“相背离”，总之，见了恶人躲着走就会“无咎”。

释迦牟尼佛路遇恶人让道避行的故事可以帮助我们更好地理解“见恶人，无咎”的哲理。

有一天，佛陀和阿难走在路上，忽然看到提婆达多和他的弟子迎面走来，佛陀就避开而行。阿难见了，便怏怏不乐地问佛陀：“你为什么要避开提婆达多呢？他是佛陀的弟子，难道佛陀还怕他吗？”佛陀知道阿难心中的不平，安慰他道：“我不是怕他，不过不要和他相逢，何必要同愚人见面呢？我们都不要同他在一起，也不要同他辩论，他现在满怀着邪念。如同一条恶狗，你要打它，它会更加狂暴。所以不要触犯他，一切麻烦就会减少。”

像释迦牟尼佛那样“见恶人”就躲开就是“睽”，因此“睽”别人、与人“背离”并非都是错误的。“睽”君主是不忠，“睽”父母是不孝，“睽”朋友是不义，“睽”恶人却是智慧。因此，《周易》任何一卦、任何一爻的哲理都不是停留在字面上死板的教条，而是符合哲学、逻辑的智慧。

爻辞原文：九二，遇主于巷，无咎。

说文解字：（1）主：主人。（2）巷：城里的道路，直为街，曲为巷；大者为街，小者为巷。

古文今译：在巷道里遇见主人，没有过失。

智慧锦囊：周代没有手机、电话等通讯工具，要去做客也无法像现在这样方便地提前联系主人。自己外出去做客，与主人在巷道里不期而遇。如果不是碰巧遇见主人，那么自己到人家去就会扑个空。虽然主人与自己的行路方向相反、目标相背离，是一种“睽”的情况，但两人在巷道里狭路相逢，就能互相寒暄，了解彼此的行程目的。如果主人有重要的事情不能与客人一同返家招待客人，至少客人能有机会向主人传达自己的信息。

爻辞原文：六三，见舆曳，其牛掣，其人天且劓，无初有终。

说文解字：（1）舆：车。（2）曳：拖曳，摇晃。（3）掣：牵拉。（4）天：古代在犯人额头（天灵盖）刺字并涂墨的刑罚。（5）劓：古代割掉犯人鼻子的刑罚。

古文今译：见到一辆车拖曳摇晃，拉车的牛非常吃力，车上的人额头刺字、鼻子被割掉，没有初始，但有善终。

智慧锦囊：在路上遇见老牛拉破车，拖曳难行，车上的人因犯罪受到刺额割鼻的重刑，这是一幅可怕的景象。如果自己看到这种情景心生戒惧，提醒自己反思是否有错误，有则改之，无则加勉，那么自己的人生就会有好结局。也就是说，要与“天且劓”的犯罪之人相“睽”、“相背离”，绝对不能与这种人为伍。六三爻的哲理启示我们，年轻的时候懵懂无知，犯过错误不要紧，只要改过自新，以后就能有好结果。

爻辞原文：九四，睽孤，遇元夫，交孚，厉，无咎。

说文解字：（1）元夫：高大威猛的男子。（2）交：交出。

古文今译：乖违孤单、独自行路，遇见一个高大威猛的男子，交出自己的财物，有危险，没有过失。

智慧锦囊：商周时代人烟稀少，独自行路的人一方面害怕猛兽，另一方面害怕劫道的匪徒。遇到一个高大威猛的男子劫道，明知自己身单力薄打不过，那就乖乖地交出自己的财物，劫道的也是图财不害命，自己则破财免灾。“厉，无咎”就是化险为夷。九四爻的哲理启示我们，生命最宝贵，遇到危险，要舍得破财免灾。现在警察也大都是这样教我们面对抢劫的歹徒的。

爻辞原文：六五，悔亡，厥宗噬肤，往何咎？

说文解字：（1）厥：这，那；这些，那些。（2）宗：宗亲。（3）噬肤：鞭笞拷打一类的肉刑。

古文今译：悔恨消失，那些宗亲正在遭受鞭笞拷打，远走高飞哪有什么过失？

智慧锦囊：《周易》全文中共有两处“噬肤”，另一处在第二十一卦噬嗑卦六二爻：“噬肤，灭鼻，无咎。”“噬肤”就是遭遇肉刑，被棍棒或皮鞭抽打得皮开肉绽。那些宗亲遭受肉刑，自己难免受到牵连。虽然自己远走高飞、只身逃亡，是与宗族相“睽”的情况，可能会被批评为背离宗亲，但是自己身单力薄，即使留下来也帮不上宗亲，所以说“往何咎”。六五爻的哲理启示我们，见势不妙，三十六计走为上计。

爻辞原文：上九，睽孤，见豕负涂，载鬼一车，先张之弧，后说之弧，匪寇，婚媾，往遇雨则吉。

说文解字：（1）豕：猪。（2）负：背负。（3）涂：污泥。（4）鬼：鬼子，异族人。（5）弧：弓箭。（6）说：通“脱”，放下。（7）匪：通“非”，不是。

古文今译：乖违孤单，独自行路，见到一群浑身污泥脏兮兮的猪，车上满载异族鬼子，先是拉开弓准备用箭射他们，后来又把弓箭放下，他们不是来侵略的贼寇，而是来求婚的，前往遇到下雨则吉。

智慧锦囊：首先，“鬼”不是鬼神或妖魔鬼怪的“鬼”，而是古人对异族人的称呼，正如我们把八国联军称为“洋鬼子”、把侵华日军称为“日本鬼子”、“小鬼子”。睽卦的下卦为泽，泽边的污泥是猪最喜欢的环境。异族人赶着一群猪路过泽边，这群猪在污泥里打滚弄得浑身污泥。“先张之弧”是因为误认为这一车异族人是“寇”，“后说之弧”是因为后来看明白了这一车异族人不是“寇”，而是来求婚的。那一群“负涂”的脏兮兮的猪是异族人带来的求婚礼物。“往遇雨则吉”是因为雨水可以把这群猪身上的污泥冲刷掉，到时候见到主人时会显得干净好看，免得礼物脏污难看，影响主人的情绪和态度。因此，“遇雨”有助于异族人求婚的成功。如果这次“睽孤”遇到的一车“鬼”是“寇”，那么就非常凶险。上九爻与九四爻同样是“睽孤”，但是结局不一样，这也反映了《周易》的变数。

蹇卦第三十九（下艮上坎）

卦辞原文：蹇：利西南，不利东北，利见大人，贞吉。

说文解字：（1）蹇：艰难，不顺。（2）大人：官员，有德之人。

古文今译：西南方有利，东北方不利，见大人有利，占卜得吉兆。

智慧锦囊：蹇卦下山上水，为山上有水、山路湿滑、不利行走之象。蹇卦源于古人雨中或雨后在湿滑山路上行走的体验。山路本来就陡峭崎岖、坎坷难行，加上雨水，道路更为艰险，行路更为艰难。《周易》中所有关于方位的判语都是“利西南，不利东北”，关于其认知根源的分析，请参见第二卦坤卦卦辞的阐释。在“蹇”的情况下，见大人求助，为“贞吉”。全卦六爻皆含“蹇”字，而且其中五爻都含“往”、“来”。纵观全卦六爻，《周易》认为，尽管道路艰险，也不能断绝了来往，无论个人还是国家都应该攻坚克难、排除万难、礼尚往来、睦邻友好。《礼记》中说：“礼尚往来，往而不来，非礼也，来而不往，亦非礼也。”此外，“往”还可比喻“投入”、“投资”、“付出”，“来”还可比喻“产出”、“收益”、“回报”。关于“往”与“来”的辩证关系请参见第十一卦泰卦和第十二卦否卦中卦辞的阐释。

爻辞原文：初六，往蹇，来誉。

说文解字：（1）誉：赞誉，称赞。

古文今译：我方不畏艰险前往，客人前来给我方赞誉。

智慧锦囊：我方不畏艰险前往对方送礼表示友好，对方回礼对我方排除万难进行友好往来的行动表示赞美、感谢。

爻辞原文：六二，王臣蹇蹇，匪躬之故。

说文解字：（1）王臣：君王手下的大臣。（2）匪：通“非”，不是。（3）躬：自身。

古文今译：君王手下的大臣们不畏艰险，不是为他们自身的缘故而奔波。

智慧锦囊：《宋史·岳飞传》中记载有岳飞的名言：“文臣不爱钱，武臣不惜死，天下太平矣。”岳飞的话可谓对六二爻绝佳的诠释。中国传统文化认为，各级各类从政人员都应该公而忘私，忠诚为国，为国家利益不顾个人安危，攻坚克难，不辱使命。幸福都是奋斗出来的，奋斗本身就是一种幸福。只有奋斗的人生才称得上幸福的人生。新时代是奋斗者的时代，我们要不忘初心、牢记使命，以逢山开路、遇水架桥的开拓精神书写奋斗的人生篇章！

任正非在华为内部讲话中说：“主官一定要有战略的洞察能力、决断能力，一定要有坚强的意志和自我牺牲精神。”“高、中级干部，在工作分配时，讨价还价，甚至拒绝上岗是合理的，我们应该尊重个人的选择。但一旦上岗就必须忠实履行职责，任何惰岗、逃岗都不适合再做一个管理者。”

任正非的观点印证了六二爻的哲理。

爻辞原文：九三，往蹇，来反。

古文今译：我方不畏艰险前往，客人前来给我方回礼。

智慧锦囊：道路艰险隔不断友谊，我方主动克服困难前往送礼，对方自然前来回礼。此外，“往蹇，来反”还可比喻人生路上战胜艰难险阻，最终取得成功。

爻辞原文：六四，往蹇，来连。

说文解字：（1）连：接连，连绵不断。

古文今译：我方不畏艰险前往，来回礼的客人连连不断。

智慧锦囊：经过初六爻到六四爻连续不断的努力，双方友好往来连绵不断。此外，“往蹇，来连”还可比喻人生路上克服重重困难，最终取得接连不断的收获。

爻辞原文：九五，大蹇，朋来。

古文今译：我方遇到大的险情，朋友们前来支援。

智慧锦囊：只有平时加强友好往来，搞好了关系，在遇到大灾大难的关键时刻才会有人伸出援手。

爻辞原文：上六，往蹇，来硕，吉，利见大人。

古文今译：不畏艰险前往，客人前来回礼丰硕，吉，见大人有利。

智慧锦囊：经过前五爻持续不断的不畏艰险前往，后来有了丰硕的回报。上六爻的哲理与第十一卦泰卦卦辞中"小往大来"的情况一致。"见大人"的逻辑也是"小往大来"，比如带着礼物去拜见大人，有求于大人，大人给予的指点、提携或帮助所产生的价值会远远大于自己所付出礼物的价值，因此说"利见大人"。此外，"往蹇，来硕"还可以比喻人生路上克服重重困难，最终取得丰硕的回报。

任正非发表过一篇文章，"千古兴亡多少事，一江春水向东流"，其中描述了当年所经历的各种"蹇"境："我大学没入了团，当兵多年没入了党，处处都处在人生逆境，个人很孤立，当我明白团结就是力量这句话的政治内涵时，已过了不惑之年。""我是在生活所迫、人生路窄的时候创立华为的。""我转而去创建华为时，不再是自己去做专家，而是做组织者。在时代前面，我越来越不懂技术、越来越不懂财务、半懂不懂管理。如果不能民主地善待团体，充分发挥各路英雄的作用，我将一事无成。从事组织建设成了我后来的追求，如何组织起千军万马，这对我来说是天大的难题。""当时简直不可能有清晰的方向，像玻璃窗上的苍蝇,乱碰乱撞,听客户一点点改进的要求,就奋力去找机会。""到1997年后，公司内部的思想混乱，主义林立，各路诸侯都显示出他们的实力。公司往何处去？不得要领。我请人民大学的教授们，一起讨论了一个'基本法'，用于集合大家发散的思维。几上几下的讨论，不知不觉中'春秋战国'就无声无息了。人大的教授厉害，怎么就统一了大家的认识呢？从此，开始形成了所谓的华为企业文化，说这个文化有多好，多厉害，不是我创造的，而是全体员工悟出来的。"

任正非艰苦创业三十余年,取得举世瞩目的成就,印证了上六爻"往蹇，来硕”的哲理。华为请中国人民大学教授策划“华为基本法”、建设企业文化以及吸引、培养顶尖人才的做法就是“利见大人”。

解卦第四十（下坎上震）

卦辞原文：解：利西南，无所往，其来复，吉；有攸往，夙，吉。

说文解字：（1）复：返回。（2）夙：早。

古文今译：西南方有利，如果无所往，就回家，吉；如果有所往，就早出发，吉。

智慧锦囊：解卦下水上雷，为春雷阵阵、春雨洒落、大地解冻、万物复苏之象。解卦比喻解除困境、化解僵局。全卦六爻中有两爻含“解”字，为解开、释放之义。《周易》中所有关于方位的判语都是“利西南”、“不利东北”，具体阐释请参见坤卦。卦辞表明《周易》对于出门在外的态度，强调出门应该有明确的目标和任务。如果没有目的四处游荡，就不如赶紧回家。如果有明确的目标、任务，就要尽早行动，快速完成任务。

爻辞原文：初六，无咎。

古文今译：没有过失。

智慧锦囊：初六爻象征春回大地、打雷下雨、大地解冻、万物复苏，春天的好日子刚刚开始，所以“无咎”。

爻辞原文：九二，田获三狐，得黄矢，贞吉。

说文解字：（1）田：田野。（2）黄矢：黄铜制的箭头。

古文今译：从田野里猎获三只狐狸，得到黄铜箭头，占卜得吉兆。

智慧锦囊：自古以来，狐狸就以皮毛珍贵著称。《史记》中有“鸡鸣狗盗”的故事。齐国孟尝君出使秦国被秦昭王拘禁，孟尝君的一位食客装狗潜入宫中偷出狐白裘献给秦昭王的妃子，以求她向秦昭王说情释放孟尝君。由此可知，猎获三狐是一笔相当可观的收入，这笔收入可以“解决”大问题。猎户还从狐狸身上得到黄铜箭头，说明狐狸曾被别人射中过，却没有被别人逮到，而被自己逮到了，可见自己是多么幸运，因此“贞吉”。

爻辞原文：六三，负且乘，致寇至，贞吝。

说文解字：（1）负：背负。（2）乘：乘车。（3）寇：贼寇。

古文今译：坐在车上还把财物背着，导致贼寇来打劫，占卜得有麻烦之兆。

智慧锦囊：六三爻与第五卦需卦九三爻“需于泥，致寇至”有类似点。正常情况下，人上车之后就应该把所背负之物解下放到车上，坐在车上还不愿放下而宁愿负重，说明东西很贵重。周代的马车或牛车不同于现在四周密封的汽车，那时的车是敞开式的，车上人的一举一动都能被周围的人看见。在一车人中，劫道的贼寇首选的打劫对象就是这个背着值钱财物不放的人。六三爻的哲理启示我们，在旅途中有贵重财物在身时一定要注意自身行为举止的细节，切勿露财。

爻辞原文：九四，解而拇，朋至斯孚。

说文解字：（1）而：你。（2）拇：脚大拇指。（3）朋：朋友。（4）斯：连词，那么，就。

古文今译：放开你的手脚，朋友到了就会有收获。

智慧锦囊：放开手脚才能大展拳脚，联合朋友一起干，人多力量大，收获会更多。“朋至斯孚”从本质上讲是强调要干大事，就必须靠团队的力量，而不能靠个人单打独斗。

1999 年 2 月，马云将创始团队一共 18 人集结到杭州湖畔花园小区自家公寓内召开了阿里巴巴成立动员会，他们被称为阿里巴巴创业的“十八罗汉”。马云说：“今天我想把大家请过来，跟大家共同探讨以后至少五年十年我们要做的事情。那么阿里巴巴我们将做成什么样？”“如果说第一，我们把阿里巴巴定位就把它作为国际站点，我们不要把它定位是国内站点。第二个，我想就是我们要学会硅谷人的那种拼劲，如果我们是早上八点钟上班，五点钟下班，这个不是搞高科技，这个绝对不能使我们阿里巴巴成功。如果我们抱着反正八点上班五点下班的想法，OKAY，那赶紧去其他地方。”“如果我们是好的Team，好的团队，我们自己知道我们想做什么，我们想干些什么的时候，我相信我们是能以一当十的。”“凭着我们的精神，我们的意志，我们的创新概念，你有种拼劲才能去斗，否则的话，我们和他们有什么区别呢？”“就是往前冲，一直往前冲，所以团队精神是非常重要的。往前走的时候，失败了我们还有一个团队，我们还有这么一帮人互相支撑着。你有什么东西可恐惧？”

阿里巴巴“十八罗汉”共同创业的故事印证了九四爻的哲理。

爻辞原文：六五，君子维有解，吉，有孚于小人。

说文解字：（1）维：捆绑，束缚。

古文今译：君子的束缚被解开，吉，有所得来自于小人。

智慧锦囊：正所谓“龙游浅滩遭虾戏，虎落平阳被犬欺”，君子也难免有落难之时，而且有时候小人也能帮上君子的大忙。《史记·孟尝君列传》中记载有“鸡鸣狗盗”的故事是一个很好的例证。六五爻的哲理显示了《周易》的朴素辩证法。

《伊索寓言》中有一则“狮子与老鼠”的故事可以很好地诠释六五爻的哲理：

狮子睡着了，有只老鼠跳到了他身上。狮子猛然站起来，把他抓住，准备吃掉。老鼠请求饶命，并说如果保住性命，必将报恩，狮子轻蔑地笑了笑，便把他放走了。不久，狮子真的被老鼠救了性命。原来狮子被一个猎人抓获，并用绳索把他捆在一棵树上。老鼠听到了他的哀号，走过去咬断绳索，放走了狮子，并说：“你当时嘲笑我，不相信能得到我的报答，现在可清楚了，老鼠也能报恩。”

爻辞原文：上六，公用射隼于高墉之上，获之，无不利。

说文解字：（1）公：诸侯国的最高领导人，如齐桓公、晋文公、秦穆公等。（2）隼：一种猛禽，与鹰、雕类似。（3）墉：城墙。

古文今译：公站在高高的城墙之上射隼，猎获了它，没有什么不利。

智慧锦囊：“文治”和“武功”是衡量古代帝王、君主、诸侯治国能力的两条最重要标准。公能够站在城墙上射中飞翔的猛禽，说明他的箭法精准，武功高强。公射隼成功的事件传播开来能够让属下军心大振，让臣民受到鼓舞，有这样的领导人来统治国家，军事能力一定有保障，因此“无不利”。

损卦第四十一（下兑上艮）

卦辞原文：损：有孚，元吉，无咎，可贞，利有攸往。曷之用？二簋可用享。

说文解字：（1）曷：通“何”，什么？（2）簋：古代盛放食物的器皿。

古文今译：有所得，元吉，没有过失，可以占卜，利于有所往。用什么呢？用两个簋就可以做供奉。

智慧锦囊：损卦下泽上山，为泽中有山、山被泽中波浪侵蚀损毁之象。损卦与第二十三卦剥卦的卦象有类似点。“桂林山水甲天下”的自然景观就是“山泽损”的典型案例，象鼻山等各种奇形怪状的山体景观都是泽中之水长期冲刷的结果。全卦六爻中有五爻含“损”字，其中两爻为“损、益”对举出现，六五爻虽不含“损”字，却含有与“损”相反的“益”字。由此可见，损卦蕴含损、益可以相互转化的朴素辩证法。也就是说，“损”未必都是坏事。

老子在《道德经》第四十八章中说：“为学日益，为道日损，损之又损，以至于无为，无为而无不为。取天下常以无事，及其有事，不足以取天下。”损与益相互转化的关系与第十一卦泰卦中的“泰极否来”和第十二卦中的“否极泰来”所蕴含的哲理是一致的，因此，损卦卦辞中才会出现“有孚，元吉，无咎，可贞，利有攸往”这一连串正面的判语。“塞翁失马，焉知非福”的故事可以很好地诠释损卦的哲理。

“曷之用？二簋可用享”，意在强调供奉者的虔诚心态比供奉的物品更重要。《圣经》路加福音中记载了一个穷寡妇奉献两个小钱的故事：“耶稣抬头观看，见财主把捐项投在库里，又见一个穷寡妇，投了两个小钱，就说：‘我实在告诉你们，这穷寡妇所投的比众人还多，因为众人都是自己有余，拿出来投在捐项里，但这寡妇是自己不足，把她一切养生的都投上了。’”路加福音中穷寡妇捐两个小钱的故事与“曷之用？二簋可用享”所蕴含的哲理是一致的。

爻辞原文：初九，已事遄往，无咎，酌损之。

说文解字：（1）遄：快速。（2）酌：酌情，经过衡量决定取舍。

古文今译：已经结束的事情就让它赶快过去，没有过失，酌情减损它。

智慧锦囊：过去的事情就让它赶快过去，不要让自己的时间和精力停留在过去，不要让过去成为你今天和未来前进路上的障碍。无论过去是成功还是失败，都不值得再留恋。应该把注意力和时间、精力放在当下的工作上面。佛家所提倡的“放下”、“活在当下”与初九爻的哲理是一致的。古希腊哲学家赫拉克利特的名言“人不能两次踏入同一条河流”说的也是同样的哲理。“酌损之”的哲理讲的是，在生活中或事业上，我们不能一味做加法，一定要学会做减法，学会放下该放下的一切。有时候，多就是少，少就是多。放下过去是为了更好地迎接未来，如果一味停留在过去，就很难有好的未来。

爻辞原文：九二，利贞，征凶，弗损益之。

说文解字：（1）弗：不，不要。

古文今译：占卜得有利之兆，出征是凶险的，不要减损也不要增益。

智慧锦囊：如果明知采取行动的结果是遭受损失，那就不要轻举妄动，不要出远门打猎、做生意，或征讨别国，采取“弗损益之”的决定是明智的选择。从句式上看，“利贞”和“征凶”放在“弗损益之”的前面，这种安排意在表明：如果不采取“损益”的行动，则“利”；如果采取“损益”的行动，则“凶”。《史记》中记载有“萧规曹随”

的故事，曹参在担任相国后对汉高祖刘邦与丞相萧何所制定的政策采取“弗损益之”的做法，印证了九二爻的哲理。

爻辞原文：六三，三人行，则损一人；一人行，则得其友。

古文今译：三人一起行路，则贬损其中一人；一人单独行路，则希望得到同伴。

智慧锦囊：看到六三爻，人们会马上想到孔子的名言：“三人行，必有我师焉。择其善者而从之，其不善者而改之。”“三人行，必有我师”是谦虚好学、低调好礼的圣贤作风，普通人很难有圣贤的君子风度。三人共同行路的过程中，两个合得来的人往往合伙欺负、贬损另一个人。一个人单独行路时，非常孤单、枯燥、无聊，自然而然就期望有人同行，很容易和别人搭伴搞好关系。六三爻说明一个哲理：人越多，往往团队精神越差。这不是对人德行的贬低，而是对人性的揭露。无论治国理政，还是企业管理，领导人率领团队的领导力都是非常重要的。

爻辞原文：六四，损其疾，使遄有喜，无咎。

古文今译：减损其疾病，抓紧治疗就会很快康复，没有过失。

智慧锦囊：“损”并不一定都是坏事，疾病等负面的东西“损”就是好事。治病要趁早，越早治疗好得越快，要避免小病拖成大病，甚至危及生命。《黄帝内经》中说：“是故圣人不治已病，治未病，不治已乱，治未乱，此之谓也。夫病已成而后药之，乱已成而后治之，譬犹渴而穿井，斗而铸锥，不亦晚乎。”“治未病”的理念与六四爻的哲理是一致的。《韩非子》中有“讳疾忌医”的故事，其中有一句话，“夫事之祸福亦有腠理之地，故曰：‘圣人早从事焉。’”其哲理与六四爻如出一辙。

爻辞原文：六五，或益之十朋之龟，弗克违，元吉。

说文解字：（1）十朋：形容巨大。（2）弗：不。（3）克：能够。（4）违：违背。

古文今译：有人献上十朋的巨大神龟，天命不可违，元吉。

智慧锦囊：六五爻说明，损卦中也会出现“益”的情况，“损”与“益”都不是绝对的、永恒不变的，而是相互转化的。六五爻体现了《周易》的朴素辩证法。《周易》认为，任何人得到神龟，都会时来运转，神龟带来的好运气挡都挡不住。详情请参见第四十二卦益卦六二爻："或益之十朋之龟，弗克违，永贞吉。王用享于帝，吉。"

爻辞原文：上九，弗损益之，无咎，贞吉，利有攸往，得臣无家。

古文今译：不要减损也不要增益，没有过失，占卜得吉兆，利于有所往，得到无家可归的臣仆。

智慧锦囊：上九爻的"弗损益之"与九二爻的"弗损益之"都是在局势不确定时采取观望态度。"无家"对于臣仆本人来说不是好事，是"损"，但对于主人来说反而是好事，是"益"，因为"无家"的臣仆会把主人家当作自己家，相对来说更容易有忠心，这也体现了"损"与"益"的相对论。

益卦第四十二（下震上巽）

卦辞原文：益：利有攸往，利涉大川。

古文今译：利于有所往，利于渡过大河。

智慧锦囊：益卦下雷上风，为电闪雷鸣、雷厉风行之象。比喻雷厉风行的工作作风或行事风格。有了雷厉风行的工作作风，当然"利有攸往，利涉大川"。

刘向在《说苑·敬慎》中记载：

> 孔子读易至于损益，则喟然而叹。子夏避席而问曰："夫子何为叹？"孔子曰："夫自损者益，自益者缺，吾是以叹也。"子夏曰："然则学者不可以益乎？"孔子曰："否，天之道成者，未尝得久也。夫学者以虚受之，故曰得。苟不知持满，则天下之善言不得入其耳矣。昔尧履天子之位，犹允恭以持之，虚静以待

下，故百载以逾盛，迄今而益章。昆吾自臧而满意，穷高而不衰，故当时而亏败，迄今而逾恶，是非损益之征与？吾故曰：谦也者，致恭以存其位者也。夫丰明而动故能大，苟大则亏矣。吾戒之，故曰：天下之善言不得入其耳矣。日中则昃，月盈则食，天地盈虚，与时消息，是以圣人不敢当盛。升舆而遇三人则下，二人则轼，调其盈虚，故能长久也。”子夏曰：“善，请终身诵之。”

孔子观于周庙而有敧器焉，孔子问守庙者曰：“此为何器？”对曰：“盖为右坐之器。”孔子曰：“吾闻右坐之器，满则覆，虚则敧，中则正，有之乎？”对曰：“然。”孔子使子路取水而试之，满则覆，中则正，虚则敧。孔子喟然叹曰：“呜呼！恶有满而不覆者哉！”子路曰：“敢问持满有道乎？”孔子曰：“持满之道，挹而损之。”子路曰：“损之有道乎？”孔子曰：“高而能下，满而能虚，富而能俭，贵而能卑，智而能愚，勇而能怯，辩而能讷，博而能浅，明而能闇，是谓损而不极，能行此道，唯至德者及之。易曰：‘不损而益之，故损；自损而终，故益。’”

全卦六爻中有三爻含“益”字，六爻皆与治国理政或王公大臣、各级官员的修心立德有关。在中国传统文化中，“雷厉风行”是王公大臣、各级官员在工作中应该具有的优良作风。

爻辞原文：初九，利用为大作，元吉，无咎。

说文解字：（1）作：作为。

古文今译：利于用此机会大有作为，元吉，没有过失。

智慧锦囊：雷厉风行的工作作风当然利于大有作为。政府和企业的领导干部要求真务实、讲老实话、办老实事、做老实人。坚持求真务实要讲实情、出实招、办实事、求实效。求实效，就是要求雷厉风行、狠抓落实，不抓则已、抓则必成，做出实实在在的业绩，不好大喜功、不做表面文章、不搞花架子。

爻辞原文：六二，或益之十朋之龟，弗克违，永贞吉。王用享于帝，吉。

说文解字：（1）十朋：形容巨大。（2）弗：不。（3）克：能够。（4）违：违背。（5）享：供奉，献礼，献祭。（6）帝：指先王。

古文今译：有人献上十朋的巨大神龟，天命不可违，占卜得永久吉兆。王向帝设献礼仪式，吉。

智慧锦囊：王得到十朋之龟后不独享，而把神龟作为给帝的献礼，此举为“吉”。晋代郭璞在《尔雅图赞·龟》中说：“天生神物，十朋之龟，或游于火，或游于蓍。”龟是古人用于占卜的神物，古人认为，龟越大其灵性越强，占卜结果也就越神。司马迁在《史记·龟策列传》中记载了“神龟托梦宋元君”的故事，对六二爻是非常好的诠释。

爻辞原文：六三，益之用凶事，无咎。有孚，中行，告公用圭。

说文解字：（1）告：帝王给臣子下达命令。（2）公：诸侯国的领导人，如齐桓公、晋文公、秦穆公等。（3）圭：用作凭信的玉圭。

古文今译：增益人力、物力、财力用于处理凶事，没有过失。有所得，走中间道路，帝王用玉圭作为凭信向公下达命令。

智慧锦囊：遇到吉事、好事时增加人力、物力、财力的投入是不言而喻的，然而遇到凶事、坏事时也要增加人力、物力、财力的投入却是许多人想不到的。六三爻的哲理启示我们，遇到凶险、困境时增加投入非常重要，如此做则会“化险为夷”而“无咎”。《周易》全文共有五处“中行”，体现了中国传统文化的“中庸之道”，详情请参见第十一卦泰卦九二爻的阐释。“玉圭”是古代的重要礼器，是重要的凭信象征，“告公用圭”表明帝王对公的信任与重视。

爻辞原文：六四，中行，告公从，利用为依迁国。

说文解字：（1）依：依靠，依托。（2）迁：迁徙。

古文今译：走中间道路，帝王向公下达命令让其作为随从，利于依托这个机会将其迁徙到别国。

智慧锦囊：六四爻与六三爻都强调“中行”，即“中庸之道”。“告公从，利用为依迁国”反映了周王控制诸侯的高超手段，即对诸侯动手之前，先把他们调虎离山，弄到自己身边控制起来。迁徙诸侯的封地是避免诸侯在一个地方长期经营、坐大进而威胁中央政权的有效方式。据《史记》记载，汉高祖刘邦就是用陈平之计，靠伪游云梦的办法下令韩信随从，将韩信调虎离山并借机控制了韩信，将其由楚王迁徙为淮阴侯。

爻辞原文：九五，有孚，惠心，勿问元吉。有孚，惠我德。

说文解字：（1）惠：惠及，施惠。

古文今译：有所得，惠及内心，不用问肯定是元吉。有所得，惠及我的品德。

智慧锦囊：九五爻表明，不仅物质上的所得很重要，内心和品德上的所得同样很重要。换成今天的话语来说，就是要一手抓物质文明，一手抓精神文明，物质文明和精神文明，两手都要抓，两手都要硬。

任正非2017年4月在华为道德遵从委员会第二次代表大会上演讲说："各级民主生活会，要坚持，多沟通，一杯咖啡吸收宇宙能量，和谐的氛围、正的能量就一直会在公司上升。""公司前三十年，以获取分享制为基础的物质文明，促进了精神文明，使绝大多数骨干脱离了贫困。在此基础上，我们不可能以不断增加物质满足的方式来牵引，因为做不到，钱从哪儿来？""物质激励的边际效用是递减的，使命和责任感牵引的动力是持久的，不断强化的。"

任正非的观点印证了九五爻"惠心"、"惠德"的哲理。

爻辞原文：上儿，莫益之，或击之，立心勿恒，凶。

说文解字：（1）莫：不。（2）恒：恒久。

古文今译：不去增益它，甚或攻击它，树立信心或决心不能持之以恒，凶。

智慧锦囊：在治国理政的过程中，帝王与国内各诸侯国之间的关系，以及与本国周边异族国家、部落之间的关系，要增益它们的利益，并保持恒常的状态，这就要求君王秉持恒常的政策。如果对它们不进行增益，反而减损甚或攻击它们的利益，那么就会引起动乱、战争，因此"凶"。在商场上，企业与上下游供应链各商家的关系、企业家与手下高管之间的关系都要遵循上九爻的哲理，否则就会"凶"。

明太祖朱元璋的孙子建文帝朱允炆在即位之初、根基未稳之际就对当藩王的叔叔们进行"莫益之，或击之"的大肆"削藩"行动，是建文帝自取灭亡的主要原因。1370年以后，明太祖朱元璋陆续分封了他年长的九个儿子（其中包括朱棣），王位世袭。这些藩王都是用来作为抗击蒙古侵略和镇压叛乱的支柱。王子们都享有巨额年俸和广泛的特权，他们每人都节制三支辅助部队，其人数在3000到15000之间。1398年末，年仅 21 岁的朱允炆（1377 年出生）在即位之初的几个月中，就在身边心腹大臣的建议下开始考虑如何增强自己的权力并且同时削弱当藩王的叔叔们的权力，而他们采取的办法就是“削藩”。欲加之罪，何患无辞？最先倒霉的就是那些规模较小、实力较弱的藩王。周王朱橚是第一个倒台的，接着代王朱桂、湘王朱柏、齐王朱榑以及岷王朱楩也相继垮台。在五个藩王于一年之内接连被废之后，燕王朱棣便成了下一个目标。1399 年 8 月，不甘灭亡的燕王朱棣誓师抗命，打着“清君侧”旗号起兵“靖难”，史称“靖难之役”。朝廷和燕王之间开始了一场血腥的、持续三年的军事对峙。在叛乱开始的时期，燕王尚不占兵力上的优势。他的军队只有十万人，除了他的封地北京之外也没能够控制任何其他领土。南京的建文朝廷有一支三倍于燕王军队的常备军，拥有全国的财政支持，并且已经废除了几个藩国。但燕王的领导能力、高素质的军队却非朱允炆可比。随着战争时间的延长，朝廷指挥不当、兵力孱弱、内部松懈的缺点严重影响了战局。直至节节败退，许多将领投降了燕王。建文四年六月，朱棣的燕军渡江直逼南京城下，谷王朱橞与曹国公李景隆开金川门迎降，京师遂破。

朱允炆不仅没有继承爷爷朱元璋制定的藩王政策，而且在刚登帝位、根基未稳之际就废除爷爷的政策进行强力削藩，最终自取灭亡。建文帝不仅违反了爷爷朱元璋的既定政策，而且也违背了上九爻的哲理，焉有不败之理！

夬卦第四十三（下乾上兑）

卦辞原文：夬：扬于王庭，孚号，有厉，告自邑，不利即戎，利有攸往。

说文解字：（1）夬：决裂，决断，断裂。（2）扬：扬名。（3）王庭：君王的朝堂。（4）号：号令。（5）告：君王下达命令。（6）邑：国都。（7）即戎：用兵。

古文今译：扬名于君王的朝堂，获得号令，有危险，命令自国都下达，不利于动用兵戎，利于有所往。

智慧锦囊：夬卦下天上泽，为江河湖海波涛汹涌、巨浪滔天之象。夬卦卦象关联到“雄壮”、“坚强”、“刚猛”等比喻义。泽中之水，本是柔弱之物，风平浪静是祥和之态，而波浪滔天、洪水肆虐则是水灾泛滥之态。诸侯国如果以富强兴盛、兵强马壮、勇猛善战扬名于君王的朝堂，就与波浪滔天有相似性，那么君王就会对其忌惮，就会发号施令命其参战，让其在战争中消耗实力，因此“有厉”、“不利即戎”。与“即戎”不同，“利有攸往”是通过和平手段与外界平等交往、贸易往来。

爻辞原文：初九，壮于前趾，往不胜为咎。

说文解字：（1）趾：脚。

古文今译：前脚掌强壮，前往却不能胜任则成为过失。

智慧锦囊：初九爻与第三十四卦大壮卦初九爻“壮于趾，征凶，有孚”类似。无论用兵打仗，还是经商做生意，智慧的头脑都比强壮的体力更重要。“四肢发达、头脑简单”的人是不能担当大任的。汉高祖刘邦与楚霸王项羽相比，既不够强壮，也不够勇猛，然而刘邦最终彻底打败项羽，开辟了大汉王朝的基业。世界历史上著名的军事家、法国皇帝拿破仑是一个身体不算强壮的小个子，然而他却能够统领千军万马所向披靡。初九爻的哲理启示我们，体力固然重要，但智慧更重要。

《道德经》第五十五章中说：“物壮则老，谓之不道，不道早已。”《道德经》第七十六章中说：“人之生也柔弱，其死也坚强。万物草木之生也柔脆，其死也枯槁。故坚强者死之徒，柔弱者生之徒。兵强则灭，木强则折。坚强处下，柔弱处上。”《道德经》第七十八章中说：“天下莫柔弱于水，而攻坚强者莫之能胜，以其无以易之。弱之胜强，柔之胜刚。天下莫不知，莫能行。”

刘向在《说苑·敬慎》中记载：

常摐有疾，老子往问焉，曰：“先生疾甚矣，无遗教可以语诸弟子者乎？”常摐曰：“子虽不问，吾将语子。”常摐曰：“过故乡而下车，子知之乎？”老子曰：“过故乡而下车，非谓其不忘故耶？”常摐曰：“嘻，是已。”常摐曰：“过乔木而趋，子知之乎？”老子曰：“过乔木而趋，非谓其敬老耶？”常摐曰：“嘻，是已。”张其口而示老子曰：“吾舌存乎？”老子曰：“然。”“吾齿存乎？”老子曰：“亡。”常摐曰：“子知之乎？”老子曰：“夫舌之存也，岂非以其柔耶？齿之亡也，岂非以其刚耶？”常摐曰：“嘻，是已。天下之事已尽矣，无以复语子哉！”

以上圣贤的哲理有助于我们更好地理解“强壮”或“刚强”与“柔弱”的关系。

爻辞原文：九二，惕号，莫夜有戎，勿恤。

说文解字：（1）惕：警惕。（2）莫：通“暮”，夜晚。（3）恤：担忧。

古文今译：警惕号令，夜晚有军队卫戍，不必担忧。

智慧锦囊：号令对于军队指挥至关重要，各级军官既要接受上级下达的号令，又要对下属发号施令，为了保持作战信息高度畅通，必须保持警惕。在保持号令畅通的前提下，夜晚要派军队加强卫戍以防敌军偷袭，如此则“勿恤”。需要指出的是，白天“有戎”容易发现和应对，而“莫夜有戎”则难于发现和应对，很容易被打个措手不及，因此更应该提高警惕。九二爻的哲理启示我们，要居安思危，特别要防范暗处的、出其不意的风险。

爻辞原文：九三，壮于頄，有凶，君子夬夬，独行遇雨，若濡，有愠，无咎。

说文解字：（1）頄：面颊。（2）濡：湿。（3）愠：暗自恼恨。

古文今译：强壮表现在脸上，有凶险，君子因刚强与他人决裂，独自行路遇到下雨，如果淋湿了，暗自恼恨，没有过失。

智慧锦囊：《三国演义》第二十一回“曹操煮酒论英雄”的故事中，曹操说：“袁绍色厉胆薄，好谋无断，干大事而惜生，见小利而忘命，非英雄也。”曹操口中的袁绍就是“壮于頄”的人。《三国志》中描写刘备“喜怒不形于色，好交结豪侠，年少争附之”。“喜怒不形于色”是优秀领导者的必备素质。“壮于頄”与“喜怒不形于色”正相反，是“喜怒形于色”，因此“有凶”。刘向《说苑·敬慎》中记载：桓公曰：“金刚则折，革刚则裂，人君刚则国家灭，人臣刚则交友绝。夫刚则不和，不和则不可用。是故四马不和，取道不长；父子不和，其世破亡；兄弟不和，不能久同；夫妻不和，家室大凶。易曰：‘二人同心，其利断金。’由不刚也。”“君子夬夬”就是上文中的“人臣刚则交友绝”，从而造成没有朋友同行而“独行”，遇到下雨天也没有人相帮而被淋成落汤鸡，这种遭遇让君子“有愠”，对自己的错误幡然醒悟，从此改过自新，从而“无咎”。九三爻的哲理启示我们，君子不能色厉内荏、一味强硬，而要内外兼修、刚柔并济，还要有团队精神、合作意识，对于类似“雨”的各种风险，要善于躲避，而不是逞能冒雨，导致遭受不必要的损失。

爻辞原文：九四，臀无肤，其行次且，牵羊，悔亡，闻言不信。

说文解字：（1）次且：走路趔趄。

古文今译：臀部皮肤没有了，走路趔趔趄趄，牵着羊，悔恨消失，听到别人的话但是不相信。

智慧锦囊：我们首先要问：“臀无肤”是因何导致的？因为任何人都不会无缘无故地“臀无肤”。根据爻辞，我们可以推测，是抓羊过程中摔倒导致了此人“臀无肤”。山羊在山坡上窜上窜下很不好抓，此人为了抓羊多次滑倒在地，导致臀部皮肤磨破，但是最终还是达到了“牵羊”的目的，还算没有白摔倒，因而此人“悔亡”。“闻言不信”说明在此人抓羊的过程中，有人劝告他不要在陡坡上追赶羊、抓羊，为了抓一只羊受伤不值得，但是此人“牵羊”之后更加自以为是，更听不进别人的好心劝告了。“闻言不信”而“牵羊”者只是仰仗蛮力的匹夫之勇，与第三十四卦大壮卦九三爻中的“小人用壮，君子用罔，贞厉”是类似的哲理。九四爻的哲理启示我们，君子行事不能依靠蛮力，而应该凭借智慧。闻言不信是愚者的行为，智者应该善于察纳雅言。

爻辞原文：九五，苋陆夬夬，中行，无咎。

说文解字：（1）苋陆：即商陆，多年生草本植物，植株茂盛，叶卵形而大，夏季开红紫或白色小花，入秋结实，实小多肉，呈赤黑色，其根可供药用。

古文今译：苋陆刚而易折，走中间道路，没有过失。

智慧锦囊：苋陆这种植物因为刚强而容易折断，君子不应该像苋陆那样，而应该刚柔相济走中间道路，即遵从“中庸之道”而行事，如此则“无咎”。参照九三爻能更好理解此爻哲理。

爻辞原文：上六，无号，终有凶。

古文今译：没有号令，最终会有凶事。

智慧锦囊：有来自君王的号令，则是出师有名，君王会调兵遣将支持自己的行动。没有君王的号令，则是擅自行动，不但不会受到君王的支持，而且会受到君王的惩罚，因此“终有凶”。

姤卦第四十四（下巽上乾）

卦辞原文：姤：女壮，勿用取女。

说文解字：（1）姤：遇。（2）壮：强壮，强势。（3）取：娶。

古文今译：女方强势，切勿娶这种女人。

智慧锦囊：姤卦下风上天，为风在低空运行之象。风在春、夏、秋、冬四个季节的风力、风向、温度差别很大，受不同季节风的影响，大自然中四季的风景也千差万别，人类对四季之风的感受也迥然不同。大自然遇到四季不同的风，都会产生巨大的变化，那么男人遇到不同“风格”的女人，也会过上截然不同的生活。如果用风来比喻“女壮”者，最贴切的应该是“冬风”、“北风”。因此，“女壮”不仅指身体强壮，还比喻女子性格强势，欺凌男人。在中国传统文化中，女子不仅身体柔弱，性格也应该柔弱，如果女子一反常态，性格强势，则对男人极为不利。西汉的吕后、唐朝的武则天、清朝的慈禧太后都可谓典型的“女壮”之人。全卦六爻都与各种场景的“遇”相关。

爻辞原文：初六，系于金柅，贞吉。有攸往，见凶，羸豕孚，蹢躅。

说文解字：（1）金柅：金属的刹车器。（2）羸：缠绕。（3）豕：猪。（4）蹢躅：原地打转。

古文今译：牢握金属刹车器的连线，占卜得吉兆。有所往，遇见凶险，受缠绕的猪被抓获，拼命挣扎。

智慧锦囊：尽管古代车辆与现代车辆结构差别很大，但是三个最重要的元素是共同的：一，动力；二，方向；三，速度。现代车辆以汽油、柴油、电力等为动力，古代车辆以马或牛为动力。现代车辆有方向盘，古代车辆掌握方向靠驾辕。无论古今，车跑得“像风一样快”未必是好事，因为速度越快危险越大。古人驾车遇到下坡或紧急情况，驾辕人除了要“勒马”，还要止车，否则如果马放慢了速度，而车不同步放慢的话，车向前冲的惯性动力会导致翻车事故。“系于金柅，贞吉”说明刹车对于安全驾车至关重要，这一哲理可以比喻到治国理政和商业经营领域。

“有攸往，见凶”，那么“凶”从何来呢？答案是“羸豕孚，蹢躅”。“有攸往”去打猎，俘获一头猪，这是一个不小的收获，但是猪拼命挣扎，而且猪的分量很重，靠一个人的力量很难把猪制服并搬运到车上。如果强行制服并搬运这头猪，人就很可能受伤，这就是“见凶”。这条哲理启示我们，有了收获未必是好事，如果自己力有不逮，无法把控这一收获，就不要冒险，也就是说，遇到自己无法掌控的收获，不要被贪欲牵着走，而要懂得刹车。

爻辞原文：九二，包有鱼，无咎，不利宾。

说文解字：（1）包：包围。（2）宾：做客。

古文今译：包围圈里有鱼，没有过失，不利于外出做客。

智慧锦囊：无论古今，把大网拉成包围圈捕鱼都是常用的捕鱼方式。如果网不是太大，几个人就可以拖动。古人用渔网围捕鱼，是否有收获，有多少收获，纯粹是靠机遇、碰运气，因为水里到底有没有鱼，有什么品种的鱼，有大鱼还是小鱼，拉网的人是不知道的，只能遇到什么鱼就是什么鱼。“包有鱼”说明围捕的结果是有鱼，当然“无咎”。既然“包有鱼”，那就该抓住机遇在家捕鱼，不利于外出做客，因为外出做客一方面吃人家的、用人家的、欠人家的，另一方面耗费时间，耽误了自己捕鱼的良机。

爻辞原文：九三，臀无肤，其行次且，厉，无大咎。

古文今译：臀部皮肤没有了，走路趔趔趄趄，有危险，没有大的过失。

智慧锦囊：九三爻与第四十三卦夬卦九四爻“臀无肤，其行次且，牵羊，悔亡，闻言不信”有类似。那么九三爻“臀无肤”的原因是什么呢？联系本卦九二爻和九四爻来看，“臀无肤”是在拉网围捕鱼的过程中摔倒造成的。古人渔猎的工具比较原始，需要耗费大量体力，渔猎过程中遭遇一些皮肉之苦也是在所难免的，但是“臀无肤”的代价还是有些大。九三爻的哲理启示我们，在追求所得的过程中要注意自身安全。

爻辞原文：九四，包无鱼，起凶。

说文解字：（1）起：出现，产生。

古文今译：包围圈里没有鱼，将产生凶事。

智慧锦囊：九四爻的“包无鱼”与九二爻的“包有鱼”相对应。“包无鱼”最可能的原因就是湖泊里没有鱼，湖泊里没有鱼最可能的原因就是捕捞过度或者“竭泽而渔”。《淮南子·主术训》中说：“先王之法……不涸泽而渔，不焚林而猎。”九四爻反映了《周易》朴素的可持续发展理念，认为“竭泽而渔”是凶险的事情。

爻辞原文：九五，以杞包瓜，含章，有陨自天。

说文解字：（1）杞：枸杞。（2）章：文章。（3）陨：从高空坠落。

古文今译：用枸杞叶包瓜是包不住的，腹有诗书文章的才华也是遮不住的，机遇终有一天会从天而降。

智慧锦囊：九五爻用“以杞包瓜”来比喻“含章”，指出一个人的才华是遮不住的。苏轼《和董传留别》中的诗句“粗缯大布裹生涯，腹有诗书气自华”就道出了九五爻的哲理。九五爻的哲理启示我们，向外求不如向内求，只要自己有卓越的才华，机遇自然而然就会到来。

任正非在华为内部讲话说：“干部需要具备的三方面能力：成功的决断力、正确的执行力、准确的理解力。仅具备准确的理解力，适合在机关做干部。具备正确执行力，可以做个部门的副职。具备成功决断力的干部可以做部门一把手。第四种是人际能力，我们选拔干部主要是这四种能力标准。理解力就是说，一个干部，他都听不懂你在讲什么，那怎么去执行？怎么能做好呢？要加强中层干部的执行力，高级干部要有决断力。”“高级干部与低级干部的素质要求很不一样，高级管理者要求素质很高，低级干部要求绩效很高，管理干部的综合素质适当要求高一点。评价一个人，提拔一个人，不能仅仅看素质这软标准，还要客观地看绩效和结果。在有结果的情况下，再看你怎么做的，关键行为中是否表现出你有高素质。”“企业不是神仙，不可能时时、事事做到公平，所谓的绝对公平是做不到的。只要企业的领导人，是为了企业的目标真诚奋斗，这次对您不公平，下次也许就纠正过来了，也许几次不公平，终有一次是公平的，你是金子总会发光的。”

任正非所说的干部需要具备四种能力就是九五爻的“含章”，“你是金子总会发光的”就是“以杞包瓜”，“这次对您不公平，下次也许就纠正过来了，也许几次不公平，终有一次是公平的”就是“有陨自天”。

爻辞原文：上九，姤其角，吝，无咎。

说文解字：（1）角：牛、羊等动物的角。

古文今译：遇到牛、羊等猎物用角来顶撞，有麻烦，没有过失。

智慧锦囊：牛、羊等猎物的角是坚硬锋利的，牛、羊在被围猎的过程中用角来顶撞猎人，当然“吝”，但是猎人不应该与牛、羊比较蛮力，而要靠技巧制服牛、羊，如此则“无咎”。上九爻中的“姤其角”与第三十五卦晋卦上九爻中的“晋其角”有类似。上九爻的哲理启示我们两点：首先，在面对蛮力时不要以蛮治蛮、硬性对抗，而要运用智慧和技巧应对蛮力；其次，在人生奋斗的道路上不能像牛羊那样蛮干，而应该靠头脑、靠智慧取胜。

任正非在华为内部讲话说：“选拔干部第一选的就是干劲。其次，干也不是蛮干，真正的将军不仅能冲锋陷阵，更能坐镇指挥，毕竟当你手下有几百人、几千人，甚至几万人、几十万人之后，你的任务已经发生变化，你要做的不是自己如何打仗，而是自己如何带领队伍打胜仗。因此，华为要求干部要有方法论，有过成功的战斗经验。”

任正非选拔干部的标准印证了上九爻的哲理。

䷬

萃卦第四十五（下坤上兑）

卦辞原文：萃：亨，王假有庙，利见大人。**亨，利贞，用大牲，吉，利有攸往**。

说文解字：（1）萃：荟萃，聚集。（2）假：至，到。（3）大牲：大的牲口，即用于祭祀的全牛。

古文今译：亨通，君王驾临宗庙进行祭祀，见大人有利。亨通，占卜得有利之兆，用全牛做祭品，吉，利于有所往。

智慧锦囊：萃卦下地上泽，为湖泊水草丰茂、引来成群的鸟兽聚集觅食之象。百草丰茂、鸟兽云集的景象最常出现在春、夏、秋三个季节，实际上是湖泊周边区域形成了一个庞大的食物链体系。处于食物链顶端的人类当然要把握时机，趁着鸟兽云集的机会进行围猎活动，此时肯定会收获不菲。当全民丰收的时节，君王会到宗庙祭祀，感谢上天和祖宗的福佑，而百姓也会用牛这种大牲来进行丰盛的祭祀活动。猎物收获颇丰的情况下，当然是“亨，利贞”、“吉，利有攸往”。全卦六爻中有三爻含“萃”字，均为“萃”的比喻用法。

爻辞原文：初六，有孚，不终乃乱，乃萃若号，一握为笑，勿恤，往无咎。

说文解字：（1）乱：混乱。（2）号：号令。（3）恤：担忧，忧虑。

古文今译：有所得，事情还没结束却发生了混乱，接着又像得到号令一样集合起来，众人握手言欢，不必担忧，前往没有过失。

智慧锦囊：“萃”意味着团队的集结，一个团队要集体行动去完成任务就需要有高明的领导者、指挥者。“萃”卦中有“泽”，“泽”是动物汇聚之地。一群人合作在湖泊边捕猎鸟兽，有了所得，却在围猎活动结束前发生了混乱，很可能是有人不听指挥、自作主张，也可能是已经捕捉的猎物逃窜掉了，众人因而乱作一团，但是一群人毕竟有共同的利益，而且也有领头人负责指挥整体的捕猎行动，所以在短暂的混乱之后，众人又重新汇聚起来，就像是军队得到号令集合一样，大家又握手言欢，继续合力打猎，在这种情况下，就会“勿恤，往无咎”。初六爻强调的是团队协作中优秀领导者的重要性。

爻辞原文：六二，引，吉，无咎，孚乃利用禴。

说文解字：（1）引：指引。（2）禴：薄祭。

古文今译：有人指引，吉，没有过失，有了所得就进行薄祭是有利的。

智慧锦囊：“萃”意味着团队的集结，团队要有领头人来“指引”、“引导”，团队在优秀领导人的带领下更容易达成目标、取得收获，所以“吉，无咎”。有了所得就进行薄祭，是对上天和祖宗有感恩之心的表示，这种感恩之心也是一个人持续成功的道德基础。

爻辞原文：六三，萃如嗟如，无攸利，往无咎，小吝。

说文解字：（1）嗟：抱怨，叹息。

古文今译：聚集在一起抱怨哀叹，没有任何好处，前往没有过失，有小麻烦。

智慧锦囊：人们聚集在一块不干正事，而是在一起长吁短叹、怨天尤人，这种负能量显然没有任何好处。与其在一起哀哀怨怨，还不如离家出门去打猎或做买卖，即使有“小吝”，也会“无咎”。

任正非在2017年8月对华为新员工的寄语中说：“华为以前的传统就是‘喜群居、吃杂食’，一群人互相交流，互相提高，少一点埋怨。如果我们把埋怨的能量用来刨地，相信收获成果时就不会有埋怨，工资涨了，机会也来了。心声社区是开放的，所有批评我们的帖子都不会删减，而且保护发帖人的隐私。如果你们骂完以后，心里舒服了，不得忧郁症，我们也算是做了贡献。但是，简单的点赞没有必要，没理由的攻击不可取，特别是人身攻击更不可取。我们也能够区分心声社区上的建设性意见，从中吸取合理的营养。”

任正非的观点印证了六三爻的哲理。

爻辞原文：九四，大吉，无咎。

古文今译：大吉，没有过失。

智慧锦囊：承接六三爻，人们能停止做负能量的群集嗟叹之事，而去干正事，就会发展到“大吉，无咎”的好局面。

爻辞原文：九五，萃有位，无咎，匪孚，元永贞，悔亡。

说文解字：（1）位：地位，职位。（2）匪：通“非”，不是。

古文今译：众人聚集起来争夺某个位子，没有过失，不是所得，要坚持以长远的占卜为大的原则，悔恨消失。

智慧锦囊：猎物会吸引众人去围猎，地位或职位也会吸引众人去争夺。地位或职位就像是猎物，这是一个普遍的比喻。《史记》中蒯通对韩信说：“秦之纲绝而维弛，山东大扰，异姓并起，英俊乌集。秦失其鹿，天下共逐之，于是高材疾足者先得焉。”蒯通所说的现象就是“萃有位”，不过那个“位”是“帝位”。现实生活中，村长、乡长也是“位”，科研人员的职称也是“位”，企业里的经理、总经理也是“位”，各种“位”都是与利益挂钩的，因此就会引来群体的竞争，与众人围猎有极高的相似性。九五爻对众人争夺职位的评价是“无咎”，即情有可原、无可厚非，但是“匪孚”的判语说明，即使得到了那个位子也未必是真“得”，这就是辩证思维的观点。“元永贞”就是不能从眼前的现象判断事情的好坏，而是要以长远的眼光看问题，如果从长远的角度看是元、是大、是好，那才是真的元、真的大、真的好。只有坚持以“元永贞”的原则来看待“位”，才会“悔亡”。

爻辞原文：上六，赍咨涕洟，无咎。

说文解字：（1）赍：携带，怀着。（2）咨：咨询，议事，建议。（3）涕：眼泪。（4）洟：鼻涕。

古文今译：怀揣建议，涕泪交流，没有过失。

智慧锦囊：“赍咨”是臣子到朝廷议事、奏本，提出咨询、建议，“涕洟”是人类内心感情的流露。《中庸》中说：“喜怒哀乐之未发，谓之中；发而皆中节，谓之和。”臣子“涕洟”是对君王忠心直谏的表现。诸葛亮在给后主刘禅的《出师表》中建议刘禅：“诚宜开张圣听，以光先帝遗德，恢弘志士之气，不宜妄自菲薄，引喻失义，以塞忠谏之路也。”“陛下亦宜自谋，以咨诹善道，察纳雅言，深追先帝遗诏，臣不胜受恩感激。”“今当远离，临表涕零，不知所言。”诸葛亮在《出师表》文末所说的“临表涕零，不知所言”就是上六爻的“赍咨涕洟”。上六爻提出，“赍咨涕洟”是为人臣的本分，是“无咎”的行为，而英明的君王也不应该对臣下因言治罪。中国传统文化认为，英明的君王应该“开张圣听”、“咨诹善道”、“察纳雅言”、广开“忠谏之路”。唐太宗李世民就是以善于纳谏著称的英明君主，而魏征也成为历史上忠言直谏的典型。唐太宗在位期间开创了史称“贞观之治”的盛世局面，这种成就与唐太宗广开言路、虚心纳谏有直接关系。《左传》中“蹇叔哭师”的故事也是一个“赍咨涕洟”的著名案例。

升卦第四十六（下巽上坤）

卦辞原文：升：元亨，用见大人，勿恤，南征吉。

说文解字：（1）恤：担忧，忧虑。

古文今译：大为亨通，采取见大人的行动，不必担忧，向南方出征吉。

智慧锦囊：升卦下风上地，为风吹地面、尘土飞扬、微尘上升之象。全卦六爻中有四爻含“升”字，都是指官职的升迁。官职升迁从总体上来说，当然是“元亨”。“用见大人”，寻求在晋升中得到大人帮助，请求大人指点迷津，因此“勿恤”。《周易》中所有对方位的评判都是“利西南，不利东北”，比如，第二卦坤卦卦辞中有“利西南得朋，东北丧朋”，第三十九卦蹇卦卦辞中有“利西南，不利东北”，第四十卦解卦卦辞中有“利西南”，升卦卦辞中的“南征吉”也不例外，对其认知根源的详细阐释请参见坤卦。

爻辞原文：初六，允升，大吉。

说文解字：（1）允：允许，认可。

古文今译：得到认可而升迁，大吉。

智慧锦囊：得到认可既包括得到上级领导乃至君王的认可，也包括得到下属及群众的认可，正所谓“金杯银杯不如老百姓的口碑”。清康熙年间，河南内乡县衙有副对联：“得一官不荣，失一官不辱，勿道一官无用，地方全靠一官；穿百姓之衣，吃百姓之饭，莫以百姓可欺，自己也是百姓。”说的也是同样的意思。初六爻与第三十五卦晋卦六三爻“众允，悔亡”意义类似。

爻辞原文：九二，孚乃利用禴，无咎。

说文解字：（1）禴：薄祭。

古文今译：有了所得就进行薄祭是有利的，没有过失。

智慧锦囊：获得升迁、得到更高的职位是一种所得。得到升迁后应该举行简朴的祭祀仪式以感谢上天和祖宗的福佑，因此“无咎”。第四十五卦萃卦六二爻“引，吉，无咎，孚乃利用禴”也含“孚乃利用禴”。“孚乃利用禴”从本质上讲表明了人对天地、祖宗的感恩之心。对企业来说，“孚乃利用禴”就是“分红”，就是回报股东、员工和社会。

2018年是格力电器上市的第23个年头，自1996年上市后，格力电器共分红19次，截至2017年，格力电器累计实现净利润1076.14亿元，累计现金分红417.92亿元，分红率达39%。

爻辞原文：九三，升虚邑。

说文解字：（1）虚：与实相对，空虚。（2）邑：小国，城池。

古文今译：升迁到实力空虚的城邑。

智慧锦囊：“升虚邑”从本质上讲是明升暗降。“升虚邑”是古代帝王统御诸侯和大臣的重要政治手段。《续资治通鉴》中记载的“杯酒释兵权”的故事就是宋太祖赵匡胤对手握兵权的大将们采取“升虚邑”的手段剥夺其实权的典型案例。

爻辞原文：六四，王用亨于岐山，吉，无咎。

说文解字：（1）亨：通“享”，用祭品供奉上天、鬼神或祖先。（2）岐山：位于陕西省关中平原西部，是西周文化的发源地。

古文今译：君王在岐山举行献祭仪式，吉，没有过失。

智慧锦囊：孔子“登东山而小鲁、登泰山而小天下”，登山除了表达现实意义的“升高”，还比喻眼界、心胸、事业、职位等的“升高”。在没有航天技术的古代，登山是人类与天接近的最佳方式。岐山周边区域是周文化的发源地，周国的君王在岐山举行献祭仪式除了对上天和祖宗进行感恩，同时也是为了祈求上天和祖宗福佑提升本国的国力、提升百姓的生活品质。秦始皇、汉武帝、唐高宗、唐玄宗、宋真宗等帝王到五岳之首泰山封禅与“王用亨于岐山”有异曲同工之妙。

爻辞原文：六五，贞吉，升阶。

说文解字：（1）阶：台阶。

古文今译：占卜得吉兆，上升如有台阶可拾阶而上。

智慧锦囊：人生有如登山，无论仕途，还是商道，向上爬都不容易，但是如果山道上铺好了台阶，向上爬就容易多了。比如，泰山“十八盘”就是向南天门攀爬的铺好石阶的山道。尽管攀爬泰山“十八盘”也非常不容易，但是相比没有台阶，已经容易多了。“升阶”比喻仕途或商道进入比较顺利、有序的上升通道。

爻辞原文：上六，冥升，利于不息之贞。

说文解字：（1）冥：暗昧，暗地，不为人知。（2）息：停止。

古文今译：暗地里不为人知地上升，自强不息的前提下占卜得有利之兆。

智慧锦囊：“天行健，君子以自强不息”，君子“自强不息”的过程往往是不为人知的。鲁迅先生有句名言：“哪里有天才，我是把别人喝咖啡的时间都用在写作上了。”

郭德纲在谈及自己被认为是“一夜成名”的话题时说：“都说我郭德纲是一夜成名，但谁看到我一夜成名前十几年都是黑夜了？没人看到！这十多年的黑夜只有我自己知道，所以我不是一夜成名。机遇总是会有的，问题是机遇什么时候来，什么人能把握住？而成名后最重要的是，天亮时，你将以什么样的心态被晒在阳光下。”郭德纲成名之前在北京和天津“跑堂”，作为一个草根艺人，为了得到一次表演机会，郭德纲可以在戏园子门口等上两天两夜。为了登台表演，他不惜借钱请人吃炸酱面。为了参加一次相声演出，郭德纲借了邻居一辆自行车骑了40公里，结果表演结束后车坏在路上，他硬是推着车，借着月光，走回家，回家后郭德纲大哭一场。那些年郭德纲没有固定的收入来源，也没有一家戏园子肯收留他，只好去帮别人配音、做后期、写剧本，还去电影厂门口跑过龙套。

总之，正如爱因斯坦所说：“机遇只偏爱有准备的头脑。”而成功者前期的辛苦往往是别人看不见的，也是不必让别人看见的。

困卦第四十七（下坎上兑）

卦辞原文：困：亨，贞大人吉，无咎，有言不信。

古文今译：亨通，大人占卜得吉兆，没有过失，说出的话别人不信。

智慧锦囊：困卦下水上泽，为湖泊之下仍有深水之象。成语“水深火热”形容人所处的困境，而困卦的卦象就是“水深”之象。“泽水困”状态可以比喻人生的各种困境。常言道：“天无绝人之路。”困境并不一定是死路一条，没有志气的“小人”可能遇到困境就彻底放弃了，而志存高远的“大人”却不会放弃，因此“亨，贞大人吉，无咎”。

困卦卦辞中的“有言不信”与第四十三卦夬卦九四爻中的“闻言不信”不同。“有言不信”是自己说出的话别人不信，“闻言不信”是听到别人的话自己不信。司马迁在《报任安书》中的感叹“然此可为智者道，难为俗人言也”，就是“有言不信”。身处困境之中的人自身难保、人微言轻，俗人听了他的话而不信是难免的，能够有辨别力的只有智者。对于司马迁来说，任安就是一个可以说心里话的知己、智者。

困卦六爻皆含“困”字，从初六爻到上六爻依次描绘了从个人读书修身、到学成为官、到娶妻成家、到成为高官后讲排场、到官位成为负累、到受攀附自己的各种关系之困等人生不同发展阶段可能遭遇的不同类型的困境。

孔子说：“生而知之者上也，学而知之者次也，困而学之又其次也，困而不学，民斯为下矣！”我们应该深刻领悟孔子的教诲，识别困卦的逻辑，避免自己陷入各种类型的困境。

爻辞原文：初六，臀困于株木，入于幽谷，三岁不觌。

说文解字：（1）株木：木桩。（2）幽谷：幽深的山谷。（3）觌：露面，显现。

古文今译：受终日坐在木桩上之困，在幽深的山谷内修行，三年不出山见人。

智慧锦囊：“臀困于株木”描写的是学者刻苦用功、坐冷板凳、读圣贤书的境遇。为了能专心修行、做学问，“入于幽谷，三岁不觌”。学者在学成入仕之前的状态是一种“困局”，但是只要潜心学习、努力修行成为饱学之士，有朝一日得到君王或官府的任用就能打破困局。

爻辞原文：九二，困于酒食，朱绂方来，利用享祀，征凶，无咎。

说文解字：（1）朱绂：古代朱红色的高官服饰。（2）享祀：供奉祭祀。

古文今译：受缺酒少食之困，官位将要到来，利于进行供奉祭祀，出征是凶险的，没有过失。

智慧锦囊：正如吕蒙正《寒窑赋》中所说，在寒窗苦读之时，“吾昔寓居洛阳，朝求僧餐，暮宿破窑，思衣不可遮其体，思食不可济其饥，上人憎，下人厌，人道我贱，非我不弃也”。在中了状元走上仕途并最终高居宰相之位时，“今居朝堂，官至极品，位置三公，身虽鞠躬于一人之下，而列职于千万人之上，有挞百僚之杖，有斩鄙吝之剑，思衣而有罗锦千箱，思食而有珍馐百味，出则壮士执鞭，入则佳人捧觞，上人宠，下人拥”。由此可见，好学上进者“困于酒食”的窘境在官职“朱绂”到来后就会完全改观。此时，要“利用享祀”虔诚地感谢并祈求天地、祖宗、君王的恩典，因为，正如吕蒙正所说：“人道我贵，非我之能也，此乃时也、运也、命也。”在命运转折的关键时刻，要像吕蒙正“寓居洛阳”那样，少安毋躁，积极准备，韬光养晦，静待时来运转，因而不能四面出击、出远门谋生计，只要认识到“征凶”，就能确保“无咎”。

爻辞原文：六三，困于石，据于蒺藜，入于其宫，不见其妻，凶。

说文解字：（1）据：按着，扶着。（2）宫：房屋，住宅。

古文今译：被困在石缝间，手按在蒺藜上，进入家宅中，看不见其妻子，凶。

智慧锦囊：六三爻是用“困于石，据于蒺藜”来比喻“入于其宫，不见其妻”的困境。石头非常牢固，非人力所能撼动，因此，人如果被卡在石缝间，是很难逃脱的。双手“据于蒺藜”，说明身体是倒悬着垂下，用双手支撑在地面上，身体的重量加在手掌之上再按着蒺藜，那种钻心的痛苦可以想见。在中国传统文化中，成家立业、娶妻生子是重要的人生步骤。“男主外，女主内”，“男耕女织”是受到普遍认可的家庭观念。女人被称为“内人”、“家里的”，按道理女人应该长期待在家中操持家务。如果男人不在家，女人应该在家等候丈夫随时归来，否则就是“不守妇道”。“入于其宫，不见其妻”说明这个“妻”不是一个“守妇道”、“会持家”的好女人。对于男人来说，有一个不守妇道、不能持家的妻子，那种境遇就如同“困于石，据于蒺藜”一样危险、难受，两种情形同样“凶”。六三爻的哲理启示后人，男人娶对老婆非常重要。

爻辞原文：九四，来徐徐，困于金车，吝，有终。

说文解字：（1）金车：镶金的豪华马车。

古文今译：慢吞吞地行进，受镶金的豪华马车之困，有麻烦，如果及时改正会有善终。

智慧锦囊：九四爻描绘了富贵之人乘坐“金车”故意缓缓行进，刻意显摆、讲排场、爱炫耀的场景。“金车”只是奢侈、炫富的冰山一角，这种奢靡、炫耀的行为必然会给他们带来“吝”，但是如果遭遇麻烦后有所悔改就会“有终”，如果不思悔改，则会不得善终。

2016年4月，有网友遇见任正非独自拖着行李在机场排队等出租车，此事在网络上迅速传播，引起舆论广泛赞誉。2016 年 12 月，有网友在动车上偶遇宗庆后乘二等座出差，该消息在朋友圈刷屏，引起网友普遍赞誉。个人生活崇尚节俭的任正非与宗庆后是实业报国的典范，他们为社会创造的财富远远大于某些拥有私人飞机、豪华游艇、多所豪宅、多辆豪车的富豪。毫无疑问，能够在商道上行稳致远者应该是任正非、宗庆后这样的企业家。

爻辞原文：九五，劓刖，困于赤绂，乃徐有说，利用祭祀。

说文解字：（1）劓：割掉鼻子的酷刑。（2）刖：砍掉脚的酷刑。（3）赤绂：古代赤红色的高官服饰。（4）说：通“脱”。

古文今译：遭受割鼻、砍脚之刑，是因受困于高官之位，如果慢慢地得到解脱，则利于举行祭祀仪式。

智慧锦囊：割鼻、砍脚等重刑并非只加于贫贱阶层，古今中外高官显贵受重刑者不胜枚举。李斯就是一个典型的案例，可以很好地诠释九五爻的哲理。

司马迁在《史记》中记载，李斯贵为秦始皇丞相之时，“斯长男由为三川守，诸男皆尚秦公主，女悉嫁秦诸公子。三川守李由告归咸阳，李斯置酒于家，百官长皆前为寿，门廷车骑以千数”。当赵高欲陷害李斯之时，丞相之位已经是他最大的束缚，如果李斯能学范蠡早日辞官隐居，或许可以摆脱后来受“五刑”的厄运，但是，李斯却对官位恋恋不舍。结果，“二世二年七月，具斯五刑，论腰斩咸阳市。斯出狱，与其中子俱执，顾谓其中子曰：‘吾欲与若复牵黄犬俱出上蔡东门逐狡兔，岂可得乎？’遂父子相哭，而夷三族”。

爻辞原文：上六，困于葛藟，于臲卼，曰动悔有悔，征吉。

说文解字：（1）葛藟：葛藤。（2）臲卼：动荡、危险的局势。

古文今译：受葛藤缠绕之困，身处于危险局势，可谓动辄就会有悔恨发生，出征为吉。

智慧锦囊：上六爻用葛藤缠绕高大乔木生长而使乔木最终趋于枯死、倒掉的危局来比喻达官贵人、富商巨贾被各种攀高附贵之人围绕而最终使自身陷于身败名裂的危局。如果身边围绕了太多攀高结贵的小人，还是努力设法摆脱为妙，因此“征吉”。

井卦第四十八（下巽上坎）

卦辞原文：井：改邑不改井，无丧无得，往来井井。汔至亦未繘井，羸其瓶，凶。

说文解字：（1）汔：接近，将近。（2）繘：用辘轳收井绳。（3）羸：缠绕。

古文今译：搬迁城镇时搬不走水井，井不会因为有没有人来打水而有得失，来来往往的人自然而然会利用水井。如果水瓶到了井口上还不停止摇辘轳收井绳的动作，那么水瓶就会缠绕到辘轳上，如此则"凶"。

智慧锦囊：井卦下风上水，为水下有气泡向上冒、水向上喷涌之象。非常可惜的是，现在我国大小城市里全部使用自来水，绝大多数农村也都用上了自来水，无论城乡，绝大多数的古代水井已经被废弃或填埋。有的地方即使有水井，也是几十米、几百米深的现代化机井。古代的水井已经非常罕见，城市里留存的水井多是作为景点出现。即使北京故宫里的水井也由于受到了保护，井的周围设置了栏杆，井口则被盖上了盖子。人们打井水的情景已经很难见到。城市可以搬迁，但水井不可能被搬迁，这一特点可以比喻君子不为外部环境变化所动的定力。"往来井井"的打水人没有一个是水井主动请来的，无论有没有人来打水，无论有多少人来打水，对于水井来说，既不是得，也不是失，这一特点可以比喻君子向内求不向外求、不会患得患失的品德。

辘轳是古人运用杠杆原理发明的汲水助力装置，有了辘轳，儿童、妇女等力气弱小者也可以轻松打水。但是使用辘轳汲水时，非常关键的一点就是在水瓶、水桶、水罐等容器到达井口的时候，要及时停止摇动辘轳，而把水容器拉到井口边上。由于周代人用的多是陶制的瓶或罐，如果不及时停止摇辘轳，而把水容器缠绕到辘轳上面，那么陶制的水容器会因为缠绕、碰撞辘轳而破碎。对于古人来说，水井是无偿使用的公共设施，打水的人可以任意无限量获取，但是水容器是自家的，打碎了就是自家财产的损失。这种“汔至亦未繘井，羸其瓶”的现象可以比喻为人处世，警示君子在获取利益（尤其是免费的利益）时要注意细节，尤其是在利益快要到手的时候，要适可而止，莫要用力过头而导致利益丧失，自己还搭上为捞取利益而使用的本钱。

井卦六爻都含“井”字，描述了与“井”相关的各种场景。

爻辞原文：初六，井泥不食，旧井无禽。

说文解字：（1）泥：污泥。（2）禽：鸟兽。

古文今译：井底积了污泥没有人食用，陈旧的井连鸟兽都不来光顾。

智慧锦囊：井底积了太多污泥而不清理会导致井水太脏而没有人来打水吃。有人常来打水时，井边会有从容器里洒出的水，会吸引鸟儿和各种动物前来饮水。而被废弃很久的旧井，周围的地面是没有水的，从而鸟兽们都不再来。在古代，井是公共设施，免费向公众开放。初六爻的哲理启示我们，公共设施必须有人负责维护，如果使用的人很多而负责维护的人没有，那么任何公共设施最后的命运都是被废弃。初六爻的哲理还可以比喻为人处世，即一个人必须像井一样，要对他人有益处，而且还要常常修正自己，保持长期对人有益的状态，才会有人亲近你，愿意成为你的朋友。如果你对外界不再能提供利益，不但人会疏远你，即使是鸟兽都不会搭理你。总之，只有你能够利益众生时，众生才会接近你。

在华为公司的官方网站上，华为的“核心价值观”包含六条内容：成就客户、艰苦奋斗、自我批判、开放进取、至诚守信、团队合作。原文如下：

> 成就客户：为客户服务是华为存在的唯一理由，客户需求是华为发展的原动力。我们坚持以客户为中心，快速响应客户需求，持续为客户创造长期价值进而成就客户。为客户提供有效服务，是我们工作的方向和价值评价的标尺，成就客户就是成就我们自己。
>
> 艰苦奋斗：我们没有任何稀缺的资源可以依赖，唯有艰苦奋斗才能赢得客户的尊重与信赖。奋斗体现在为客户创造价值的任

何微小活动中，以及在劳动的准备过程中为充实提高自己而做的努力。我们坚持以奋斗者为本，使奋斗者得到合理的回报。

自我批判：自我批判的目的是不断进步，不断改进，而不是自我否定。只有坚持自我批判，才能倾听、扬弃和持续超越，才能更容易尊重他人和与他人合作，实现客户、公司、团队和个人的共同发展。

开放进取：为了更好地满足客户需求，我们积极进取、勇于开拓，坚持开放与创新。任何先进的技术、产品、解决方案和业务管理，只有转化为商业成功才能产生价值。我们坚持客户需求导向，并围绕客户需求持续创新。

至诚守信：我们只有内心坦荡诚恳，才能言出必行，信守承诺。诚信是我们最重要的无形资产，华为坚持以诚信赢得客户。

团队合作：胜则举杯相庆，败则拼死相救。团队合作不仅是跨文化的群体协作精神，也是打破部门墙、提升流程效率的有力保障。

华为核心价值观把“成就客户”列为第一条，明确提出“为客户服务是华为存在的唯一理由，客户需求是华为发展的原动力”，除了“团队合作”一条，其他各条也提及客户，由此可见华为对客户的重视，而这正是华为成为行业世界领袖的根本原因。华为核心价值观印证了初六爻的哲理。

爻辞原文：九二，井谷射鲋，瓮敝漏。

说文解字：（1）鲋：鲋鱼。（2）瓮：水容器。（3）敝：坏了，破了。

古文今译：像射箭一样把瓮往水井深处投，想以此把井里的鲋鱼捞上来，结果导致水瓮被摔破漏水。

智慧锦囊：九二爻中的“射”显然不是射箭，一方面，水里的鱼游来游去，不好瞄准，用箭射鱼很难射中，这样搞不知要有多少支箭落入井底，这种行为明显不合常理；另一方面，即使射中了，人还得下到井底把箭和鱼捞上来。因此，“射”是形容用瓮往水底投，就像射箭一样，想碰运气用瓮把井里的鱼打捞上来，从而导致瓮被摔破了。这种人在古代的现实生活中，确实存在。然而，我们明白，井是用来打水的，不是用来捞鱼的，而且瓮也是用来打水或盛水的，不是用来捞鱼的。如果想捞鱼，应该用渔网到江河里或湖泊里去捞。九二爻刻画了一个不务正业的人，他用不恰当的工具到不恰当的地点用不恰当的方法去捞取想要的东西，结果想要的东西没有得到，自己还受到了不小的损失。九二爻的哲理启示我们，要用正确的方法去做正确的事情，才会实现目的。

爻辞原文：九三，井渫不食，为我心恻，可用汲，王明并受其福。

说文解字：（1）渫：淘去污泥。（2）恻：感到惋惜。（3）明：英明。（4）并：共同。

古文今译：井里的污泥已经淘干净，可是没有人来打水食用，我为此感到惋惜，可以用来汲水了，君王英明老百姓会共同享受到他的福佑。

智慧锦囊：“井渫不食”说明老百姓对这口井的认知还停留在初六爻“井泥不食”的状态，还不相信或不知道井已经淘干净了。九三爻把君王比喻为井，“王明”就是“井渫”，老百姓受益于英明的君王就如同受益于干净的水井。但是如果前一个君王“不明”，即使后一个王“明”了，或者同一个君王从前“不明”，悔改之后“明”了，那么老百姓对王的认知往往还会很长时间停留在“不明”的阶段，就像老百姓的认知停留在“井泥不食”的阶段而导致“井渫不食”的后果一样。九三爻的哲理启示我们，“王明”的传承和保持非常重要。

爻辞原文：六四，井甃，无咎。

说文解字：（1）甃：用砖石修砌井壁。

古文今译：用砖石修砌井壁，没有过失。

智慧锦囊：挖土到一定深度出现水之后，不用砖石修砌井壁也能使用，但井壁用砖石修砌之后，井会更加经久耐用，当然“无咎”。六四爻的哲理可以比喻社会生活的诸多领域，如一个人应该加强自身修养，不仅要成为有用之才，还要成为精英之才；如一个企业应该在技术上精益求精，生产的产品不仅要实用，还要美观大方、经久耐用；如政府提供的公共设施要提高质量，不仅能够正常运营，还要在舒适性、美观性、耐久性上达到更高标准。

爻辞原文：九五，井洌，寒泉食。

说文解字：（1）洌：清澈。（2）寒：冰冷。

古文今译：井水清澈，冰冷的泉水适合食用。

智慧锦囊：九五爻在六四爻的基础上更进一步，井的质量更高了。“洌”说明没有杂质，“寒”说明井水温度低、微生物少。如果水质浑浊且温度高，那么微生物就会很多，人喝了就容易患腹泻及其他疾病。“井洌，寒泉食”是古人在没有显微镜、各种化验设备等现代化仪器的情况下，凭借视觉和触觉等身体感官用直觉判断水质的方法。事实证明，古人的方法是有效的、科学的。

爻辞原文：上六，井收，勿幕，有孚，元吉。

说文解字：（1）收：使用完毕。（2）幕：用幕围起来。

古文今译：井在使用完毕之后，不要用帷幕包围起来，有所得，元吉。

智慧锦囊：井作为公共设施，是面向百姓乃至鸟兽完全开放的，任何人都不可以将井据为己有。任何人使用完毕之后，都不能将井遮盖、掩藏、用帷幕包围起来。开放的水井方便任何人、任何时候来汲水，也方便鸟兽来饮水。人人都能从井受益，大家都会“有孚”，从而“元吉”。

革卦第四十九（下离上兑）

卦辞原文：革：己日乃孚，元亨，利贞，悔亡。

说文解字：（1）己：十天干之一。

古文今译：到己日才会有所得，大为亨通，占卜得有利之兆，悔恨消失。

智慧锦囊：革卦下火上泽，“火”与“泽”与古代制革工艺有关联。古人没有现代化的制革工艺、化学原料与机器设备，他们制革使用的都是最原始的手工工艺。古人在制作牛皮和猪皮皮革的过程中，要给牛皮和猪皮脱毛就需要把皮放在大锅里煮到一定的温度，而牛皮和猪皮的脱脂鞣制过程需要放到沼泽中浸泡一段时间。牛皮和猪皮后期的烘干又要用到火。因此，湖泽和火是古人制作皮革最重要的两大条件。动物的毛皮经过特定的工艺流程制作成皮革之后，其外观、质地、用途都发生了巨大的转变，因此，“革”既可以用作名词指皮革，又可以用作动词指变革。

“己”为古代干支计时的十天干之一。天干地支，简称为干支，源自中国远古时代对天象的观测。“甲、乙、丙、丁、戊、己、庚、辛、壬、癸”称为十天干，“子、丑、寅、卯、辰、巳、午、未、申、酉、戌、亥”称为十二地支。天干地支组合形成了古代纪年历法，十天干和十二地支依次相配，组成六十个基本单位，两者按固定的顺序相互循环配合，组成了干支纪元法。从殷墟出土的甲骨文来看，天干地支在中国古代主要用于纪日，此外还用来纪月、纪年、纪时等。“己日”每十天就有一次，是十天干中的第六个。人们每次做计划、数日子时习惯于掰着手指头从“甲日”开始数。《周易》用“己日”启示后人，无论是制作皮革，还是做各种事情的变革，要从甲日开始就做准备，有了五天的准备，如果条件充分了，就在“己日”实施变革。如果还不充分，就继续准备，等到下一个“己日”再开始。因此，《周易》使用“己日”并非机械地、死板地、一成不变地规定变革一定要放在“己日”，而是意在启示我们做变革之事不能仓促，一定要准备充分，时机成熟了再动手，正所谓“有备无患”。如果没有充分的准备，不要说“己日”，任何一日变革，都很难有好结果。

爻辞原文：初九，巩用黄牛之革。

说文解字：（1）巩：巩固。（2）革：皮革。

古文今译：巩固要用黄牛皮革。

智慧锦囊：在没有现代化高强度、高韧性合成化工材料的古代，黄牛皮革就是最结实、最强韧的材料，黄牛皮制成的皮带是最结实的捆绑材料，黄牛皮制成的盔甲也是上好的军需品。初九爻的哲理启示我们，高质量的工具是实现目标的重要保证。

爻辞原文：六二，己日乃革之，征吉，无咎。

古文今译：到己日才进行变革，出征为吉，没有过失。

智慧锦囊：“己日”的含义请参照卦辞中的阐释。对个人来说，出远门打猎、做生意是“征”，必须做好充分准备。对于国家或诸侯来说，讨伐别国是“征”，更需要顺应天时、地利、人和，做充分的准备。只有准备充分，顺应时局，选对时机，才会“征吉，无咎”。《三国演义》开篇说：“话说天下大势，分久必合，合久必分。周末七国分争，并入于秦。及秦灭之后，楚、汉分争，又并入于汉。汉朝自高祖斩白蛇而起义，一统天下，后来光武中兴，传至献帝，遂分为三国。”“分久必合，合久必分”是朝代的变革，属于人类社会最高层次意义上的变革，而华夏文明五千年历史中那些企图改朝换代的“天下英雄”顺“天下大势”者则必然成功，逆“天下大势”者则必然灭亡。

雷军接受媒体采访时说：“曾经我在 2006 年的 5 月，总结发现移动互联网是未来十年的热点。所以我做移动互联网就是这个原因。当我想清楚移动互联网是未来十年最大的机会，当我看到这是未来一个大趋势的时候，我的想法就是一定要投入，要立刻去做，市场不会给你第二次机会！”

雷军的观点印证了六二爻的哲理。

爻辞原文：九三，征凶，贞厉，革言三就，有孚。

说文解字：（1）就：成就，实现。

古文今译：出征凶，占卜得危险之兆，变革的言论三次变成现实，有所得。

智慧锦囊：“征”对于上至国家、下至个人都是大的行动，属于变革的一种类型，“征凶，贞厉”在句首出现，意在说明变革之举不能突然开始、贸然行动，而应该有一个循序渐进的过程。“革言三就”就是一个为大变革预热的过程，类似于现在的农业领域的试验田、国家各项政策改革的试点工作。在此基础上进行变革行动，则会取得成效而“有孚”。司马迁在《史记》中记载的商鞅变法中“城门立木”的故事以及依法惩处太子傅、太子师的故事就是“革言三就”，商鞅变法因此做到了“有孚”。

爻辞原文：九四，悔亡，有孚，改命，吉。

说文解字：（1）命：命运。

古文今译：悔恨消失，有所得，改变命运，吉。

智慧锦囊：只要遵循事物发展的客观规律，做好充分准备，做到言必信、行必果，人们就能够改变自己的命运，实现梦想的目标。

爻辞原文：九五，大人虎变，未占有孚。

古文今译：大人变革有如老虎捕食，不用占卜也知道势在必得。

智慧锦囊：如果看过老虎捕食的视频，就知道老虎在捕食前会非常细心地做好准备工作。老虎捕食时，总是静悄悄地在树木草丛的掩护下观察猎物周边的情况，甄选一个可以下手的目标，然后慢慢地、小心地靠近目标，直到接近到可以一跃而上、一招致命的距离时，它才会从匍匐姿态腾空跃起，一口咬住猎物的脖子。老虎捕食靠的是细心、技巧，可以说是一种艺术，而绝对不是靠蛮力追逐猎物，更不是在猎物群里东奔西突、漫无目的随便撕咬。老虎打的是有把握之仗，而不是凭借自身强壮的体力和锋利的爪牙，任性地追逐，抓着哪个算哪个。

《孙子兵法》十三篇第一篇“计篇”中说：“夫未战而庙算胜者，得算多也；未战而庙算不胜者，得算少也。多算胜，少算不胜，而况于无算乎！”可以说，老虎捕食是“未战而庙算胜者，得算多也”。因此，古人用“虎将”称呼优秀的将帅是非常贴切的比喻，而古代军队中“虎贲中郎将”的军衔也是“猛将如虎”的比喻。

九五爻用老虎捕食的高超艺术来比喻大人进行变革、干大事业的特点。当一个人具有了老虎的性格特点时，他要干什么事是用不着占卜的。

爻辞原文：上六，君子豹变，小人革面，征凶，居贞吉。

古文今译：君子变革有如猎豹捕食，小人只是表面变革，出征凶，安居的前提下占卜得吉兆。

智慧锦囊：猎豹捕食与老虎捕食有极大的相似之处，都是靠细心和技巧而不是和猎物拼体力。猎豹与老虎相比主要是身体构造和体能差一大截，所以达不到老虎“未占有孚”的高度。“大人”和“君子”的差距与“虎”和“豹”的差距类似，“大人”是君王、诸侯、将相、高官等有实权的大人物，而“君子”主要是指品德高尚、饱读诗书的文人，不一定具有“大人”那样的实权、实力。但是用“豹”来比喻“君子”，说明“君子”也是有相当高的威严和实力的。与君子变革如猎豹捕食的高效果相比，小人的变革仅仅局限在做表面文章上，就像现在某些官员只是在会议上念稿子、喊口号，但是不能落实到实际工作当中。小人根本不具备干成事的能力和性格，对于小人来说，最好不要轻举妄动，还是安安稳稳地过小日子好，因此“征凶，居贞吉”。

鼎卦第五十（下巽上离）

卦辞原文：鼎：元吉，亨。

说文解字：（1）鼎：古代烹煮食物用的器具；古代曾用鼎作为传国宝器，比喻王位、帝业。

古文今译：元吉，亨通。

智慧锦囊：鼎卦下风上火，为风吹火旺、火势因风升腾之象。卦象与古人用鼎生火做饭、烹煮食物过程中用嘴吹风、用扇子扇风、用鼓风器具吹风的情景相符，而且当火旺之时，风能助火势、增火威，由此衍生出“鼎盛”的比喻义。鼎最初为古人做饭的炊具，多为青铜铸造，也有陶制的，其用途相当于现在的锅。鼎有大有小，普通百姓家做饭用的鼎就会小一些、薄一些，用不起青铜鼎的人家可以用陶制的鼎。王公贵族、富庶人家用的鼎就更大、更厚、更重一些。鼎的构造多为三足，稳定性高，“三足鼎立”的成语就来源于此。鼎也有四足的，如著名的司母戊大方鼎，于 1939 年 3 月 19 日在河南省安阳市武官村的农田中出土，现藏于中国国家博物馆，是中国商代后期王室祭祀用的青铜方鼎，为我国目前已发现的最重的青铜器。该鼎是商王祖庚或祖甲为祭祀其母所铸，因其腹部铸有“司母戊”三字而得名。鼎为重器，而且具有比喻王位、帝位、国家的象征意义。全卦六爻皆含“鼎”字，描绘了与“鼎”

相关的各种场景。

爻辞原文：初六，鼎颠趾，利出否。得妾以其子，无咎。

说文解字：（1）颠：晃动，震动。（2）趾：脚。（3）否：坏东西，脏东西。（4）妾：古代男子所娶的妻子以外的女人，地位低于妻。

古文今译：晃动鼎的脚，利于弄出其中的残渣等脏污之物。娶女子为妾是因为她生了儿子，没有过失。

智慧锦囊：鼎作为烹饪器皿，在取出其中的食物之后以及下次使用之前都需要进行清洁，也就是“出否”，类似于现在的刷锅。晃动鼎身、震动鼎脚，利于把鼎刷干净，把鼎歪一下，也更容易刮出残余的水和污渍，因此“鼎颠趾，利出否”。如成语“三足鼎立”所言，鼎为稳固之物，只有受到人为干预时鼎才会晃动，而人晃动鼎是为了“出否”这个目的。因此，“鼎颠趾，利出否”可以比喻到治国理政、商业经营、修身治家等各个领域，国家、公司、家庭、个人以安稳为常态，但是当国家、公司、家庭、个人出现了“否”，即各种弊病需要清理之时，主动改变其恒常的稳定状态，进行适度的震动是必要的。

“得妾以其子”，一方面说明我国周代及以前就已经有了妻妾制度，另一方面说明我国周代及以前就有了“母以子贵”的传统。《公羊传》记载有“母以子贵”的故事：“故凡隐之立，为桓立也。隐长又贤，何以不宜立？立適以长不以贤，立子以贵不以长。桓何以贵？母贵也。母贵则子何以贵？子以母贵，母以子贵。”

历史研究证明，我国夏商周时代就逐渐形成并确定了一夫一妻多妾制。贵族官宦人家的婢女如果生了儿子，就可以被纳为妾。虽然古代有男尊女卑的传统，但是婢女哪怕为主人生了女儿，只要男主人愿意，也会有纳为妾的理由。皇宫里的宫女如果生了儿子，也会被皇帝擢升为妃嫔，如明朝万历皇帝的母亲就曾是普通的宫女。

爻辞原文：九二，鼎有实，我仇有疾，不我能即，吉。

说文解字：（1）实：充实，丰实。（2）仇：仇敌。（3）疾：疾患。（4）即：接近。

古文今译：鼎内充实，我的仇敌有疾患，不能接近我，吉。

智慧锦囊：“鼎有实”中的“实”有许多易学研究者解释为通“食”，

而《周易》全文中共有十二处“食”，用作动词当“食用”讲及用作名词当“食物”讲的用法都有，因此，九二爻的“实”显然不等同于“食”。很多书中将九二爻解释为：“我家做好了一锅食物，而仇家有病，没法到我家抢食，吉。”这种理解显然是狭隘的。九二爻的意图主要在其比喻哲理，“鼎有实”，即国家富强、农业丰收，百姓生活殷实、积蓄丰实，总之就是我国有实力，而此时我国的仇敌却有疾患，其国家内部治理有问题，而无法前来骚扰我国，抢夺我国的物资，因此“吉”。九二爻的哲理比喻到商业经营领域，就是一个公司首先要做强自我的实力，在此基础上，趁着对手自身管理有问题而无法与自己竞争时，抓紧加快自身发展。

爻辞原文：九三，鼎耳革，其行塞，雉膏不食，方雨，亏悔，终吉。

说文解字：（1）革：改变，变形。（2）塞：阻塞。（3）雉：雉鸡，野鸡。（4）膏：脂肪，美味。（5）方：将要，正在。（6）亏：损失。

古文今译：鼎耳变形，无法抬起移动，烹煮的野鸡美味因而得不到食用，马上就要下雨了，亏损了鸡汤会引起悔恨，但最终为吉。

智慧锦囊：这段文字的意思是说，百姓在露天用鼎烹饪食物，结果鼎耳变形了，鼎无法抬起搬运，所以会有“鼎耳革，其行塞”的情况发生。因为鼎无法挪动，那么鼎内的美食“雉膏”就没法食用。糟糕的是，天有不测风云，此时天开始下雨，由于准备工作没有做好，眼看着一锅鸡汤被雨给淋了，雨水很快就把鼎下满了，其中的鸡汤就随着雨水溢了出来，美味损失，主人当然悔恨莫及。但是雨水能冲走鸡汤，却冲不走鸡肉、鸡块，因此雨过天晴之后，还能再熬一遍，虽然鸡汤味道淡了，但是损失还算不大。主人经过这个损失的教训，明白了必须把鼎修好再用，从而“终吉”。这就是对九三爻爻辞的逻辑推理。

“鼎耳”在整个鼎身中只是比例很小的一部分，但是作用非常大。“鼎耳”不好使，整个鼎的用途就大打折扣。“鼎耳”可以比喻“人耳”，“人耳”在人体的比例如同“鼎耳”一样只占很小一部分，但是如果“人耳”听不进忠言而如同塞上一样，那么就会造成决策失误，产生不良后果。即使有“雉膏”一样的好机会，最终也会大打折扣。“鼎耳革”的事实主人在做饭前就已经知道了，既然如此，他就应该预知到用坏了鼎耳的鼎做饭会有不良后果，那么他就不应该用坏的鼎做饭，而应该提前就把坏了的鼎修好再用。九三爻的哲理还可以比喻到治国理政和商业经营领域，在发布政策或措施之前，应该慎重检查缺漏，如“鼎耳”这样虽然比例小但是功能大的细节更应该防止有漏洞、有缺陷，绝对不能让明显带病的政策、措施进入实施阶段。九三爻的哲理可以用一句话概括，就是“细节决定成败”。

爻辞原文：九四，鼎折足，覆公餗，其形渥，凶。

说文解字：（1）折：折断。（2）覆：倾倒，侧翻。（3）餗：珍馐美味。（4）渥：脏污。

古文今译：鼎足折断，公爵大人的珍馐美味被倾倒出来，那是一塌糊涂的情形，凶。

智慧锦囊：“鼎足”在整个鼎身中的比例不算大，但是对鼎的稳定性至关重要，无论三足鼎还是四足鼎，只要鼎折一足，就必然不能站立。九三爻中，“鼎耳”坏了，至少还能烧饭，“亏”的还不算很大，只是带来“悔”，还能补救，所以“终吉”。九三爻“鼎耳”的变形是显而易见的问题，而九四爻鼎在烹饪中“折足”说明“折足”是一个隐患，在使用之前可能只是一道裂纹、一条裂痕，很可能是不太容易发现的非常细微的裂纹。“公”是不用自己做饭的，因此，鼎足的隐患、裂痕就应该由直接使用鼎的厨师负责发现并提交有关领导维修。“鼎折足，覆公餗，其形渥”的事情如果在生活中真实发生，“公”肯定会很生气，后果肯定很严重，因此“凶”。九四爻的哲理启示我们，“鼎足”就如同国家、企业的基层组织、基层员工，基层的工作必须做扎实，如果基层不稳，那么国家、企业就有可能倾覆。“基础不牢，地动山摇”就是同样的哲理。

爻辞原文：六五，鼎黄耳金铉，利贞。

说文解字：（1）铉：横贯鼎两耳以举鼎的杠，或为钩状，金属制，以提鼎两耳。

古文今译：鼎耳是贴金的，鼎铉是镶金的，占卜得有利之兆。

智慧锦囊：“黄耳金铉”的鼎不是普通百姓人家所能拥有的，只有大富大贵的官宦人家才能有如此贵重的鼎。除了西晋时期石崇、王恺斗富那种变态、夸张的情况，用“黄耳金铉”的鼎在烟熏火燎的情况下做饭的可能性不大，因此，“黄耳金铉”的鼎很可能是作为祭祀之用的礼器。总之，无论是用作炊具，还是用作礼器，拥有“黄耳金铉”的鼎都是大富大贵的象征，因此“利贞”。

爻辞原文：上九，鼎玉铉，大吉，无不利。

古文今译：鼎铉是镶玉的，大吉，没有什么不利。

智慧锦囊：俗话说：“黄金有价玉无价。”“玉铉”比六五爻的“金铉”更加贵重，拥有玉铉之鼎说明国家或家族的实力更加强盛。

“鼎玉铉”在治国理政的层面就是君王要重视道德和文化建设，如此做则“大吉，无不利”。“鼎玉弦”在企业管理层面就是注重企业文化建设，华为的“狼文化”和娃哈哈的“家文化”都是优秀企业文化的案例。

任正非接受媒体采访谈到华为的“狼文化”时说：“我们永远都是狼文化。可能有人把‘狼’歪曲理解了，并不是我们拟人化的原意。第一，狼嗅觉很灵敏，闻到机会拼命往前冲；第二，狼从来是一群狼去奋斗，不是个人英雄主义；第三，可能吃到肉有困难，但狼是不屈不挠的。这三点对奋斗都是正面的。”

宗庆后接受媒体采访谈到娃哈哈的“家文化”时说：“首先我觉得是家文化，就是凝聚小家，发展大家，报效国家。你要关心员工的利益，关心员工的小家，让他没有后顾之忧，然后就是大家发展起来这个大家，最后企业搞成你再报效国家，给国家多交税，我觉得整体是个家文化。”

䷲

震卦第五十一（下震上震）

卦辞原文：震：亨，震来虩虩，笑言哑哑，震惊百里，不丧匕鬯。

说文解字：（1）虩虩：恐惧的样子。（2）哑哑：欢笑声。（3）匕：古代的一种汤匙。（4）鬯：浓香馥郁的美酒。

古文今译：亨通，雷震到来时人们十分恐惧，接着欢声笑语连连，雷震之声惊动方圆百里的范围，但手中的汤匙不会掉，美酒也不会洒。

智慧锦囊：震卦下震上震，为电闪雷鸣之象。卦辞描写了打雷时人们的反应以及雷震产生的后果。受自然科学知识所限，古人认为雷霆是天神震怒的表现，是天神意欲惩罚犯了罪过的恶人，而被雷击致死的人则成为这种信仰的佐证。古人认为被雷击致死的动物以及被雷击的大树等植物是因为它们身上附着了恶魔、魂灵等。很多时候，雷霆万钧所带来的不过是虚惊一场，虽然雷震威力很大，但连手中的汤匙也震不掉、杯中的美酒也震不洒。人们发现自己在雷震中没有受到什么损失，马上就会嘎嘎地欢笑起来。卦辞含有一层重要哲理：天神震怒大发雷霆时，并不是惩罚全人类，而是惩罚那些犯了天条的个别恶人，善良的人有敬畏恐惧之心是好的，但不会有任何损失。卦辞的哲理比喻到治国理政上面，雷震就是国家制定的打黑除恶、惩治腐败的政策，目的就是通过严惩首恶及罪大恶极者对全社会的不良分子起到震慑作用。被处以重刑的人就相当于被雷击劈死的人，震慑威力是强大的。

《三国演义》第二十一回“曹操煮酒论英雄”的故事就与卦辞所描述的场景有相似性：

> 操曰：“夫英雄者，胸怀大志，腹有良谋，有包藏宇宙之机，吞吐天地之志者也。”玄德曰：“谁能当之？”操以手指玄德，

后自指，曰：“今天下英雄，惟使君与操耳！”玄德闻言，吃了一惊，手中所执匙箸，不觉落于地下。时正值天雨将至，雷声大作，玄德乃从容俯首拾箸曰：“一震之威，乃至于此。”操笑曰：“丈夫亦畏雷乎？”玄德曰：“圣人迅雷风烈必变，安得不畏？”

上述故事说明曹操那番评价的威力对刘备的心理造成的冲击恰似雷霆万钧。假设曹操记得震卦卦辞中的“震惊百里，不丧匕鬯”，就不会被刘备骗过而笑问“丈夫亦畏雷乎”了。刘备对曹操之问的回答“圣人迅雷风烈必变，安得不畏”，说明古人对雷震等自然现象有普遍的敬畏之心，这是古人对自然神灵信仰的表现。

总之，雷霆雨露，俱是天恩。全卦六爻皆含“震”字，每一爻分别描述了一种雷震的类型或等级以及对可能发生情况的处理方案，六爻合起来看就是一套“雷击自然灾害应急预案纲要”。

爻辞原文：初九，震来虩虩，后笑言哑哑，吉。

古文今译：雷震到来时人们十分恐惧，之后又欢声笑语连连，吉。

智慧锦囊：初九爻与卦辞前半部分相同。雷震之时人们难免恐惧，虚惊一场过去之后马上又会欢声笑语。初九爻的哲理启示我们，当国家发布政策打黑除恶、惩治腐败时，有犯罪情节的人会恐惧，而善良的人是不会受到损害的，他们会欢声笑语依旧。公司治理中的惩罚措施也是为了起到震慑作用。

爻辞原文：六二，震来，厉，亿丧贝，跻于九陵，勿逐，七日得。

说文解字：（1）亿：一万万，形容数量巨大。（2）跻：爬上，登上。（3）九陵：高山峻岭。

古文今译：雷震到来，有危险，丢失大量钱财，攀登上高山去观望，不必追寻，七日之内可失而复得。

智慧锦囊：从六二爻的爻辞判断，一方面说明遭受“亿丧贝”损失的不是普通百姓人家，而是高官显贵、巨富之家，另一方面说明损失大量的钱财不是由于“震来”时雷击所致，而是家中的仆佣下人趁着“震来”时环境的掩护而盗窃逃跑。因此，主人爬上高山去观望寻找并亲自去追寻是没有必要的，只需要向官府报案并由官府派人去捉拿归案即可。逃跑的仆佣下人有名有姓有形象，主人有他的详细信息，古代没有银行卡、支票等条件，携带“亿贝”的大笔钱财是重负，而且古代旅店业不发达，所以，种种原因导致趁着“震来”盗窃“亿贝”的仆佣下人跑不快、跑不远，容易抓捕，“七日得”是有把握的。六二爻的哲理启示我们，当遭受巨大损失之时，不必慌慌张张地东奔西走去自己解决，而要平心静气地分析原因，问题或许就会迎刃而解。

爻辞原文：六三，震苏苏，震行，无眚。

说文解字：（1）苏苏：万物复苏。（2）眚：危害。

古文今译：雷震使万物复苏，雷震运行，没有危害。

智慧锦囊：春雷阵阵，万物复苏，雷震在天空到处运行，雷雨所到之处，大地得到润泽，这是春回大地的美好景象，因此“无眚”。

爻辞原文：九四，震遂泥。

说文解字：（1）遂：通过，透过。（2）泥：泥土。

古文今译：雷震透过了泥土。

智慧锦囊：雷震强度非常大，雨中的泥土都在震动，属于强度级别很高的雷震。此时雷电击中房屋、树木、人员、牲畜时，伤害程度会非常大。老百姓最好有个准备心理，做好防范灾害的应急预案。

爻辞原文：六五，震往来，厉，亿无丧，有事。

古文今译：雷震去了又来，危险，没有巨大损失，但有麻烦事。

智慧锦囊：雷震去了又来，说明雷雨天气连绵不断，很可能会有洪涝灾害的危险，虽然没有巨额的财产损失，但总免不了一些麻烦事。六五爻的哲理启示我们，在连续的雷雨天里面，要做好防灾救灾的准备。

爻辞原文：上六，震索索，视矍矍，征凶。**震不于其躬，于其邻，无咎，婚媾有言**。

说文解字：（1）索索：抖动，颤动。（2）矍矍：眼神惊恐。（3）躬：自身。（4）婚媾：婚姻大事。

古文今译：雷震使大地颤抖，使人眼神惊恐，出征为凶。雷震没有击中自家，击中了邻居家，没有过失，此时进行婚姻大事会引起非议。

智慧锦囊：“震索索，视矍矍”说明雷震的级别已经达到特别高的程度，此时当然不宜出远门，因此“征凶”。自己家没有被雷击，对自家来说当然是“无咎”，但是邻居家被雷击了，对于邻居来说肯定是

"凶"。乡邻的注意力也会很长一段时间停留在邻居家被雷击这一事件上。如果自家在这个阶段筹办婚姻的喜事，吹吹打打、热热闹闹，那么首先受雷击的邻居心理上很难接受，乡邻们也会对此指指点点，议论纷纷，非议不断。上六爻启示我们，天气条件不好时，最好安居在家，不要出远门做事。当邻居受到巨大损失时，自家要照顾邻居的感情和心理，不要操办喜庆的活动，如婚姻大事。否则会引起乡邻的反感和非议。因此，自然灾害也会影响到邻里关系，还会进一步影响到社会治安。作为地方长官的人尤其要注意到自然灾害，及时进行赈灾行动，维持灾害时的社会治安。上六爻说明周人已经把自然灾害和社会治理联系到一起。

艮卦第五十二（下艮上艮）

卦辞原文：艮：艮其背，不获其身；行其庭，不见其人，无咎。

说文解字：（1）艮：山；静止，制止。（3）获：控制。（4）庭：庭院。

古文今译：制止他的脊背，却没有控制住他的身体；在他家的庭院行走，却不见他本人，没有过失。

智慧锦囊：艮卦下山上山，为大山之象。说到山，许多人首先想到的可能是五岳。五岳分别是东岳泰山（海拔1545米，位于山东省泰安市境内）、西岳华山（海拔2155米，位于陕西省渭南市境内）、南岳衡山（海拔1300米，位于湖南省衡阳市境内）、北岳恒山（海拔2016米，位于山西省大同市境内）、中岳嵩山（海拔1492米，位于河南省郑州市境内）。泰山被尊为五岳之首，曾是历代帝王封禅祭祀的地方，更是帝王受命于天、定鼎中原的象征。《孟子》中有"孔子登东山而小鲁，登泰山而小天下”。

山有一个最大的特点就是稳定、静止，成语“稳如泰山”是这一特点的最好说明。“艮”具有静止、制止、知止等比喻义。“止”是中国传统文化中一个精髓成分，成语“止于至善”是这一精髓的最好说明。《大学》中说：“大学之道，在明明德，在亲民，在止于至善。知止而后有定，定而后能静，静而后能安，安而后能虑，虑而后能得。物有本末，事有终始，知所先后，则近道矣。古之欲明明德于天下者，先治其国；欲治其国者，先齐其家；欲齐其家者，先修其身；欲修其身者，先正其心；欲正其心者，先诚其意；欲诚其意者，先致其知；致知在格物。物格而后知至，知至而后意诚，意诚而后心正，心正而后身修，身修而后家齐，家齐而后国治，国治而后天下平。自天子以至于庶人，一是皆以修身为本，其本乱而末治者否矣。其所厚者薄，而其所薄者厚，未之有也！”

宋度宗赵禥所赋的《艮卦赞》一诗指出了艮卦“知止”的内涵：

兼山曰艮，德在知止。
君子体之，思不出位。

卦辞中“艮其背，不获其身”是因为人的脊背是光滑平坦、没有地方可抓的，爻辞中的“趾”、“腓”、“限”、“辅”等人体部位都容易控制，就是“背”难以抓住、难以控制，即使强行去扳对方的肩膀，由于肩膀汇聚了全身的力量，搭在对方肩膀上的手也用不上力，很容易被甩开。因此，“艮其背，不获其身”比喻当一个人已经完全背离你、与你背道而驰的时候，是无法挽回的。因为“艮其背，不获其身”，在路上拦不住他，那么师长只好找上门去，到其家中进行教育、规劝，因为正常情况下人总是要回家的。“行其庭，不见其人”说明师长到子弟家中主动去教育、规劝时，却找不到他。说明他在邪路上已经越走越远，踏上不归路，难以回头了，因此师长也无可奈何。对于师长来说，教育、规劝的责任已经尽到了，因此“无咎”，但邪路上的子弟不是“无咎”的，他们最终难免“咎由自取”，受到惩罚。

艮卦六爻皆含“艮”字，六个“艮”字意义皆为“制止”，是比喻君王、官员、父母、老师教化臣民、子弟成才的六个关键阶段，“制止”臣民和子弟不正确行为的目的是教化臣民和子弟要“知止”，要“止于至善”。

爻辞原文：初六，艮其趾，无咎，利永贞。

说文解字：（1）趾：脚。

古文今译：在他抬起脚时制止他，没有过失，占卜得永久有利之兆。

智慧锦囊：初六爻比喻教化臣民、教育子弟要防患于未然，要在错误行为刚有苗头的时候就加以制止，可以避免错误继续进行而加深、扩大。初六爻还比喻教育孩子要从很小的时候开始，越早开始越好，现在流行的胎教就是例证。《三字经》中说：“养不教，父之过。教不严，师之惰。子不学，非所宜。幼不学，老何为。”印证了初六爻的哲理。“艮其趾”的目的就是让孩子做到《弟子规》中所说的：“父母呼，应勿缓；父母命，行勿懒；父母教，须敬听；父母责，须顺承。”总之，制止错误行为越早越好，如此则“无咎，利永贞”。

爻辞原文：六二，艮其腓，不拯其随，其心不快。

说文解字：（1）腓：小腿肚子。（2）拯：达成，实现。（3）随：追随，随从。

古文今译：在他迈出小腿时制止他，使他无法追随恶人，他的内心很不愉快。

智慧锦囊：迈出小腿就比初六爻的抬起脚进展了一步。六二爻比喻为了教化臣民、教育子弟，在其错误行为初步发展时就进行制止。臣民和子弟不是自己变坏的，而是被坏人带坏的。当臣民和子弟跟着坏人学坏时，他们本人是没有辨别力、自知力和自制力的，因为他们已经被欲望吸引，跟坏人上道，所以当君王、长官、父母、师长制止他们时，他们还不理解、不接受，从而“其心不快”，但是，这个让臣民、子弟不愉快的制止行为是正确的、值得的。《菜根谭》中说：“教子弟如养闺女，最要严出入、谨交游。若一接近匪人，是清净田中下一不净的种子，便终身难植嘉禾矣！”“严出入、谨交游”就是“不拯其随”。孔子说：“益者三友，损者三友：友直，友谅，友多闻，益矣；友便辟，友善柔，友便佞，损矣。”家长和老师教导并帮助孩子辨别益友、损友是很重要的。

爻辞原文：九三，艮其限，列其夤，厉，薰心。

说文解字：（1）限：限度；分界；腰（上身与下身的分界）。（2）列：撕裂，切割。（3）夤：肌肉；纠缠。（4）薰：烟熏火燎。

古文今译：在他扭动腰部时制止他，会撕裂他的肌肉，危险，内心如烟熏火燎般难受。

智慧锦囊：九三爻的动作发展程度比初六爻和六二爻更进一步。我们可以设想，一个跑步运动员刚抬脚、迈步时，让其止步只需一个口令，但是当他已经放开爆发力冲上跑道时，再想让他立马止步是办不到的。如果有外力突然把他的腿绊住，或者把他的腰拦住，他难免会摔倒，撕裂肌肉，身体受伤，而阻止他的人也免不了受伤。如果看到过奥运赛场上奔跑中被绊倒的运动员脸上那种痛苦的表情就知道“厉，薰心”不是虚言。九三爻的“薰心”可是比六二爻的“其心不快”难受多了，而且感到“薰心”的不只是被阻止的人，还有制止他的亲人、师长。九三爻的哲理启示我们，如果不对臣民、子弟进行早期教育，及早制止他们走上邪路，那么等到他们在邪路上甩开臂膀、快速奔跑时再制止他们，后果就会很严重。君王、长官、父母、师长试图将他们与各种纠缠不清的邪恶关系切割开时，就像撕裂他们的肌肉一样让他们感到难受，而这种后果是危险的，不仅被制止的人内心会如烟熏火燎般难受，君王、长官、父母、师长也会同样感到痛心。那些被绳之以法的腐败官员，被双开、判刑，“薰心”的不止他们自己；那些吸毒成瘾的瘾君子家破人亡、锒铛入狱，“薰心”的也不止他们自己；各种各样的犯罪分子，当他们在不归路上夺命狂奔时，“薰心”的也不止他们自己。

爻辞原文：六四，艮其身，无咎。

古文今译：制止他的身体，没有过失。

智慧锦囊：“艮其身”就相当于使其“悬崖勒马”，使他避免在邪路上马不停蹄、最终走向灭亡的命运，当然“无咎”。

爻辞原文：六五，艮其辅，言有序，悔亡。

说文解字：（1）辅：嘴巴。（2）序：秩序、顺序。

古文今译：制止他的嘴巴，使其说话懂规矩，悔恨消失。

智慧锦囊：孔子说：“饮食男女，人之大欲存焉。”晋代傅玄所作《口铭》中说：“病从口入，祸从口出。”因此，“艮其辅”含有两层意义：一方面就是从小教育子弟饮食有节，三餐规律，避免吃错东西、搞坏身体；另一方面就是从小教育子弟说话要有规矩、有礼节，学会说话的技巧，遵守说话的规则。

孔子说："食不厌精，脍不厌细。食饐而餲，鱼馁而肉败不食；色恶不食；臭恶不食；失饪不食；不时，不食；割不正不食；不得其酱不食。肉虽多，不使胜食气；唯酒无量，不及乱；沽酒市脯不食，不撤姜食，不多食。祭于公，不宿肉；祭肉，不出三日，出三日，不食之矣。"孔子这番话讲了饮食的规矩。

孔子说："可与言而不与之言，失人。不可与言而与之言，失言。知者不失人，亦不失言。""侍于君子有三愆：言未及之而言谓之躁，言及之而不言谓之隐，未见颜色而言谓之瞽。"以上两段孔子关于"言"的论断可谓对六五爻"言有序"的最佳诠释。

爻辞原文：上九，敦艮，吉。

说文解字：（1）敦厚，敦实。

古文今译：敦厚而知止，吉。

智慧锦囊：经过从初六爻到六五爻的教化、培养，幼儿终于长大成人，成长为"敦厚而知止"的栋梁之才。"敦艮"就是《大学》里提出的"知止而后有定"，是"修齐治平"的必备素质。

《周易》全文中共有三处"敦"字，另两处是：第十九卦临卦上六爻："敦临，吉，无咎。"第二十四卦复卦六五爻："敦复，无悔。"三处带"敦"字爻的判语为"吉"、"无咎"、"无悔"等，这充分说明"敦"属于"厚德"，是君子之德。

总而言之，艮卦提出的通过"制止"子弟的各种错误动向而使其"知止"的教化、教育理念，最终目的是使子弟成长为像山一样高大稳重、能够让人"高山仰止"的君子。

渐卦第五十三（下艮上巽）

卦辞原文：渐：女归，吉，利贞。

说文解字：（1）渐：渐进，接近。（2）归：女子嫁到合适的人家。

古文今译：女子嫁到合适的人家，吉，占卜得有利之兆。

智慧锦囊：渐卦下山上风，为风吹于山上之象。因为鸟类可以乘风飞翔、上达高山，所以渐卦还可理解为鸟类乘风在高山上飞翔之象。全卦六爻皆含“渐”字，而且每爻开头都为“鸿渐于”“干”、“磐”、“陆”、“木”、“陵”等位置或环境。渐卦的哲理可以比喻到婚恋、择业、教育、商业等诸多领域。小说《围城》的主人公方鸿渐的名字就是取自渐卦爻辞中的“鸿渐”。

卦辞中“归”的本义是“回家”，古人用“归”来比喻女子出嫁是有深意的。“归”并不是简单把女儿随便找个男人嫁出去就算了，也不是女儿任性地喜欢谁就嫁给谁。虽然“父母之命、媒妁之言”并不完美，并且从新文化运动至今就受到强烈批判，但是不得不说古人“门当户对”的婚姻观念是有其科学性与合理性的，而“归”这个字就是几千年来“门当户对”这一婚姻价值观合理性的最佳阐释。“归”就是女子出嫁之后在夫家会感觉到像自己回到娘家一样自在。旅店业往往把“宾至如归”作为经营宗旨，而古人认为，最好的出嫁就是“出嫁如归”。从这个意义上说，只有“门当户对”的家庭才会让女子拥有和娘家相似的生活环境，能够自然融入，如鱼得水。

综上所述，渐卦卦辞的内涵是，女子出嫁之后只有达到了“归”的幸福度，才称得上“吉，利贞”。

爻辞原文：初六，鸿渐于干，小子厉，有言，无咎。

说文解字：（1）鸿：鸿雁，大雁类飞禽。（2）干：岸边。（3）小子：小孩子。

古文今译：鸿雁飞到岸边，小孩子到水岸则有危险，有人警告并制止他，则没有过失。

智慧锦囊：“干”就是水岸，比如杭州有“江干区”，就是钱塘江沿岸区域。鸿雁属于水禽，以湖、河中的藻类、水草、种子、鱼虾等为食，并在湖边、河边的水草丛中做窝，繁衍生息。鸿雁是季节性候鸟，随季节变化迁徙到气候适宜、水草丰茂的地方。鸿雁是水禽，它飞到水岸上就是面临自己最得意、最自由的环境。小孩子到水岸是面临险境的，如果掉进水里，重则丧命，轻则呛水。如果有人喊他、警告他并制止他的危险行为，则会“无咎”。“鸿渐于干”还可比喻男女谈婚论嫁。俗话说“男大当婚、女大当嫁”，可见婚恋是“大人”的事，“小子”不能干。也就是说，一旦得知小孩子早恋，父母、师长必须“有言”，防止中小学生早恋。当然，“鸿渐于干”可以比喻准备做任何事，而论理这事小孩子不该做时，都该对他们“有言”，从而实现“无咎”。

爻辞原文：六二，鸿渐于磐，饮食衎衎，吉。

说文解字：（1）磐：磐石。（2）衎衎：从容不迫。

古文今译：鸿雁飞到磐石上，饮食从容不迫，吉。

智慧锦囊：鸿雁抓到鱼虾，不能从水里直接就吃起来，因为那样的话，嘴里的鱼虾很容易挣扎着掉到水里，导致自己前功尽弃，所以鸿雁捕捉到鱼虾后会咬紧嘴巴，飞到安全的地方进食，而附近的磐石就是理想的进食场所，因此“吉”。六二爻的哲理比喻到婚恋领域，女子应该嫁一个能确保自己饮食无忧的富裕人家，如果饭都吃不安生，那幸福基本上是无从言起的。六二爻的哲理比喻到商业领域，就是公司的资金应该投放到安全度高的领域。六二爻的哲理比喻到治国理政领域，就是国家要确保老百姓能过上安居乐业、衣食无忧的小康生活。

爻辞原文：九三，鸿渐于陆，夫征不复，妇孕不育，凶，利御寇。

说文解字：（1）复：回家。（2）孕：怀孕。（3）育：生育，养育。（4）御：防御。（5）寇：贼寇。

古文今译：鸿雁飞到陆地上，丈夫出征回不了家，妇女怀了孕却无法生育，凶，利于防御贼寇。

智慧锦囊：鸿雁是水禽，它们的家应该安在水草丛中。如果鸿雁把家安在陆地上，那么雄性鸿雁就必须飞很远的距离到湖泊或大河里去捕捉鱼虾，捉到食物后再飞很远的距离回巢，把食物带给雌雁和雏雁吃。这样的话，雄性鸿雁就会疲于奔命，最终会累倒，或者在长途往返中被猎人捕获，从而造成“夫征不复”的后果，而雌性鸿雁和雏雁们就跟着雄性鸿雁过着饥一顿、饱一顿、吃了上顿没下顿的生活，雏雁们在这种营养不足的状态下很难活下来，因此造成“妇孕不育，凶”。“利御寇”是因为雄性鸿雁由于长途往返捕食而常常不在家，雌雁和雏雁有可能成为猎人的猎物，也有可能成为老鹰、蟒蛇等天敌的猎物，雌雁还可能成为别的雄雁追求的对象，因此，雌性鸿雁必须有防御措施，否则，自身也难保。九三爻的哲理比喻到治家领域，则意义深远。首先，女子选择老公，必须选择一个家境殷实且聪明能干的小伙。如果结婚以后，老公常年奔波在外赚钱，夫妇俩长期两地分居，那么就会造成“夫征不复，妇孕不育”的“凶”险境地。此时，这个女人很可能被身边的男人搞成情人，就是“贼寇”入家。如果女人的心理防线溃退，那么“寇”想“御”都“御”不住。

现在社会上普遍存在的经济落后地区的农民工长期离家外出务工挣钱，把老婆孩子留在家里，自己只有年关等重要节假日才能与老婆孩子短暂团聚的现象，就是九三爻所描述的典型现象。而那些商人到外地做生意而把老婆孩子留在家中的情况也比农民工外出务工的情况好不到哪里去。夫妻长期两地分居，缺乏思想沟通以及性爱交流，造成感情疏远，久而久之婚姻难以维持。而留守的妻子往往成了别人的“二奶”或“小三”。由九三爻可知，当今社会上出现的上述问题及类似危害，《周易》在三千年前就警告我们了。

爻辞原文：六四，鸿渐于木，或得其桷，无咎。

说文解字：（1）桷：宽且平的树枝或木头。

古文今译：鸿雁飞到树木上，如果能找到宽且平的树枝，还算没有过失。

智慧锦囊：鸿雁的脚有蹼，适合在水中游泳或者在水边的沼泽地走路，它们是不适合在树上栖息的，因为鸿雁带蹼的脚抓不住圆的、细的树枝。比如，农家养的鸡可以飞上树枝栖息，而鸭子或鹅是无法上树的（谚语“赶鸭子上架”说的就是这种勉为其难的情况），主要是因为它们的脚结构不一样。鸿雁的脚与鹅和鸭子的脚相似，所以，鸿雁上树是很难立足的。“或得其桷”就是说，如果能找得到又宽又平能落脚的树枝，即使不小心滑落下来，因为有翅膀还不至于摔死、摔伤，还算“无咎”，但是树上的“桷”是非常罕见的，因此“鸿雁上树”绝对不能算长久之计，因此不是“吉”。六四爻的哲理比喻到婚恋领域，就是女子找了一个不合适的人家，虽然勉强能够过日子，但是很难长期维持下去，更算不上幸福生活。六四爻的哲理比喻到求职、择业领域，就是“良禽择木而栖，良臣择主而侍”。

爻辞原文：九五，鸿渐于陵，妇三岁不孕，终莫之胜，吉。

说文解字：（1）陵：高山峻岭。（2）莫：不能，不再。

古文今译：鸿雁飞到崇山峻岭之上，妇女三年不能怀孕，如果最终不再争强好胜，则吉。

智慧锦囊：如前几爻所说，鸿雁最舒适的生活环境是低洼的湖泊和大河，水里的鱼虾提供他们食物，水草丛中供他们筑巢安家。崇山峻岭是雄鹰最舒适的生活环境，而雄鹰是鸿雁的天敌，因为雄鹰有锋利、牢固的爪子和尖锐的喙，而鸿雁只有踩水、拨水的蹼脚和扁平宽大的嘴。虽然鸿雁在迁徙时也能飞越崇山峻岭，但是此时它们是没有食物吃而必须忍饥挨饿的。鸿雁在迁徙中也不是一直禁食，而是找到合适的水源就进行补给休息、恢复体力，再重新出发。如果“鸿渐于陵”在高山上安家，那么雄性鸿雁离开巢去捕食然后带食物回家喂雌性鸿雁及雏雁所要飞行的距离就比“鸿渐于陆”更远得多，体力消耗也更大，在往返途中被天敌或人类捕猎的危险系数也大得多。九三爻“鸿渐于陆”时还只是“妇孕不育”，而到九五爻“鸿渐于陵”就成为“妇三岁不孕”了，连怀孕的可能性都没有了，这当然是雄性鸿雁长途往返奔波、力有不逮所致。如果鸿雁最终能够幡然醒悟，不再挑战自己的极限，不再争强好胜跟自己过不去，赶快回归自己的本性，回到水草丰茂的低洼地带过自家能力所及的小日子，就是“吉”，否则“凶”比九三爻还严重。

九五爻的哲理比喻到婚恋领域，就是警告男女双方不要好高骛远，盲目追求高大上的生活，别人的高贵、奢侈生活看上去很美，但别忘了人家是雄鹰，你们是鸿雁。房子不大、票子不多、生活条件不高就如湖泊洼地、污泥沼泽虽然看上去档次低、不雅观，但是适合鸿雁。九五爻还比喻女子找夫家一定不要眼睛只朝上看、太势利，人家的财富排在中国富豪榜上端，家庭如崇山峻岭令人敬仰，但是不一定适合你。正所谓“一入豪门深似海”，豪门阔太的生活未必适合你。九五爻的哲理比喻到求职、择业领域，就如婚恋一样，一定不要总是想着找高端的职位，雄鹰型的人在那个职位上展翅翱翔，鸿雁型的人去了可能生不如死。因此，无论婚姻，还是职业，“适合的才是最好的”。

爻辞原文：上九，鸿渐于陆，其羽可用为仪，吉。

说文解字：（1）羽：羽毛。（2）仪：仪式，典礼。

古文今译：鸿雁飞到大陆上，它的羽毛可以用于典礼、仪式上的装饰，吉。

智慧锦囊：九三爻的“鸿渐于陆”结果与上九爻不同，九三爻的结果是：“夫征不复，妇孕不育，凶，利御寇。”虽然“凶”，但及时悔改，回归自己最自在的湖泊、江河等环境，还算有“一线生机”。而上九爻的“鸿渐于陆”就没有九三爻幸运了，因为它在九三爻时没有悔改，又在六四爻“鸿渐于木”、在九五爻“鸿渐于陵”，屡次三番犯错误、不悔改，不肯回头到初六爻的水岸边。当它再一次“鸿渐于陆”时，它被猎人逮住了。不仅它的肉被加工成美味佳肴，而且它的羽毛比肉更珍贵，被用于祭祀等典礼仪式上的装饰。我们从电视等媒体上看到的美国印第安部落、非洲原始部落的人头上所戴的漂亮羽毛做成的冠饰就是例证。上九爻的“吉”不属于鸿雁，而是属于捕获鸿雁的猎人。上九爻的哲理比喻到婚姻领域，就是女孩子第一次结婚最重要，第一次找到了对的人，找到与自己的性格、爱好、特长、学识、学历、职业、收入及家庭背景等因素相契合的人家，会幸福一生。从九三爻到上九爻如果比喻为失败的婚姻，也就是说如果一个女子经过四次婚姻都没有找对男人，那么她基本上会痛苦、悲惨一生。因为人生当中，如果自主自立从20岁开始，其实好时光没有几个十年。上九爻的哲理比喻到求职、择业领域，如果一个人屡次更换自己的行业、职业，换来换去总是找不到适合自己的行当，那么这个人基本上也就一事无成、遗憾终生了。上九爻的鸿雁就是一个屡次选择失误的牺牲品，而当今社会上各行各业、各个领域中想做“雄鹰”的“鸿雁”数不胜数，希望他们能够吸收“渐卦”的智慧，认清自己是谁。

渐卦六爻传承给我们的智慧就是“做你自己”。如果你是麻雀，你就要过适合麻雀的生活；如果你是雄鹰，你就要过适合雄鹰的生活；如果你是鸿雁，你就要过适合鸿雁的生活。不要盲目地效仿别人，不要盲目地崇拜别人，更不要试图去做别人。只有安于做自己，乐于做自己，才会幸福一生。

归妹卦第五十四（下兑上震）

卦辞原文：归妹：征凶，无攸利。

说文解字：（1）归：给女子找到合适的人家出嫁。（2）妹：女弟。

古文今译：出征为凶，没有什么好处。

智慧锦囊：归妹卦下泽上雷，为天空雷声滚滚、湖泽欣欣向荣之象。气象规律告诉我们，四季之中，春天和夏天打雷的天气多见，而秋季和冬季则非常少见。雷是由于天空中云层所携带的正负电离子相遇发生反应造成的，按阴阳理论，正电子就是阳，负电子就是阴。因此，雷电往往伴随着下雨（成语“晴天霹雳”比喻不可能的事情，因为自然界中晴天霹雳是不存在的），而下雨则会给江河湖海等“泽”地补充水源，对于湖泽的生态系统是好事情，因而生态系统内的景象是欢腾喜庆、欣欣向荣的。古今中外，婚嫁迎娶都是喜庆的事情。中国传统文化中，在整个婚礼过程中都会有锣鼓喧天的音乐，以及舞蹈等多种娱乐节目。婚礼喜庆热闹的景象与打雷下雨后湖泽生态系统欣欣向荣的景象有相似性，因此，“下泽上雷”的卦象被命名为“归妹”。与第五十三卦渐卦卦辞“女归，吉，利贞”中“归”字的阐释一样，“归”并非随便、任性、不加甄选地嫁女，而是为女儿或妹妹选择合适的人家再出嫁。《诗经·齐风·南山》中说：“取妻如之何？匪媒不得。”由此可见，中国传统文化中，“父母之命、媒妁之言”有着悠久的传统，而父母和媒妁的作用主要是为男女双方进行“门当户对”的配对。尽管在新时代，古老的婚恋传统和价值观有其不足之处，但是传统的价值观和做法并非一无是处，而且有相当高的合理性。如今“门当户对”的传统价值观正慢慢回归，越来越多地得到主流价值观的认同。全卦六爻中有四爻含“归妹”，上六爻虽然不含“归妹”，但是也与男女婚后生活有关。

看到归妹卦卦辞，读者免不了会心生疑惑，既然“归妹”是喜庆之事，那么为什么卦辞是“征凶，无攸利”？这正是我们必须澄清的最重要一点，“凶，无攸利”评价的不是“归妹”，而是本该做“归妹”的喜庆事，却去做“征”的事情，也就是说，“凶，无攸利”评价的对象是“征”。放在普通百姓人家，“征”就是出远门打工、打猎、做生意，古代交通条件落后，如果家中有女儿或妹妹出嫁，父亲和哥哥们却远离家门，那么是没有人主持、张罗女儿或妹妹婚嫁的大事的，因此“凶，无攸利”。如果放在国家大事上，两国本来该用和亲的方式来赢得和平安定的，却非要出征作战不可，结果就会是“凶，无攸利”。所以，卦辞的意思是，本来应该“归妹”，却去“征”，就会“凶，无攸利”。归妹卦的哲理用一句现代管理学的话来说，就是“做对的事情比把事情做对更重要”，即“做对的事情”是本、是干，而“把事情做对”是末、是枝。“做对的事情”，结果一定会吉；“做错的事情”，结果一定是凶。因此，《周易》的预测不是瞎猜，也不是凑巧，而是基于社会实践的逻辑推理。

《三国演义》第十六回、十七回中有“吕布嫁女”的故事，袁术想与吕布联姻，让吕布把女儿嫁给自己的儿子，以联姻为纽带进行强强联合，然而吕布在几个谋士相互矛盾的劝说下，左摇右摆，糊里糊涂地把袁术派来求亲的使者送给曹操斩首，最终导致袁术派兵攻打徐州，自己也落得被曹操白门楼绞死又斩首的“凶”命。后人只能哀叹有“马中赤兔、人中吕布”威名的三国第一猛将“咎由自取”。如果历史能够推倒重来，如果吕布把女儿嫁给袁术的儿子，两者强强联手，历史很可能会被改写，至少吕布不会死得那么早、那么惨！由吕布的悲剧可知，归妹卦的智慧是多么重要。

爻辞原文：初九，归妹以娣，跛能履，征吉。

说文解字：（1）娣：古代对兄弟姐妹中妹妹的称呼，即女弟。（2）跛：腿脚不好。（3）履：走路。

古文今译：嫁女之时以她的妹妹为陪嫁，虽然腿脚不好但是能走路，出征吉。

智慧锦囊：“归妹以娣”就是把姐妹俩同时嫁给一个人，不过是以姐姐为主，以妹妹为陪。

《史记》中记载的尧帝禅位于舜帝之前“妻之二女，观其德于二女”的故事就是尧把自己两个女儿娥皇和女英嫁给舜，即“归妹以娣”。娥皇、女英虽然贵为尧帝之女，但是也有长女、次女之分，因此嫁给舜以后，也是娥皇的地位在女英之前。

“跛能履”说明尽管此人不如双腿健全的人行动利索、跑步走路快，但是只要有毅力、耐力，也能出远门，因此“征吉”。《荀子·劝学》中说：“骐骥一跃，不能十步；驽马十驾，功在不舍。锲而舍之，朽木不折；锲而不舍，金石可镂。”这段话也包含类似“跛能履”的哲理。“跛能履”还有另一层比喻义，即姐妹二人同嫁一人但地位有高低，就如同两条腿长短不一样，但把姐妹俩远嫁异国联姻长远看来是有好处的。

爻辞原文：九二，眇能视，利幽人之贞。

说文解字：（1）眇：眼神不好。（2）幽人：幽居之人，隐居之人。

古文今译：眼神不好但是能看得见，幽居之人占卜得有利之兆。

智慧锦囊：九二爻的比喻重点在于，在做“归妹”的决定时，君王、父兄的眼神特别重要。如果看走了眼，把女儿或妹妹嫁错了人，那么不但会耽误“妹”的一生，国家或两个家族联姻获取强强联手的目的也实现不了。因此，九二爻的第一层比喻义是，如果君王、父兄的眼神不好、没眼力，“妹”还不如不嫁，养在深闺做个“幽居之人”反而更好。

九二爻还有另一层重要的比喻义，一个人如果眼神不好，就不要去和眼神好的人比，不要去干那些需要好眼力的事情、工作、职业。眼神不好的人最好做一个较少出门的思考者、修行者、隐居者，这样会安度一生。苏轼的一首诗《定惠院寓居月夜偶出》中“幽人无事不出门，偶逐东风转良夜”描述的就是“幽人”的生活方式。总之，九二爻比喻做决定之前必须有好的眼光，好的鉴别力，不要去做自己看不清、看不懂的事情。

爻辞原文：六三，归妹以须，反归以娣。

说文解字：（1）须：下人，婢女。（2）反：反而，回报。

古文今译：嫁女之时以她的婢女作陪嫁，对方却让妹妹作陪嫁随姐姐嫁到我方。

智慧锦囊：我方把女儿嫁给对方时是“归妹以须”，然而对方把女儿嫁给我方时却是“归妹以娣”。换句话说，我方嫁出去的是一个女儿和一个婢女，而对方嫁过来的却是两个女儿。“娣”的地位显然是“须”无法比拟的，这充分说明对方对我方特别尊重，从而意味着双方会达成和平共处、睦邻友好、强强联手的局面。历史上作为陪嫁的“须”并非个个都屈辱、卑贱一生，由于给所在家庭做出贡献而上位，或者由于生了儿子“母以子贵”的也为数不少。

爻辞原文：九四，归妹愆期，迟归有时。

说文解字：（1）愆：错过。（2）期：日期。（3）迟：推迟。

古文今译：嫁女错过了日期，推迟嫁女要有约定的时间。

智慧锦囊：古今中外，原定的婚礼因不可抗力不能如约举行是难以避免的事情，比如亲人死亡、发生战争、地震洪涝等等，但是婚礼不能无限期推迟，双方必须重新约定一个日期。九四爻的哲理比喻到其他领域，就是当原合同因不可抗力及各种原因不能如期履行时，双方不能无限期推迟，必须重新约定新的履行期限。

爻辞原文：六五，帝乙归妹，其君之袂不如其娣之袂良，月几望，吉。

说文解字：（1）帝乙：商朝第三十任君王，商纣王帝辛的父亲。（2）君：主人，指同时出嫁的姐妹二人中的姐姐。（2）袂：衣袂，长袖。（3）望：满月。

古文今译：帝乙嫁女，主嫁的姐姐的衣料不如陪嫁的妹妹的衣料质地更优良，月亮接近满月，吉。

智慧锦囊：帝乙把两个女儿同时许配给一个人，表明所嫁的对象不是大臣。如果是诸侯国国君的话，应该是实力强大的诸侯国。如果是周边异族邻国国君的话，应该是强大的邻国。服饰在古代是身份的象征，“其君之袂不如其娣之袂良”，说明帝乙嫁女是动了心思的。一方面，两个女儿的心理因此得到平衡，同时表明帝乙教导两个女儿不要攀比主次，在服饰上对小女儿作为陪嫁做了补偿。另一方面，当姐妹俩的夫君看到服饰的区别后，会明白帝乙的态度，因此，夫君不会轻视陪嫁的妹妹。帝乙这样用心的安排，就像“月几望”一样是圆满的，因此“吉”。

爻辞原文：上六，女承筐无实，士刲羊无血，无攸利。

说文解字：（1）承：用手捧着。（2）士：男人。（3）刲：宰，用刀刺、割。

古文今译：女人双手捧筐但里面没有果实，男人宰羊但放不出血来，没有什么好处。

智慧锦囊：《诗经·鹿鸣之什·鹿鸣》中说：“我有嘉宾，鼓瑟吹笙。吹笙鼓簧，承筐是将。”“承筐”应该有实才对。“女承筐无实”说明这个女人去采桑、采茶或采集瓜果，结果是箩筐空空，这样的女人明显缺乏持家的能力。“士刲羊无血”说明这个男人手拿尖刀杀羊却连羊血都流不出来，那么其身体不是一般的虚弱，这样的男人无法承担男主人的责任。上六爻启示我们，男人娶妻时一定要睁大眼睛找一个能顾家、持家、能干的旺夫女人，而女人嫁老公时一定要精挑细选找一个身强力壮、身体健康、有担当能力的可靠男人。总之，上六爻道出了家庭幸福的重要基础：男女双方健康的身体和能干的技艺。

䷶

丰卦第五十五（下离上震）

卦辞原文：丰：亨，王假之，勿忧，宜日中。

说文解字：（1）丰：丰收，丰盛，丰美。（2）假：驾临，至临。（3）宜：适宜。

古文今译：亨通，君王驾临，不必担忧，以日中为宜。

智慧锦囊：丰卦下火上雷，为雷鸣阵阵、雨水丰沛、物阜民丰、红红火火之象。“丰”意味着物阜民丰、农牧业丰收，是利国利民、皆大欢喜的好事，当然“亨”。君王趁着国富民强的好时机巡视四方，体察民情，因此，百姓“勿忧”。“宜日中”是古代制定的君王接触民众的礼仪要求。规定君王在“日中”时与民众见面，一方面比喻君王的统治永远“如日中天”，另一方面比喻君王的行为正大光明，毫无隐私。

丰卦六爻有四爻含“丰”字，均用作动词，均为“加高、加大、加宽或使其更高大、更丰满”之义，但是“丰”的对象不同，其结果的吉凶也不同。如果把“丰”的行动用在老百姓身上、用在招揽人才上、用在基础设施上、用在改善民生上、用在济贫扶弱上，那么就会“吉”。如果把“丰”的功夫用在自己的高宅大屋上、用在自己的饮食起居上、用在自己的奢侈享受上、用在自己的花天酒地上、用在自己的炫耀挥霍上，那么就会“凶”。

爻辞原文：初九，遇其配主，虽旬，无咎，往有尚。

说文解字：（1）配：般配，相配。（2）旬：十年。（3）尚：尊奉，重用，重视。

古文今译：遇到与自己般配的君主，虽然用了十年时间才找到，也没有过失，前往必会受到重用。

智慧锦囊：俗话说："良禽择木而栖，良臣择主而侍。"《战国策·赵策一》中东周四大刺客之一豫让所说的"士为知己者死，女为悦己者容"也是类似的比喻义。《三国演义》中时年 47 岁的刘备三顾茅庐恭请 27 岁的诸葛亮出山时，诸葛亮已经在南阳隐居种地为生多年。诸葛亮之所以迟迟不出仕做官，就是为了等待他的"配主"出现，刘备在诸葛亮的嘴里就是"主公"。刘备和诸葛亮搭班子干成了"三分天下有其一"的蜀汉大业，两人默契的合作关系被后世誉为君臣关系的完美典范。

爻辞原文：六二，丰其蔀，日中见斗，往得疑疾，有孚发若，吉。

说文解字：（1）蔀：院墙，遮挡物。（2）斗：北斗七星。（3）疑疾：被疑忌的疾患。（4）发：发散，分发。

古文今译：君王加高加大宫廷的院墙，恰如中午发生日食、北斗七星出现，长此以往会引起臣民的疑忌而生疾患，如果把王室所得发散给臣民，则吉。

智慧锦囊：自古君王无私事，天子不求私财。对于君王来说家就是国、国就是家。清朝道光皇帝在登基元年就发布了《御制声色货利谕》，其中第一条就是："重义轻利，不蓄私财。"要为国家省，为天下省，为百姓省。道光帝引用古人的话说："百姓足，君孰与不足？百姓不足，君孰与足？"

《大学》中说："故君子先慎乎德，有德此有人，有人此有土，有土此有财，有财此有用。德者本也，财者末也。外本内末，争民施夺。是故财聚则民散，财散则民聚。是故言悖而出者，亦悖而入；货悖而入者，亦悖而出。"六二爻中的"有孚发若，吉"就是《大学》中的"财散则民聚"。

中国传统民俗文化中有"散财童子"、"招财猫"、"只吃不拉的聚财貔貅"等形象。"招财"、"聚财"的猫和貔貅充其量只是动物，而"散财"的则是童子，显然，动物与童子无法比拟。有人会说："关公还是财神呢！"关公被民间奉为财神并不是因为他爱财或善于敛财，而是因为他的"忠义"精神。关公的标准塑像都是左手执掌青龙偃月刀，右手握《春秋》。《春秋》比喻春秋大义，即忠义精神，大刀则用来斩杀取不义之财的小人。

爻辞原文：九三，丰其沛，日中见沫，折其右肱，无咎。

说文解字：（1）沛：丰沛，洪水四溢奔流。（2）沫：如沫子般的小星星。（3）肱：上臂。

古文今译：君王不断积蓄家资，越来越丰沛的财产如水溢出堤坝，恰如中午发生日食小星星们都出现了，君王右胳膊上臂被折断，如果能接受断臂的教训，则没有过失。

智慧锦囊：九三爻中"日中见沫"导致的黑暗程度比六二爻和九四爻中的"日中见斗"要严重得多。这说明，君王贪婪积累私财对政治的危害比大兴土木、盖高宅大院的危害更为严重。人类绝大多数是"右利手"，即右手、右臂比左手、左臂的力量更大、行动更灵活，因此"折其右肱"的损失比"折其左肱"要大得多。"折其右肱"比喻"失去股肱之臣"，失去"左膀右臂"。当然，"断臂"并不会致命，如果吸取这个教训并改过自新，还算"无咎"，但不是"吉"。

爻辞原文：九四，丰其蔀，日中见斗，遇其夷主，吉。

说文解字：（1）夷：平辈，平等。

古文今译：君王加高加大宫廷的院墙，恰如中午发生日食、北斗七星出现，臣子去投奔能平等待己的主公，吉。

智慧锦囊：九四爻还是重复六二爻的"丰其蔀，日中见斗"，说明这个君王虽然在九三爻付出了"折其右肱"的血的代价，但是并没有悔改，还是依然故我。然而，九四爻的"丰其蔀，日中见斗"的后果就比六二爻的后果严重得多，因为臣子们已经认清了这个"昏君"的嘴脸。正所谓"士为知己者死，女为悦己者容"，"良禽择木而栖，良臣择主而侍"，因为君王"丰其蔀"、"丰其沛"而不知止，政治如同日食，天昏地暗，臣子只好纷纷弃暗投明，寻找有平等精神的英明"夷主"。因为受到了"夷主"的"知遇之恩"，所以君臣两相得，"吉"。我们必须注意，这个"吉"绝对不属于"昏君"，而是属于那些弃暗投明、遇到明主的臣子。

爻辞原文：六五，来章，有庆誉，吉。

说文解字：（1）章：文章，比喻英才。（2）庆：喜庆。（3）誉：

美誉，赞誉。

古文今译：招揽英才前来，有喜庆、美誉，吉。

智慧锦囊：六五爻说明建设高宅阔院、积蓄无尽资财对于君王来说都是歧途邪路，只有招揽天下英才为己所用才是正道、王道，才会受到臣民的庆祝和赞誉，当然“吉”。

2019年1月17日，任正非在华为深圳总部接受了央视记者董倩的专访，其中有如下一段对话：

主持人：像华为这样的公司，你们招人才，像统计、数学这样的人才好不好招？

任正非：好招。

主持人：为什么你们好招？

任正非：因为全世界博士很多，国家这些年也进步了，而且特别是现在大量的人才从国外、海外回国，这对我们国家是一次机会。因为有两次人才大转移高峰，第一次是第二次世界大战结束以后300万犹太人从苏联转移到以色列，崛起了一个高点。现在美国正在排外，它的科研就受限了。第二个我们可能有一些大量的留学生在国外不能公平就业的话，他可能要回国。这个时候我们国家敞开怀抱，拥抱这些人，让他们到中国来，多挣钱，让他们来为国家多发光。其实有时候我们跟外国人说，你把这个高科技卖给我们吧，你把这个东西卖给我们。当这个东西买回来以后，你把这个蛋一打开，发现这个蛋是中国蛋，是咱们中国鸡跑到美国生了一个蛋，然后卖给我们中国蛋，我们还交了关税，我们还要高价买回来。为什么不能自己的鸡在自己国家的土地上生？第二个，为什么不能让外国的科学家到中国来生蛋？大家也知道，美国有非常多伟大的领袖、政治家、哲学家、科学家，大多出自穷困的东欧，我们为啥不能再把东欧的优秀人才引进到中国来生蛋？让他们有幸福的生活，让他们也感觉到环境，这样中国能大量把世界人才像美国一样把科学家吸纳到中国来，这个国家怎么不能井喷？

任正非的一番话印证了六五爻的哲理。

爻辞原文：上六，丰其屋，蔀其家，窥其户，阒其无人，三

岁不觌，凶。

说文解字：（1）蔀：修院墙。（2）窥：通过缝隙或小孔看。（3）阒：寂寥无人。（4）觌：露面，现身。

古文今译：建设高宅大屋，修建又高又厚的家园围墙，从大门缝隙往里面看，寂寥无人，三年不见有人影出现，凶。

智慧锦囊：“丰其屋，蔀其家”非普通百姓可为，只有王侯将相、高官显贵、巨富之家才能支付得起巨大的人力、财力、物力之费。“窥其户，阒其无人，三岁不觌”有两种可能性：其一，主人拥有多处豪宅，他自家人根本住不过来，有些豪宅他与家人好几年也去不了一次，古代帝王在全国各地所建的行宫就属于这种情况；其二，拥有豪宅的大户人家都已经弃家而逃，而且走的时候连财产都来不及变卖（如果变卖的话就会有人住了）。如果十室九空，可见天下无道，那么君王离亡国丧家的厄运就不远了。以上两种情况都是“凶”。《史记》中记载了阿房宫建设的情况，秦始皇和二世大兴土木消耗大量国力、造成民怨沸腾是导致秦灭亡的重要原因。唐代人诗人杜牧写的《阿房宫赋》可谓对丰卦哲理绝佳的诠释。

上六爻的哲理也适用于企业经营，如果一个企业家拥有豪宅数座、豪车数辆，甚至私人飞机、豪华游艇，而他的多数员工还挣扎在温饱线上，那么经济危机到来时，最先死掉的就是那些只顾自己奢靡挥霍、不顾员工死活的无道昏聩的企业家！

旅卦第五十六（下艮上离）

卦辞原文：旅：小亨，旅贞吉。

说文解字：（1）旅：旅行。

古文今译：小亨通，旅行占卜得吉兆。

智慧锦囊：旅卦下山上火，为山火燃烧、迅速蔓延之象。山火的特点是速度极快，卦名取“旅”字正是择取了山火与旅行都是行进速度快的相似性。全卦六爻中有五爻含“旅”字，都是“旅行”之义。九三爻和上九爻含“焚”字，这与卦象中上卦的“离”火有关。初六爻有“灾”，九三爻有“焚其次，丧其童仆”，九四爻有“我心不快”，上九爻有“旅人先笑后号咷”，可见六爻中有四爻明显表达了负面信息，因此，旅卦只能算“小亨”。这是因为古代交通条件落后，旅馆等旅游服务设施也非常落后，与当今社会有航空、高铁、高速公路、私家车、发达的酒店业等条件不可同日而语。对于绝大多数古人来说，像李白和徐霞客那样热衷于旅行的人只是极少数，大部分旅客都是公务在身的官员、经营生意的商人，投亲靠友的人也只是少数，老百姓的旅行多局限在居住地周边的小范围。对于古人来说，旅行并不是今天的价值观念里普遍认为的幸福快乐的休闲娱乐活动，而是一路伴随着相思、愁苦、忧虑、苦涩、孤寂等情绪。

爻辞原文：初六，旅琐琐，斯其所取灾。

说文解字：（1）琐：猥琐，琐碎。（2）斯：这。

古文今译：旅途中行为猥琐，这是他惹祸招灾的缘由。

智慧锦囊：中国传统文化认为，男子汉、大丈夫，立身处世应该走得直、行得正，中道直行。“猥琐”与男子汉、大丈夫应有的气质完全相反。“猥琐”是小偷、小摸、小流氓的气质。“猥琐”之人放到当今社会，无论走在大街上，还是住在旅馆里，也会成为警察关注的重点对象。总之，“我是一切的根源”，“祸福无门，惟人自招”，自己之所以遭受不幸、不测，是因为自己的行为举止不正确。

爻辞原文：六二，旅即次，怀其资，得童仆贞。

说文解字：（1）即：到达。（2）次：旅店。（3）怀：怀揣，携带。（4）童仆：做仆佣的男孩。

古文今译：旅行中到达旅店，怀揣钱财，占卜得应该雇佣童仆之兆。

智慧锦囊：无论是为官，还是经商，孤身一人在外总是缺个照应，既然有钱，就要舍得花钱雇个仆从照顾自己，为自己打个下手。之所以雇佣“童仆”而不是“成年仆人”，是因为在旅途中雇人的话，对方的底细很难摸清楚，成年奴仆偷盗主人钱财，甚至谋财害命的危险系数较高。而雇佣一个“童仆”的话，小男孩即使有坏心眼，也如“乳狗搏人”，没有大的危险而且容易反制，因此危险系数小得多。由爻辞使用“得童仆贞”而不是“得仆贞”这一字之差足见《周易》的“微言大义”。许多企业家在聘用董助、秘书、司机等身边人时，往往偏向于过往经历一张白纸的初出茅庐者，正是基于安全的考虑。

爻辞原文：九三，旅焚其次，丧其童仆，贞厉。

说文解字：（1）丧：丧失，丢失。

古文今译：旅途中旅店失火，丧失了童仆，占卜得危险之兆。

智慧锦囊：旅店失火，“丧其童仆”有两种可能性：第一种可能是，童仆在火灾中烧死了，或被浓烟呛死了；第二种可能是，童仆趁着火灾的混乱局势逃走，甚或偷了主人部分钱财跑掉了。两种情况中的任何一种都是“贞厉”。总之，旅途中经历火灾，即使自己大难不死，遭遇损失是免不了的。必须指出的一点是，如果“丧其童仆”是“童仆”趁着大火跑掉了，那么说明这个小孩子不喜欢这个主人，进而说明这个主人不是个好人。可以想象，一个因家庭贫困被父母卖给他人做“童仆”的小男孩，找到一个主人有了吃喝穿用的依靠应该是幸运的事，如果不是被主人虐待是不会趁火灾逃走的。一个连僮仆都留不住的主人无论做官还是经商都很难兴旺长久。

爻辞原文：九四，旅于处，得其资斧，我心不快。

说文解字：（1）处：到处，处所。（3）资斧：钱财。

古文今译：经商之旅到处奔波，赚得了钱财，但我内心仍有不愉快。

智慧锦囊：九四爻说明金钱并不能完全满足商人的全部需求，除了费尽心血拼命赚钱，商人还有很强烈的精神需求。商人为了生计不得不到处奔波，难免遇到各种各样的麻烦，难免思念家乡的妻儿老小，难免会感到痛苦、孤独、寂寞。

爻辞原文：六五，射雉，一矢亡，终以誉命。

说文解字：（1）雉：雉鸡。（2）矢：箭。（3）誉：美誉，荣誉，光荣。（4）命：使命。

古文今译：射雉鸡，一箭就射死了，最终会完成使命，载誉而归。

智慧锦囊：“射雉”的难度比第四十卦解卦上六爻中“公用射隼于高墉之上”的难度要小得多，因为雉鸡往往在树丛、草丛中觅食，不会像鹰隼那样展翅高飞，更不如鹰隼凶猛。但雉鸡的警惕性和灵敏性都很高，如果一箭出去射不中，就受惊飞跑了。“一矢亡”说明一箭命中，射箭的水平很高。总之，艺高人胆大，本领强的人更容易完成使命。然而，能够达到“一矢亡”或“一箭命中”的射箭水平不是一朝一夕的结果，要有前期艰苦训练的准备。六五爻的哲理启示我们，机遇总是属于有准备的人，要想势在必得，就必须练好自身的本领。

爻辞原文：上九，鸟焚其巢，旅人先笑后号咷。丧牛于易，凶。

说文解字：（1）号咷：嚎啕大哭。（2）丧：丧失。（3）易：交易。

古文今译：鸟巢被焚烧，旅人开始哈哈大笑后来嚎啕大哭。在交易中丧失了牛，凶。

智慧锦囊：鸟巢被焚烧，对鸟来说是丧失了家园。鸟儿筑巢要一根一根地寻找草、树枝、羽毛、棉絮并衔回树上构筑小家，这是一个非常辛苦的过程。如果巢中有鸟蛋或幼鸟，那么更是悲惨。旅人看到鸟巢被焚烧，不但没有去救助，反而“笑”，说明他没有同情心。鸟儿怕火，它不可能自己找火种焚烧自己的小家。那么鸟巢极有可能是无知儿童恶作剧引火焚烧的，也可能是山火蔓延造成的。旅人“先笑”是在幸灾乐祸，因为火没有危害到他自己，而“后号咷”是因为无情的火蔓延到了旅店，他自家的财产也遭受到损失。

第三十四卦大壮卦六五爻有“丧羊于易，无悔”，而旅卦上九爻有“丧牛于易，凶”，这种差别是因为，无论古今，“牛”的价值都是“羊”的几十倍，甚至数百倍，丢失“牛”意味着大笔的损失。“丧牛于易”的原因，可能是他出远门做生意，在陌生的交易市场上被人劫掠或勒索，也可能是买牛的商人故意压价，使他损失了一头牛或几头牛的价钱。总之，“丧牛于易”不仅是字面的意思，而是比喻大笔的损失。

总而言之，上九爻是警告商人不要唯利是图，眼中只有金钱，满脑子只有利益，而是要心存道义，有礼义廉耻。

巽卦第五十七（下巽上巽）

卦辞原文：巽：小亨，利有攸往，利见大人。

说文解字：（1）巽：风。

古文今译：小亨通，利于有所往，见大人有利。

智慧锦囊：巽卦下风上风，为风之象。“风”与“水”是《周易》六十四卦中最活跃的元素。在中国传统文化中，“风水”往往被作为《周易》的代名词。风是由空气流动引起的一种自然现象，它是由太阳辐射热引起的。太阳光照射在地球表面，使地表温度升高，地表的空气受热膨胀变轻而往上升。热空气上升后，低温的冷空气横向流入，上升的空气因逐渐冷却变重而降落，由于地表温度较高又会加热空气使之上升，这种空气的流动就产生了风。在《黄帝内经》中，对风与人体健康和疾病的关系有非常广泛而深刻论述。

爻辞原文：初六，进退，利武人之贞。

说文解字：（1）武人：习武练武、以武为生的人。

古文今译：进退，武人占卜得有利之兆。

智慧锦囊：“进退”在中国传统文化中具有重要意义。从最基本的层面来讲,“进退”是中国传统教育中从儿童启蒙期就开始训练的礼节。

“武人”在古代就是习武之人、从军之人，从将帅到士兵都是“武人”。《孙子兵法·军争篇》中就把“武人”——军队比喻为风：“其疾如风，其徐如林，侵略如火，不动如山。”对于“其疾如风”，李筌注解为：“进退也，其来无迹，其退至疾也。”曹操注解为：“击空虚也。”张预注解为：“其来疾暴，所向皆靡。”也就是说，军队和“风”主要有以下三点相似性：（1）来无影，去无踪；（2）无孔不入，有虚则乘；（3）摧枯拉朽，所向披靡。日本战国时期著名政治家、军事家武田信玄将“疾如风，徐如林，侵掠如火，不动如山”十四个大字用金泥书写在青色绢布上，作为武田军的军旗，称为“孙子旗”。由此可见，能够“令行禁止”、知“进退”且无论“进退”都能做到“其疾如风”是军队战斗力的首要保证。需要指出的是，“武人”的知“进退”不仅表现在战场上，而且表现在任何时间、任何地点、任何场景，也就是“军人的天职就是服从命令”。

爻辞原文：九二，巽在床下，用史巫纷若，吉，无咎。

说文解字：（1）史：史官，古代负责掌管法典或记录帝王、诸侯言行和国事的官员。（2）巫：古代以占卜、祈祷、治病为职业的人。（3）纷若：纷纷，许多。

古文今译：异动如风侵入床下，任用的史官、巫师为数众多，吉，没有过失。

智慧锦囊：“巽”为风，风有三大特点：（1）来无影，去无踪。看不见它，抓不着它，然而却能明显感觉到它的存在。（2）正如俗语“没有不透风的墙”所说，风是无孔不入、无虚不乘、无处不至的。（3）风与中国传统文化中的“修身、齐家、治国、平天下”密切相关：从修身上说，“中风”、“痛风”、“麻风”、“伤风感冒”、“破伤风”等病关乎人体健康，而“作风”、“风度”、“话风”、“学风”关乎个人修养；从齐家上说，“家风”、“门风”、“民风”关乎家庭的团结、幸福、繁荣；从治国、平天下上说，“政风”、“官风”、“腐败之风”、“歪风邪气”关乎社会的和谐稳定。因此，“巽在床下”并非实指风吹到了床下，而是用“风”比喻国家政局、君王统治出现了疑难问题，用“床下”比喻君王的身边、近处、周围离君王最近的人群、环境。简单地说，君王已经明显地感觉到有问题，哪儿不对，但是这个问题又像“风”一样看不见、摸不着，来无影、去无踪。尤其是夜晚躺在床上睡觉时，辗转反侧、思来想去睡不着，感觉这个“异动”好像就在床底下一样，让自己睡不安稳。因此，“巽在床下”比喻“异动如风侵入床下”，再进一步比喻“治国理政出现了不易把握的难题”。

随着历史的发展和科学的进步，“巫”往往被冠以“封建迷信”的大帽子而打入另册。但是，在漫长的古代社会，“史官”和“巫师”是朝廷百官中拥有最高地位的官员。“史官”负责掌管国家法典并记录皇家历史和国家大事，《史记》的作者司马迁就是子承父业做了史官。“巫师”则负责王室的占卜、医疗、祈祷、祭祀等重要活动。

“用史巫纷若”就是启示君王遇到疑难问题时不要过分担忧，要采取两手动作：一，把史官请来，听他们讲解前朝的故事，以古鉴今，正所谓“前事不忘、后事之师”，借鉴历史的典故、惯例来解决当下的问题；二，把巫师们请来，他们可以先给君王把脉看病，看看他睡不安稳是不是身体生了疾病，开副中药给君王吃有可能就睡好了，更重要的是，巫师们要给君王做占卜，用龟甲、蓍草等多种方法进行卜筮，用《周易》的道理开导君王。总之，君王“用史巫纷若”不是搞迷信活动，而是集思广益，用众人的智慧去解决那些难以捉摸却又明显存在的“风”一样的疑难问题，因此“吉，无咎”。

当然，九二爻的哲理不仅适用于君王，普通百姓养不起一大群“史巫”，但遇到难题时可以找一些懂历史或《周易》的朋友、老师，去跟他们讲讲自己的问题，咨询一下意见，对解决问题就会有帮助。正所谓“两人智慧胜一人”、“三个臭皮匠顶个诸葛亮”，比自己一个人思来想去、愁肠百结睡不着要好多了。

爻辞原文：九三，频巽，吝。

说文解字：（1）频：频繁。

古文今译：频繁地刮风，有麻烦。

智慧锦囊：从字面意义上看，“频巽”是风灾，因此“吝”。我国东南沿海的台风季节就是“频巽”，每年都会造成一定的人员伤亡和财产损失。汉语中“风险”这个词说明“风”是产生“危险”的最通常的根源，并用来比喻世界上各种各样的危险因素。从比喻义上看，“频巽”比喻九二爻像“风”一样捉摸不透却让人难受的疑难问题频频发生，因此“吝”。人类必须摸清“频巽”的规律，提前做好风险防控措施。

爻辞原文：六四，悔亡，田获三品。

说文解字：（1）田：田野。（2）品：品种，品类。

古文今译：悔恨消失，在田野中打猎收获了三种猎物。

智慧锦囊：打猎的最高境界不是锣鼓喧天、轰轰烈烈地出动大批人马，把猎物惊吓得到处乱窜，然后跟在猎物屁股后面追击。打猎的最高境界是像“风”一样，来无影、去无踪，让猎物根本摸不清你在哪里。也就是说，六四爻的打猎和初六爻的用兵打仗道理是相通的，猎人和军队都要“其疾如风”。总之，“风”是猎人最好的老师，向“风”学习，就能“田获三品”，收获多多。商场如战场，商人、企业家也应该向“风”学习。

爻辞原文：九五，贞吉，悔亡，无不利，无初有终，先庚三日，后庚三日，吉。

说文解字：（1）庚：十天干之一。

古文今译：占卜得吉兆，悔恨消失，没有什么不利，没有参与事情初创，但享有最终的结果，在庚日之前三日和庚日之后三日共七日内采取行动，吉。

智慧锦囊：纵观六爻，九二爻和九三爻中遇到的难题经过咨询和请教“史巫”等高人得以解惑，然后在六四爻按照高人指点去做，收获颇多。九五爻启示我们，遇到难题应该请教高人并按照高人指点去做，如此做则“贞吉，悔亡，无不利，无初有终”。

放在当下的市场环境，腾讯购买京东的股份就是“无初有终”，阿里巴巴购买哈罗单车的股份也是“无初有终”。总之，公司并购、拿下发展势头好的公司的股份，就是商场上的“无初有终”。

“庚”为古代干支计时的十天干之一。天干地支，简称为干支，源自中国远古时代对天象的观测。“甲、乙、丙、丁、戊、己、庚、辛、壬、癸”称为十天干，“子、丑、寅、卯、辰、巳、午、未、申、酉、戌、亥”称为十二地支。天干地支组合形成了古代纪年历法，十天干和十二地支依次相配，组成六十个基本单位，两者按固定的顺序相互循环配合，组成了干支纪元法。从殷墟出土的甲骨文来看，天干地支在中国古代主要用于纪日，此外还用来纪月、纪年、纪时等。九五爻中用“先庚三日，后庚三日”有一层重要用意：“庚日”是十天干中的第七个，古人数日子时也习惯于掰着手指头从“甲日”开始数，因此，《周易》用“庚日”来启示后代子孙，“武人”用兵行军、猎人出门上山打猎、商人投资并购公司、老百姓婚丧嫁娶等事要有充分的准备，不可盲目开始。如果第一个庚日的准备还不充分，就继续准备，等到下一个“庚日”再开始，以此类推。准备充分了再行动，则“吉”。

爻辞原文：上九，巽在床下，丧其资斧，贞凶。

说文解字：（1）丧：丧失，丢失。（2）资斧：钱财。

古文今译：异动如风侵入床下，丧失了钱财，占卜得凶兆。

智慧锦囊：六四爻和九五爻都是“大有得”的情况，而且如风一样很顺利，即主人处于“春风得意”、“顺风顺水”的大好局面。到了上九爻再次出现“巽在床下”的情况时，不再有“史巫纷若”。上九爻意在启示我们，人在大富大贵之后，千万不能得意忘形，不再尊师重道。秦始皇统一六国，威震天下，但“焚书坑儒”之举让他失去了饱学之士的支持、进而失去了读书人的忠心，这一点对秦帝国执政基础的危害比大兴土木、建阿房宫要大得多。

《孟子》中说：“得道者多助，失道者寡助。寡助之至，亲戚畔之。多助之至，天下顺之。”“巽在床下”并不可怕，只要有“史巫纷若”，问题就可迎刃而解。可怕的是君王、企业家、各类组织领导人，乃至老百姓，遇到“巽在床下”的情况时懒散怠惰，不去找饱学之士、有识之士请教咨询，难免“丧其资斧，贞凶”。

兑卦第五十八（下兑上兑）

卦辞原文：兑：亨，利贞。

说文解字：（1）兑：兑换，交换，交易、交流，交往。

古文今译：亨通，占卜得有利之兆。

智慧锦囊：兑卦下泽上泽，为湖泊沼泽之象。兑卦源于古人对于湖泊沼泽生态系统的观察和感悟。湖泊沼泽及其周边水草丰茂，水中的鱼鳖虾蟹乃至微生物群体多种多样，从而会引来非常多的水禽以及吸引大量的飞禽走兽前来饮水、觅食，而老虎、狮子、狼群等猛兽和老鹰、秃鹫等猛禽也会聚集在湖泊周边捕捉猎物，因此，湖泊沼泽及周边地区能够形成非常完整的食物链系统。在“兑泽”的生态系统中，各种植物、动物各尽所能、各取所需、各得其所，因此，“亨，利贞”。

“兑”的根本意义来自“兑泽”生态系统的能量循环，也就是能量交换。各种植物和动物既从“兑泽”中吸取自身生长所需的养分，同时也通过自身排泄及食物链的循环回馈生态系统。也就是说，生态系统的植物和动物并不是单纯地获取，而是自身融入食物链循环系统。否则，湖泊就会干涸，水草就会枯死，水禽就会渴死、饿死，其他动物也会跟着渴死、饿死。因此，“兑”的本义就是基于平等基础的兑换、交换、交流、交往。“兑”加上“言”就是“说”；“兑”加上“心”就是“悦”；“兑”加上“禾”就是“税”。也就是说，只有平等交流、推心置腹才是真正的“说服”；只有以心换心、将心比心才是真正的“喜悦”；只有取之于民、用之于民才是“税收”的真义。兑卦六爻有五爻含“兑”字，九五爻虽不含“兑”字，但内容是指不平等交换，因此，兑卦六爻都是在教育子孙后代在国际交往、治国理政、企业运营、商业交换、人际交流中要遵循平等相待、有来有往、互利共赢的原则。

爻辞原文：初九，和兑，吉。

说文解字：（1）和：和平，和谐，和睦，和蔼，和气，和乐，和美，和悦等。

古文今译：以和谐互利为基础的交易、交换、交流、交往，吉。

智慧锦囊：“和”在中国传统文化中具有源远流长的重要地位，是中国传统文化的核心要素。人与人之间、企业与客户之间、国家与国家之间、人类与自然之间都应该遵守“和兑”的原则。

2008北京奥运开幕式中，其中一个节目是用5897块活字印刷字盘变换出不同字体的“和”字，既表现了中国汉字的演化过程，又表达了中国儒家文化的核心理念“礼之用，和为贵”。《中庸》有言：“喜怒哀乐之未发谓之中，发而皆中节谓之和。中也者，天下之大本也。和也者，天下之达道也。致中和，天地位焉，万物育焉。”“和气生财”是中国儒商所秉持的最淳朴的价值观。可以说，“和”既是“兑”的基础，也是“兑”的最高境界。

爻辞原文：九二，孚兑，吉，悔亡。

古文今译：以双方各有所得为基础的交易、交换、交往、交流，吉，悔恨消失。

智慧锦囊：“孚兑”是在“和兑”基础上的继续延展，强调的重点在于双方各有所“孚”、各有所“得”。这种“得”可以是物质上的，也可以是精神上的。“孚兑”双方各得其所，平等互利，所以“吉，悔亡”。

2016年9月，任正非与华为公司日本代表处、日本研究所员工座谈，重点强调了质量问题。任正非说：“我们真心为客户服务，客户就把口袋里面的钱掏出来给我们。我们没有什么复杂的价值观，特别是小公司，不要这么多方法论，认认真真地把豆腐磨好就有人买。”“任何一件事，不要把方法论说得那么复杂，消耗了我们的精力，其实我们就是一句话，你真真心心地对客户，终有一天客户会把口袋里的钱掏到你的口袋里，客户还心甘情愿。”

任正非所说的道理就是九二爻的“孚兑”。

爻辞原文：六三，来兑，凶。

古文今译：有来无往、来而不往的交易、交换、交往、交流，凶。

智慧锦囊：“来往”不仅是由两个相对意义的字组成的词，而且是中国传统文化中“礼仪”和“礼义”的核心内容。“来兑”中只有“来”而没有“往”，意在指出这种“兑”是“来而不往非礼也”。《周易》微言大义，文字简约但不失细节，“来兑”正体现了《周易》把人生智慧流传给子孙后代时在遣词造句上的用心良苦。《礼记》中说：“太上贵德，其次务施报。礼尚往来，往而不来，非礼也；来而不往，亦非礼也。人有礼则安，无礼则危。”初九爻的“和兑”就是“太上贵德”。九二爻的“孚兑”就是“其次务施报”。六三爻的“来兑”就是“来而不往”。“凶”就是“无礼则危”。“交往”必须双方受益，是“双方”平等互利的事情。汉语之所以用“交往”而不用“交来”表示双方共同的活动，就是古人在造字、造词的时候就意在启示后人，在进行交易、交换、交往、交流活动时，心里一定要先放着对方，要设身处地为对方着想，要以“往”为先，只要主动“往”，利益对方，“来”是自然而然的结果，用不着自己千方百计去琢磨如何牟利。

《道德经》中说：“将欲取之，必固与之。”强调的是先与后取，先往后来。六三爻的“来兑”就是只取不与，只有单方受益。六三爻的哲理启示我们，这种表面上的占便宜不是好事，而是“凶”事。不要说国家、企业等层面的交往中只有单方得利的事情不是长久之计，即使是结了婚的夫妻俩，在共同生活中都要平等互利，如果只有一方付出，另一方自私自利，这样的家庭不会幸福，也难以长久。

爻辞原文：九四，商兑，未宁，介疾有喜。

说文解字：（1）商：协商，商量，商议。（2）宁：安宁，确定。（3）介：大。（4）疾：疾患。（5）有喜：因局势转好而有喜讯。

古文今译：以友好协商、商量、商议为基础的交易、交换、交往、交流，即使结果尚未确定，大的疾患也会有得到解决的喜讯。

智慧锦囊：“商”就是友好协商，用谈判的方式解决双方的争议、争端，是一种用和平手段解决问题的方式。“商兑”是解决国际争端、商业争端和人际关系问题的正常途径。“介疾”是一个比喻，意在说明“纠纷、争端”是国家、企业、个人之间交易、交换、交往、交流的“巨大疾患”，而“商”就是治好“介疾”的药方。只要采用“商”的手段，“介疾”就可以治好，最终“有喜”。

需要指出的是，双方之所以出现了九四爻“商兑”的局面，是因为没有秉持初九爻的“和兑”与九二爻的“孚兑”原则，而是双方或其中一方坚持“来兑”而引起对方的不满。“商兑”的目的是为了解决“来兑”的不平等交易问题。

爻辞原文：九五，孚于剥，有厉。

说文解字：（1）孚：得。（2）剥：剥削，剥夺。

古文今译：所得来源于剥夺他人的利益，有危险。

智慧锦囊：九五爻警示我们，“孚于剥”是危险的行为，“有厉”。个人不能“孚于剥”，商人不能“孚于剥”，官员不能“孚于剥”，政府也不能“孚于剥”。谁“孚于剥”，谁就“有厉”。

爻辞原文：上六，引兑。

说文解字：（1）引：指引，引导。

古文今译：对交易、交换、交往、交流等进行指引、引导。

智慧锦囊：上六爻是《周易》对后世君王、官员、父母、师长提出的职责要求，他们必须对臣民、百姓、子女、学生“兑”的方式进行教育引导，也就是说，“和兑”、“孚兑”、“商兑”要靠教育和引导。如果没有“引兑”的教化，人人都以“来兑”为能、为荣，以“孚于剥”的手段争权夺利，那么整个社会就会出现“基础不牢、地动山摇”的大“介疾”。传统文化名作《弟子规》中的“凡取与，贵分晓。与宜多，取宜少”就是对少年儿童的“引兑”。

2018 年 4 月，雷军在武汉大学发布完新机后发表了一封致员工的公开信，摘录如下：

> 创业 8 年，小米前进的路上，我们一直在思考：从古至今，商业世界变化纷繁，始终不变的是什么？用户对“感动人心、价格厚道”的产品的期待，这就是小米的答案。“感动人心、价格厚道”不是一句空话，也不是一句轻率的自我标榜，要真正做到，得拿出足够的诚意和克制贪婪的狠劲。“感动人心，价格厚道”这八个字密不可分，它们是一枚硬币的两面。产品不行，价格定再低也没有人喜欢。

拿出远超消费者预期的极致产品，还做到“价格厚道”，才能真正“感动人心”。用户为什么会信任我们？因为我们始终坚持技术创新，在用户心目中已经建立起了高品质、高颜值、高性价比的口碑。他们相信，只要是小米出品，品质、价格一定是最优的。用户的信任是对我们最大的肯定，也是我们最宝贵的财富。我们不忍，也不会，更不能，让它受到哪怕一丁点的伤害。只有持续赢得用户的信任，我们的事业才能够勇往直前，无往不利。

上述雷军所写的信件是对小米员工的“引兑”，更是对中国商界的“引兑”。商家只有持续为用户提供“感动人心，价格厚道”的产品，才有机会成为百年企业、基业长青。

涣卦第五十九（下坎上巽）

卦辞原文：涣：亨，王假有庙，利涉大川，利贞。

说文解字：（1）涣：波浪涌动。（2）假：驾临，到达。

古文今译：亨通，君王驾临宗庙，利于渡过大河，占卜得有利之兆。

智慧锦囊：涣卦下水上风，为风行水上、波浪涌动之象。全卦六爻有五爻含“涣”字，初六爻虽然没有“涣”字，但隐含了“涣”的前提。纵观六爻，“涣”的意义集中在“洪水”逐步发展成灾害的各个阶段及其相应的解救方法上。可以说“涣卦”就是古人的洪水灾害应急预案纲要，启示后代子孙做到有备无患、防患于未然。“王假有庙”指的就是君王率文武百官到宗庙进行祭祀、祈祷，请求上天神灵和列祖列宗保佑不要出现洪涝灾害。“王假有庙”的行动除了宗教礼仪的作用之外，实际上也通过君王对“涣”的重视，提醒文武百官做好预防“涣”的应急预案，因此“亨”。“涣”的时候，“水上有风”利于行船，因此“利涉大川”，“利贞”。

爻辞原文：初六，用拯马壮，吉。

说文解字：（1）拯：拯救，救助。（2）壮：强壮。

古文今译：用强壮的马匹进行拯救工作，吉。

智慧锦囊：自古以来，“治水”就是政府管理的头等大事。据《史记》记载，大禹就是因为治水有功而被舜帝选择为继承人。从古至今，政府里面都设置有负责农业和水利的专门机构和官员。我国人民对于如何避免水灾与如何应用水利有着高深的智慧。哪个季节、哪些地方、哪条河流、哪种气象容易发生水灾，相关的机构、官员会提前适时传达给民众。而且有经验的百姓也有一定的预测能力。初六爻的智慧在于，不要等到洪灾肆虐时再采取行动，而要在预见到洪水的苗头时就选用强壮的马匹，用马车把人员和重要的财物尽快转移到安全的地方，从而将损失降到最低。在“涣”形成洪灾之前就“用拯马壮”提前行动的思路与神医扁鹊“治未病”的道理是一致的。同样的道理，治国理政、管理企业、修身治家也要“治未病”，防患于未然。

任正非 2017 年 6 月在华为内部讲话中说：“当危机爆发的时候，社会这么大的波动，华为怎么办？财务曾算过账，华为公司的现金够吃三个月，那第 91 天时，华为公司如何来渡过危机呢？”“第一，各个基础单位一定要有效益，否则公司就没有存活下去的基本条件。”“第二，我们一定要坚持从战略贡献中选拔出各级优秀干部。”“第三，不要在一些非战略机会点上计较，否则局部利益牵制了战略竞争力量。”

金融危机就如同“涣”、水灾，企业应对金融危机的方法就如同“拯马”，好的方法就是“壮”的“拯马”，任正非提出的华为应对金融危机的三个方法就是“用拯马壮”，任正非和华为团队在金融危机爆发之前就认真讨论应对危机的方法，这种做法印证了初六爻的哲理，这种未雨绸缪、防患于未然的做法是华为能够“逢凶化吉”、基业长青的重要原因。

爻辞原文：九二，涣奔其机，悔亡。

说文解字：（1）奔：奔跑。（2）机：时机，机会。

古文今译：洪水初来时要抓紧时机奔跑到安全地带，悔恨消失。

智慧锦囊：初六爻中洪水尚未发生时有前瞻智慧的人已经提前转移人员和财产了。九二爻中则是洪水已经发生了，不过洪水还刚开始，“奔”说明要加快速度、赶紧行动，这时果断离开还有“机”可乘，还来得及，如此做则“悔亡”。

李嘉诚 2004 年 6 月在长江商学院 EMBA 毕业典礼上讲述了“洛克菲勒与擦鞋童的故事”：“从小我就很喜欢听故事，从别人的生活经历中有所领悟。当然，这不只限于名人或历史人物，我们周遭的各人各事言行举止，也常常会带给我启发，有些时候，这样的启发更会带来巨利的机会。洛克菲勒（Rockefeller）与擦鞋童的故事相信大家都知道：当 1929 年华尔街股市崩溃前，一个街边替洛克菲勒擦鞋的鞋童，告诉了他一项炒卖股票的所谓的秘密消息。当时洛克菲勒突然领悟到，当擦鞋童亦参与股票市场时，便可能是应该离场的时候了。他随即将股票兑现，从而及时地使财富得到了保全。”

“股灾”就如同“涣”、水灾，洛克菲勒能够“掌握时机”成功躲过股灾的故事印证了九二爻“涣奔其机”的哲理。

爻辞原文：六三，涣其躬，无悔。

说文解字：（1）躬：自身。

古文今译：洪水到来危及自身，没有悔恨。

智慧锦囊：六三爻的洪水比九二爻的规模更大了，但是与六四爻的“涣其群”相比还不算大。如果洪水只冲击到自家而没有冲击到别家，说明自己家的地势比较低洼，那么趁此机会迅速往地势高的地方转移就能化险为夷。

爻辞原文：六四，涣其群，元吉。涣有丘，匪夷所思。

说文解字：（1）群：群众。（2）丘：山丘。（3）匪夷所思：非常人所能想象的事，不可能的事。

古文今译：洪水到来危及群众，元吉。洪水淹没山丘，那是不可能的。

智慧锦囊：六四爻的洪水比六三爻规模更大了，已经危及群众的安全。令许多人迷惑不解的是，“涣其群”明明是灾害，哪来的“元吉”

呢？这正是“多难兴邦”、“艰难困苦，玉汝于成”这些古训的哲理所在。“元吉”并不是说洪灾是好事，而是说遇到洪灾时，只要集合群众的力量、汇聚群众的智慧，万众一心、同舟共济，即使遇到再大的危险，也会化险为夷，最终“元吉”。

“涣有丘，匪夷所思”意在启示我们，洪水再大也淹没不了山丘，要把群众和财产向较近、较高的山丘上转移。如果是在没有山丘的平原上，那就爬上城墙等最高的地方。

爻辞原文：九五，涣汗其大号，涣王居，无咎。

说文解字：（1）汗：流汗。（2）号：号令，命令。（3）居：坐，坐镇。

古文今译：大家为完成抗洪救灾的重大使命而汗流浃背，君王亲自坐镇指挥抗洪救灾，没有过失。

智慧锦囊：九五爻的洪水已经发展成重大洪灾的规模，已经超过了地方官所能把控的程度，灾情引起了君王的高度重视。“大号”即君王下达的有关抗洪救灾的重要指示。“王居”就是君王亲自坐镇指挥，动用“举国之力”支援抗洪救灾。有了君王的坐镇指挥和举国之力的援助，抗洪救灾的战役肯定能够取胜，因此“无咎”。

九五爻的“涣汗”当然不止“为抗洪救灾而流汗”的本义。在中国传统文化中，熟读四书五经、热爱《周易》智慧的读书人无不把“涣汗”作为自己为国尽忠、为国奉献的座右铭。“涣汗”在历代文臣武将的心中就相当于“为国家立下汗马功劳”。

九五爻的哲理应用到企业、学校、医院等各种组织管理中，就是领导在员工遇到灾难、困难时能够关爱员工、救助员工。只有如此，以心换心、将心比心，员工才会在领导发号施令时，“涣汗”拼搏。否则，这家企业、这个组织就会“人心涣散”，这个领导就很难有好下场。

爻辞原文：上九，涣其血去逖出，无咎。

说文解字：（1）血：血的教训，血的灾害。（2）逖：远，远方。

古文今译：带来血的教训的洪灾已经远去，没有过失。

智慧锦囊：洪水不会永远泛滥下去，洪灾最终退却远去，但是洪灾肆虐给政府和百姓留下了血的教训。灾难、危机过去之后，重要的是吸取教训，把未来的应急预案做扎实，如此做就会“无咎”。

节卦第六十（下兑上坎）

卦辞原文：节：亨，苦节，不可贞。

说文解字：（1）节：节制，节约，气节，节操。（2）苦：苦于。

古文今译：亨通，苦于守节，不可占卜。

智慧锦囊：节卦下泽上水，为雨水或江河之水进入湖泽之象。一方面，湖泽需要水源补充而免于因水位太低而干涸；另一方面，水来得太多则会造成湖水满溢、决堤而成为灾害。因此，进入湖泽的雨水和江河之水必须有一定的限度、有一定的节制，必须进行适度的调节。节卦的哲理比喻到治国理政、企业管理、修身治家等领域就是遵守节度、保持适度、克制欲望，简称守节。孔子说：“君子有三戒：少之时，血气未定，戒之在色；及其壮也，血气方刚，戒之在斗；及其老也，血气既衰，戒之在得。”孔子所说的“三戒”就是君子修身应该遵守的“节”。卦辞中的“苦节，不可贞”强调的是守节要适度，不可过度节制，如果因为守节而感到痛苦，则后果不可预测。在中国传统文化中，“节食（节制饮食、节约粮食）”、“节用”、“节欲”是美德。节卦全卦六爻有四爻含“节”字，皆为“守节”之义。初九、九二两爻虽然不含“节”字，但是都与行为节制有关。

爻辞原文：初九，不出户庭，无咎。

说文解字：（1）户庭：家门内的庭院。

古文今译：不出家门，活动范围限制在自家庭院内，没有过失。

智慧锦囊：“家门”、“户”就是“大门”，相当于英语中的“gate”。邵雍诗中的“不出户庭，直际天地”表明有识之士、饱学之士不出家门也能修行得道。钱时诗中的“四海九州多胜流，不出户庭空白头”表明不出家门就无法结交优秀的朋友。苏轼诗中的“闭门高节欲生鳞”表明闭门修行守“高节”是一种考验，浑身难受如生出鳞片一般，可见足不出户的滋味不好受。三位诗人都是深谙节卦哲理的，他们的话综合起来表明，“不出户庭”虽然“无咎”，但称不上“吉”。因此，人们不能长期“不出户庭”，应该适时外出进行必要的人际交往。

爻辞原文：九二，不出门庭，凶。

说文解字：（1）门庭：屋门内的空间。

古文今译：不出屋门，活动范围限制在房屋之内，凶。

智慧锦囊：“屋门”、“门”相当于英语的“door”。中国古代民居的建筑结构与现在城市居民楼的建筑结构差别很大。初九爻的“家门”、“大门”相当于现在楼房住宅每家的“入户门”，古代的“庭院”相当于现在的客厅。九二爻的“屋门”相当于现今住宅的卧室门。周代地广人稀，房屋大多数是单层、平面分布，即使普通老百姓的庭院占地也比现在城市里楼层住宅的面积大许多倍，在空间大小上不可同日而语。“不出户庭”和“不出门庭”都是指活动范围受到极大限制，而且“不出门庭”比“不出户庭”的活动空间更加狭小。当今社会中的“宅男”、“宅女”就是“不出户庭”、“不出门庭”的人。人要想体魄健康、要想广交朋友、要想养家糊口，就不能待在家里不出门，而应该出门进行必要的生产劳动、经营活动、交游活动。初九爻和九二爻的哲理启示我们，“守节”要有度，不能拘泥于形式，更不能把自己禁锢起来，离群索居。

爻辞原文：六三，不节若，则嗟若，无咎。

说文解字：（1）嗟：叹息，哀叹。

古文今译：如果不守节，则会遭受损失而哀叹，没有过失。

智慧锦囊：初九爻和九二爻是守节过度，守节的方式不对。六三爻则是不去守节，放纵自己，放任而为。守节过度和不守节度都是错误的。不守节则难免犯错误、受损失。接受教训并转而守节，则“无咎”。

爻辞原文：六四，安节，亨。

说文解字：（1）安：安然，安于。

古文今译：安于守节，亨通。

智慧锦囊：在解决了前三爻对待守节的错误态度和错误方式的基础上，对自己的饮食、喜怒、言语、行为、起居、用度等各方面进行适度节制，则会感到安然恬静，安于守节。

爻辞原文：九五，甘节，吉，往有尚。

说文解字：（1）甘：甘于，心甘情愿。（2）尚：崇尚，尊重。

古文今译：甘于守节，吉，所到之处会受尊重。

智慧锦囊：九五爻的“甘节”比六四爻的“安节”更进一步，是修养、品德进一步提升的表现，因此“吉”。“甘节”之人修行好、品德高，所到之处肯定会受人尊重、为人敬仰，因此“往有尚”。

爻辞原文：上六，苦节，贞凶，悔亡。

说文解字：（1）苦：苦于，愁苦，痛苦。

古文今译：苦于守节，占卜得凶兆，悔恨消失。

智慧锦囊：上六爻的“苦节”和九五爻的“甘节”完全相反：一个是以守节为痛苦的事情，一个是以守节为甜美的事情。“苦”就会有不情愿，就会有抱怨，就会有怀疑，这说明“守节”的度没有把握好，也就是“守节”过度了。“适度”的“守节”会让人“安节”、“甘节”，而过度的“守节”会让人“苦节”。“贞凶”说明有必要把“守节”的度“调节”到合适的程度，如此则“悔亡”。

任正非2018年1月在华为内部讲话中说：

> 我们要求，确定性工作要例行节约、精于细算，但是该投入的地方要敢于投入。将办公环境改造得漂亮、舒适、实用，不仅能促进工作效率的提升，也是员工的一种待遇……我们不要太节约，现在需要的是现代化作战，不能用“汉阳造”来打“航母”。员工的利益不完全是把钱发到手上，改变办公环境也是一种利益。对于艰苦地区及国家，也依此办理，特别是交通安全、作业安全、生活卫生……上，要给以关心。

任正非的观点印证了上六爻的哲理。

䷼

中孚卦第六十一（下兑上巽）

卦辞原文：中孚：豚鱼，吉，利涉大川，利贞。

说文解字：（1）孚：得。（2）豚：猪。

古文今译：有猪有鱼，吉，利于渡过大河，占卜得有利之兆。

智慧锦囊：中孚卦下泽上风，为江河湖泽上有风之象。风力可助行船，因此“利涉大川”。中孚卦中间两爻为阴爻，最下两爻和最上两爻为阳爻，形成内虚外实的卦象。古人把内虚外实的卦象与带中空网眼的捕猎网罟联系起来。《道德经》第十一章中说：“三十辐共一毂，当其无，有车之用。埏埴以为器，当其无，有器之用。凿户牖以为室，当其无，有室之用。故有之以为利，无之以为用。”老子所说的“当其无”有车、器、室等各种用就是“中孚”卦的智慧。网罟之所以能捕获猎物，就在于其有中空、虚无之处。因此，“孚”有“得”的意思，比如“孚”“人”则为“俘”，“孚”“水”则为“浮”，“孚”人心则得信。必须指出的是，“孚”的本义是“得”，其“信任、相信”等与“信”相关的含义是在“得人心”的基础上衍生出来的。成语“深孚众望”的意思就是“深得众望”。“深孚众望”的“孚”与“得人心者得天下”的“得”意义相同。卦辞的哲理启示我们，只要懂得中孚卦“当其无有大用”的智慧，就能用网罟捕得各种猎物，从而有鱼有肉吃，因此，“吉”，“利贞”。当然“豚鱼”还可比喻财富、地位、名声等人类所追求的事物。

爻辞原文：初九，虞，吉，有它，不燕。

说文解字：（1）虞：准备。（2）燕：燕子。由于燕子是益鸟，所以自古受人类爱护，不会被人类捕杀，燕子在人类房屋内筑巢是常见现象。

古文今译：有准备，吉，有意外，不可捕捉燕子。

智慧锦囊：第三卦屯卦六三爻为：“即鹿无虞，惟入于林中，君子几，不如舍，往吝。”其中的“虞”字与初九爻的“虞”字相同，“虞”就是准备。“有它，不燕”的意思说，如果网罟中意外进入了燕子，要把这种益鸟释放。初九爻中，“虞，吉”启示我们，求取所得必须提前充分准备，机会总是属于有准备的人；“有它，不燕”启示我们，求取所得必须讲道义，有所为有所不为。

任正非在华为内部讲话中说：“与做高端芯片一样，华为必须要做移动终端操作系统，目的是基于容灾的战略考虑，也就是被竞争对手断了粮食的时候，自己的备份要能跟得上。”“我们现在做终端操作系统是出于战略的考虑，如果他们突然断了我们的粮食，Android 系统不给我用了，WindowsPhone8 系统也不给我用了，我们是不是就傻了？”“主要是让别人允许我们用，而不是断了我们的粮食。断了我们粮食的时候，备份系统要能用得上。”“一定要站立起来，适当减少对美国的依赖。”“还是要用供应商的芯片，主要还是和供应商合作，甚至优先使用它们的芯片。我们的高端芯片主要是容灾用。”

任正非领导的华为在操作系统和芯片上“有备无患”的战略印证了初九爻“虞，吉”的哲理。

爻辞原文：九二，鸣鹤在阴，其子和之。我有好爵，吾与尔靡之。

说文解字：（1）阴：树荫。（2）和：应和。（3）爵：美酒。（4）靡：畅饮。

古文今译：鹤在树荫鸣叫，它的孩子与之应和。我有美酒佳酿，我与你开怀畅饮。

智慧锦囊：鹤在中国传统文化中有美丽、纯洁、长寿、健康、吉祥等美好含义。“鸣鹤”与“其子”相“和”，是大自然亲情的真实流露，是天伦之乐、心心相印的象征。“我有好爵，吾与尔靡之”是“我”与友人把酒言欢，分享美酒佳肴，希望能像鹤与家人一样亲密无间、将心比心、以心换心、心心相印。九二爻的哲理启示我们，不仅要追求物质上的所得，精神上的所得比物质更重要、更难得。只有乐于分享自己所得的好东西，才能得到朋友的友谊。

爻辞原文：六三，得敌，或鼓或罢，或泣或歌。

说文解字：（1）鼓：击鼓，欢欣鼓舞。（2）罢：垂头丧气，疲惫不堪。（3）泣：哭泣。（4）歌：歌唱。

古文今译：交战得胜打败敌人，有的人欢欣鼓舞而有的人垂头丧气，有的人伤心哭泣而有的人欢乐歌唱。

智慧锦囊：六三爻描述的是交战得胜，俘获敌人的情况，这是战场上的“得”。“得敌”固然值得庆祝，值得“鼓”与“歌”，但是战场上得胜的一方也免不了有流血牺牲，受伤的士兵和为死伤的战友或亲人而伤心的士兵就免不了“罢”与“泣”，也就是说，六三爻描述的是战场上“得中有失”的情况。六三爻的哲理启示后人，战争中得胜的一方也会有所失，胜利的一方也要付出血的代价。

爻辞原文：六四，月几望，马匹亡，无咎。

说文解字：（1）望：满月。

古文今译：月亮接近满月，马匹丢失，没有过失。

智慧锦囊：“老马识途”的成语和“塞翁失马、焉知非福”的寓言故事启示我们，马匹丢失了不必担心。马匹是对主人极其忠诚的动物，而且马匹认路、记路的能力非常强，“月几望”说明是在月明星稀的夜晚，对于马匹来说有较好的视觉条件，足够马匹记住回家的路，因此，“亡失”的“马匹”还会回来，从而“无咎”。六四爻讲的是“失”与“得”相互转化的哲理。第三十八卦睽卦初九爻中“悔亡，丧马，勿逐，自复”的逻辑与六四爻是一致的。

爻辞原文：九五，有孚挛如，无咎。

说文解字：（1）挛：接连不断。

古文今译：有接连不断的所得，没有过失。

智慧锦囊：九五爻的哲理启示我们，只要尊重前四爻的规律，行事就会顺利，所得就会接连不断，从而“无咎”。

爻辞原文：上九，翰音登于天，贞凶。

说文解字：（1）翰：鸡。（2）登：上升。

古文今译：鸡尖叫着飞上高天，占卜得凶兆。

智慧锦囊：鸡是飞行能力极差的家禽。平常情况下，鸡总是在地上到处啄食。如果鸡大声尖叫而且往高处飞，就说明是鸡遇到了生命危险，如黄鼠狼等闯入鸡窝捕猎，或者是家里有小偷来偷鸡。“翰音登于天”意味着主人可能遭受损失，因此“贞凶”。能够从“翰音登于天”联想到盗窃事件意味着主人警惕性高，能够及时防范风险，守住家业。

“翰”还可比喻像鸡一样能力不强却有雄鹰一样“登天”之志的人。“翰”无论是“家鸡”，还是“野鸡”，其飞行能力都是有限的，即使能一时飞上高天，也不会持久。虽然“志存高远”、“志向远大”的说法很励志，但是，如果自己是“翰”，就不要盲目去做“鹰”，因为“翰”的“登于天”不可持续、不能持久，所以“贞凶”。正如老子《道德经》所说：“知人者智，自知者明。胜人者有力，自胜者强。知足者富，强行者有志，不失其所者久，死而不亡者寿。”

总而言之，上九爻给我们两个启示：其一，要提高警惕，善于从细节发现问题，防止损失，守住所得；其二，人贵有自知之明，不要干超出自己能力的事，不要贪多求大。

小过卦第六十二（下艮上震）

卦辞原文：小过：亨，利贞，可小事，不可大事。飞鸟遗之音，不宜上，宜下，大吉。

古文今译：亨通，占卜得有利之兆，可做小事，不可做大事。飞鸟遗留下鸣叫的声音，不宜向上，宜于向下，大吉。

智慧锦囊：小过卦下山上雷，为山上打雷之象。此外，小过卦上面两爻和下面两爻是阴爻，像鸟展开的双翼，中间两爻是阳爻，像鸟的躯干，因此，小过卦还有鸟类之象。无论是体型非常小的麻雀，还是体型相对较大的老鹰，其力气都不能和陆地上的动物如老虎、大象、野牛相比，因此，鸟只适合做小事，不适合做大事。比如，麻雀只适合做抓虫子、啄种子这样的小事，而老鹰也只适合做抓野兔、捉小鸟这样的小事。如果麻雀想去抓蛇，老鹰想去抓老虎、抓牛，就是试图做大事，那样做是非常危险的，无异于自取灭亡。“可小事，不可大事”启示我们要认清自己是谁，要做适合自己的事，要量力而行，也就是老子《道德经》中所说的“知人者智，自知者明”。有自知之明，才会“亨，利贞”。

“飞鸟遗之音，不宜上，宜下”的本义是说，山上打雷，同时还可能下雨，雷雨天气对鸟类来说是非常危险的。一方面，鸟在山上飞翔，飞得过高就容易被雷电击中；另一方面，雷雨下来打湿鸟的翅膀，双翼会因为又湿又重而飞翔困难。因此，对鸟类来说，雷雨到来时，采取低空飞行的方式尽快飞回巢中避雨是最好的选择。“飞鸟遗之音，不宜上，宜下”启示我们要对危险有清醒的认识，有了危险要躲开，不要明知故犯。在官场、商场、职场、情场等各种场合，都要遵循这一规律，不能任何事都争着“天天向上”，而是要“能上能下”，“该上则上、该下则下”，无论上，还是下，都要实事求是，都要规避风险。遵循以上原则做事，才会“大吉”。

爻辞原文：初六，飞鸟以凶。

说文解字：（1）以：临近。

古文今译：飞鸟临近凶险。

智慧锦囊：如卦辞阐释中所说，山上雷雨之时，飞鸟离凶险很近，必须尽快归巢躲避雷雨，在归途中要注意调整自己的高度，不要高飞，而要低飞，以避免凶险。初六爻启示我们，在危险来临之时，不要明知故犯去冒险，而要及时躲避凶险。遵循这一原则就会逢凶化吉，遇难成祥。

任正非在华为消费者 BG（Business Group 的缩写，即“业务集团”）召开的 2017 年中市场大会上讲话说：“供应链必须要有业务的战略洞察能力，对各方面正确估计，应对风险；华为机器坚持对产品出厂质量把关。我们认为终端有三大风险：第一，库存风险，是最大的风险；第二，供应商风险，供应商一直要求同一个零部件要有两款手机使用；第三，质量风险，是最典型的风险。我们如何来抗击这些风险？第一，供应链必须要对业务战略洞察，对各方面有正确估计。如果只坐在房间里敲键盘，可能永远都敲不明白，因为不明白战争。目前终端有 21 款机型，要管住呆死物料，控制备料，那么要把备料除以 21 才安全。而苹果手机只有一个款式，则可以把库存扩大 21 倍。款式越多，绞索越多，构建死亡的基础就是库存。如果某一款手机的零部件备料少了，供不上货。备料多了，这款手机一旦出现问题，又可能导致死亡。所以，我们不是饥饿营销，而是真做不出来，原因就是款式太多。研发要规划核心零部件开发，重视归一化建设，以此建立稳定的供应系统，才能给计划更大的弹性。不要总想着标新立异，不能在高速公路上扔个小石头来证明自己的价值。第二，坚决支持华为机器对产品出厂质量把关，质量问题没有灰度，一定要走向高质量。消费者 BG 制定和完善质量标准（包括新技术引入），华为机器按修正后的质量标准严格执行。如果需要更改标准，也要经过正规程序。”

任正非的风险意识是华为行稳致远的根本保证。

爻辞原文：六二，过其祖，遇其妣，不及其君，遇其臣，无咎。

说文解字：（1）祖：祖父。（2）妣：祖母。

古文今译：超过了祖父，遇到了祖母，没赶上君主，遇到了大臣，没有过失。

智慧锦囊：想找的目标是祖父，却赶超而错过了祖父，结果遇到的是祖母；想找的目标是君主，结果却没有赶上君主，遇到的是大臣。前者是因超过了而没遇着想找的人，后者是因没赶上而没遇着想找的人。虽然前后两种情况有区别，但性质是类似的，结果都是没找到要找的人。聊以自慰的是两种情况都遇到了与目标有关联的人，可以通过他们传递信息，也算“无咎”。

《论语》中记载：

> 子贡问：“师与商也孰贤？”子曰：“师也过，商也不及。”曰：“然则师愈与？”子曰：“过犹不及。”

六二爻的情况从本质上说就是孔子所讲的“过犹不及”。

爻辞原文：九三，弗过防之，从或戕之，凶。

说文解字：（1）防：预防，防止。（2）从：听从。（3）戕：伤害。

古文今译：还未过度时就要防止过度，一味听从他或许会害了他，凶。

智慧锦囊：在治国理政、企业管理、修身治家中，君王对臣民、企业家对员工、家长对子女要在其过错发生之前就采取预防措施，及时提醒，纠正有害的趋势。如果对臣民、员工、子女听之任之，他们很可能会犯错误，实际上等于害了他们，从而“凶”。

爻辞原文：九四，无咎，弗过遇之，往厉，必戒，勿用永贞。

说文解字：（1）戒：戒备，警惕。（2）永：永久，长久。

古文今译：没有过失，没有错过并遇到了要找的人，再往前就有危险，必须戒备，不适合做长久的占卜。

智慧锦囊：九四爻是进一步强调“过犹不及”的哲理。得以“遇”到要找的目标就是最佳状态。既然遇到了，就把握机会办理该办的事情。自己必须警醒，不要把“遇”到的人抛在一边，一意孤行，鲁莽冒进。“弗过遇之”不是长久的状态，而是暂时性、一过性的状态，传递完信息、办完要办的事就结束了，因此“勿用永贞”。

爻辞原文：六五，密云不雨，自我西郊，公弋取彼在穴。

说文解字：（1）公：诸侯国的国君，如齐桓公、晋文公、秦穆公等。（2）弋：射猎，猎取。（3）穴：洞穴，巢穴。

古文今译：黑云浓密尚未下雨，自我西郊方向而来，公猎取那些躲在巢穴中的鸟兽。

智慧锦囊：《周易》全文中共有两处“密云不雨，自我西郊”，另一处在第九卦小畜卦的卦辞中：“亨，密云不雨，自我西郊。”六五爻体现了古人在捕猎过程中观察动物生活习性所总结的智慧。古人发现，当浓云密布、大雨将来之时，鸟类与兽类都会提前返回巢穴避雨。因此，“公弋取彼在穴”肯定会一抓一个准，收获是稳稳的胜券在握。同时，对于“公”来说，打猎是“小事”，打仗是“大事”，六五爻的爻辞与卦辞中的“可小事，不可大事”是相呼应的。

六五爻还蕴含着另一层哲理，当“密云不雨，自我西郊”，大雨即将到来之际，“公弋取彼在穴”，虽然捕获猎物的可能性很大，但是遭遇大雨淋湿的风险也很大，而且成年的猛兽也在巢穴里，还有可能与“公”带领的打猎团队发生激烈对抗而伤人。也就是说，虽然有所得，但是也可能有所失，这种情况就是一种“小过”，即小的过错。

爻辞原文：上六，弗遇过之，飞鸟离之，凶，是谓灾眚。

说文解字：（1）离：离巢，离开。（2）眚：灾祸。

古文今译：没有遇见而是错过了，飞鸟离巢，凶，这就是所谓的灾眚。

智慧锦囊：“弗遇过之”就是“过犹不及”的“过”，这种“过”就如同山雷滚滚中飞鸟离巢而暴露在雷雨中一样危险，因此“凶”。这种“凶”本来是只要把握好“度”就可以避免的，但是如果自我不够克制、不能适度，那就像飞鸟在雷雨中离巢一样，是自讨苦吃、自找麻烦、自取灭亡、自投死路，所以“是谓灾眚”。

既济卦第六十三（下离上坎）

卦辞原文：既济：亨，小利贞，初吉，终乱。

说文解字：（1）既：完毕，结束。（2）济：过河。

古文今译：亨通，占卜得小利之兆，初始阶段吉，终结阶段乱。

智慧锦囊：既济卦下火上水，为火上有水之象，更具体一点说就是用锅或壶等容器装着水放在火上加热的情景。我们都知道烧水的一个常识：初始阶段，水处在低温阶段，不会出现问题，也就是“初吉”；等水烧开后如果还不灭火而继续烧，最终会把水烧干，进而把锅或壶烧坏，甚至引起火灾，就是“终乱”。“初吉，终乱”的哲理启示我们，不要以为“初吉”就放松警惕，要注意终结阶段，要像水烧开后就该立即止火一样“知止”。也就是说，做任何事情都要“把握火候”，要防止“终乱”。

既济卦和未济卦有一个共同的比喻："小狐过河。"我们知道，传统文化中有"火狐狸"的说法，而"火狐狸"的根源就在于狐狸在《周易》的原始分类中被归于"离卦"。"火狐狸"与既济卦的下卦和未济卦的上卦"离"有关联。《聊斋志异·汾州狐》中说"狐不能过河也"，而狐女为了随汾州判朱公乘舟过河，特地拜谒河神请求允许，河神限她"十天往复"，"遂同济"。狐不能过河有三个主要原因：其一，狐狸的腿特别短，水稍微深一点就会淹没狐狸；其二，狐狸的尾巴特别大，尾巴上的毛特别长、特别密、特别柔软，被水浸润后会形成毛笔吸水的效应，导致尾巴特别重，进而造成狐狸溺水；其三，狐狸体型小，身体轻，容易被水流冲走。总之，以上三点造成狐狸过河时特别容易溺水。小狐过河时即使初始阶段没有问题，最终也难免尾巴被打湿，甚至发生溺水的情况，所以"初吉，终乱"。"小狐过河"的哲理启示我们，人一定要有"自知之明"，不要不自量力冒险去做力有不逮的事情。

苏轼诗《韩干马十四匹》中的诗句"前者既济出林鹤，后者欲涉鹤俯啄"描写的是马过河的情况。与"小狐过河"相比，马过河就安全无虞。马能安全过河有三个重要原因：其一，马的腿长，成年马的腿长在一米以上，身高接近两米，一般的河流淹没不了马；其二，马的体型大，体重也大，平常的水流不可能把马冲翻、冲走；其三，马会游泳。尽管如此，马也过不了黄河、长江这样的大河。小狐狸逞能、逞强去学马过河是非常危险的事情。对马来说很轻松的事，对狐狸来说即使付出生命的代价也难以完成。

爻辞原文：初九，曳其轮，濡其尾，无咎。

说文解字：（1）曳：拖，拉。（2）轮：车轮。（3）濡：打湿，浸湿，沾湿。

古文今译：车轮拖曳不前，狐尾被打湿，没有过失。

智慧锦囊：车是用来在陆地上运行的，不适合在水中跑。车不适合在水中运行主要有两大原因：其一，河床里泥沙柔软，车轮容易陷进里面，动弹不得；其二，河床中央的水特别深时，车子会被淹没。车过河"曳其轮"与小狐过河"濡其尾"犯的是同样的毛病，即没有自知之明，去干自己不擅长的事情。好在初九爻预示的是在过河之初，刚进河流不远车子就陷进泥沙，小狐就弄湿了尾巴。如果在此时幡然悔悟，赶快撤回去还来得及，从而“无咎”。

《庄子》中说：“夫水行莫如用舟，而陆行莫如用车。”据《史记》记载，大禹在治水过程中，“陆行乘车，水行乘船，泥行乘橇，山行乘檋”。《荀子》中说：“假舆马者，非利足也，而致千里；假舟楫者，非能水也，而绝江河。君子生非异也，善假于物也。”初九爻的哲理启示我们，人要有自知之明，要有“善假于物”的智慧。

爻辞原文：六二，妇丧其茀，勿逐，七日得。

说文解字：（1）丧：丢失。（2）茀：首饰。（3）逐：追寻。

古文今译：妇女丢失了首饰，不必追寻，七天之内找得到。

智慧锦囊：中国传统文化中强调“男耕女织”、“男主外、女主内”的家庭分工模式。“主内”的家庭主妇活动空间非常有限，绝大多数时间是在家里。妇女如果出门活动，也不过左邻右舍、房前屋后。因此，“茀”很可能丢在了自家的某个角落里，说不定哪天不经意就发现了，从而失而复得。这就是“勿逐，七日得”的逻辑所在。六二爻的哲理启示我们，丢了东西不必着急到处寻找，首先要根据具体情况进行预判。第三十八卦睽卦初九爻：“悔亡，丧马，勿逐，自复。见恶人，无咎。”第五十一卦震卦六二爻：“震来，厉，亿丧贝，跻于九陵，勿逐，七日得。”其中的“勿逐”与六二爻有类似的哲理。

爻辞原文：九三，高宗伐鬼方，三年克之，小人勿用。

说文解字：（1）高宗：商代帝王“武丁”，庙号为高宗，他是商朝第23位帝王，是商王盘庚的侄子。（2）伐：讨伐，征伐。（3）鬼方：古代中国北部的少数民族政权。（4）克：攻克，战胜。

古文今译：殷高宗讨伐鬼方，三年战胜了它，不要任用小人。

智慧锦囊：殷商是大国，鬼方是小国。大国攻打小国尚且用了三年时间才取胜，说明讨伐异国不是一件容易的事。“伐鬼方”对于殷商来说要消耗大量的人力、物力、财力。九三爻的哲理启示我们，做大事时一定要选对人、用对人，千万不要用小人，而要用第七卦师卦中所说的“丈人”。干大事用小人就好比初九爻的用车渡河、小狐过河。

《孙子兵法》中说：“凡用兵之法，驰车千驷，革车千乘，带甲十万，千里馈粮。则内外之费，宾客之用，胶漆之材，车甲之奉，日费千金，然后十万之师举矣。其用战也胜，久则钝兵挫锐，攻城则力屈，久暴师则国用不足。夫钝兵挫锐，屈力殚货，则诸侯乘其弊而起，虽有智者不能善其后矣。故兵闻拙速，未睹巧之久也。夫兵久而国利者，未之有也。故不尽知用兵之害者，则不能尽知用兵之利也。”“故兵贵胜，不贵久。”由《孙子兵法》可知，作战“三年”太久，即使最终取胜，也难免有“弊”和“害”。

爻辞原文：六四，繻有衣袽，终日戒。

说文解字：（1）繻：丝织品。（2）袽：有破洞的丝织品。（3）戒：戒备，警惕。

古文今译：丝织的衣服有破洞，要终日戒备。

智慧锦囊：丝织布料如果有了破洞，其中的线头一扯就会扯开一大片，形成更大的窟窿。六四爻的哲理启示我们，要防微杜渐，及时弥补小漏洞，要防止小问题变成大麻烦。英语谚语“One stitch in time saves nine”（及时补一针，免得补九针）与六四爻的哲理有异曲同工之妙。“亡羊补牢，为时未晚”的寓言故事也含类似哲理。六四爻的哲理用在治国理政或公司治理中，就是要进行风险控制、弥补漏洞。

爻辞原文：九五，东邻杀牛，不如西邻之禴祭，实受其福。

说文解字：（1）禴祭：薄祭。（2）实：实诚，诚实。

古文今译：东邻杀牛，以用大牲祭祀，不如西邻简单的薄祭，诚实者受福佑。

智慧锦囊：九五爻的哲理启示我们，祭祀的根本在“实”，心诚则灵，在祭祀中态度比祭品更重要。

爻辞原文：上六，濡其首，厉。

古文今译：小狐过河头部弄湿，危险。

智慧锦囊：初九爻中的“濡其尾”说的是过河之初小狐就弄湿了尾巴。上六爻中的“濡其首”说明小狐并没有接受尾巴打湿的教训而退回岸边，而是继续朝前走到了河水深及脖子以上的地方。当河水淹到小狐头部的时候，对于小狐来说已经特别危险了。“濡其首”对小狐来说无疑是“灭顶之灾”。如果此时还不回头，小狐的命运肯定凶多吉少。

上六爻的哲理启示我们，一个人必须有自知之明，凡事都要量力而行，不要一意孤行，不要冒险逞能。如果初始阶段不思悔改，那么发展到后来就追悔莫及。上六爻的哲理与第二十八卦大过卦中上六爻“过涉灭顶，凶，无咎”类似，“小狐过河”就是一种“大过”。

未济卦第六十四（下坎上离）

卦辞原文：未济：亨，小狐汔济，濡其尾，无攸利。

说文解字：（1）汔：几乎，差不多。（2）济：过河，渡河。（3）濡：浸湿，打湿，弄湿。

古文今译：亨通，小狐过河即将到岸时，弄湿了尾巴，没有什么好处。

智慧锦囊：未济卦下水上火，火的特点是向上升，水的特点是向下流，因此未济卦是水火分离、两不相交之象。如果水在火上，一种可能是用火烧水，另一种可能是以水灭火。如果火在水上，那么火和水之间无法发生关系。未济卦和既济卦都有“小狐过河”的比喻（认知理据请参见既济卦的阐释）。小狐过河，能够“汔济”，说明河水浅，水流小，但在“汔济”时“濡其尾”，说明小狐在过河的初始阶段是把尾巴举起来的，但是前脚刚刚上岸，后脚尚未上岸时，就放下了尾巴，结果导致尾巴浸入河水之中。“小狐”“濡其尾”的可能原因有两个：其一，小狐的体力太弱，前脚刚上岸，后脚来不及上岸就体力不支而放下了尾巴；其二，小狐高兴得太早，前脚刚上岸就以为大功告成，过早放下了尾巴。前一种是客观原因，后一种是主观原因。不管是由于哪种原因，小狐过河不顺利，“无攸利”。未济卦卦辞启示我们，人贵有自知之明，不要冒险去做力有不逮的事情。

爻辞原文：初六，濡其尾，吝。

古文今译：狐尾被打湿，有麻烦。

智慧锦囊：卦辞中的“濡其尾”是在“小狐汔济”之时，而初六爻的“濡其尾”是在小狐过河之初，说明小狐体型太小，体力太弱，而河水不小，小狐冒险过河会“吝”。初六爻的哲理启示我们，人要有自知之明，不要冒险逞能去干自己无法胜任的事情。

爻辞原文：九二，曳其轮，贞吉。

说文解字：（1）曳：拖，拉。（2）轮：车轮。

古文今译：车轮拖曳不前，占卜得吉兆。

智慧锦囊：车是陆行的工具，但不是水行的工具，水行、渡河应该用船，而不该用车。用车渡河是用错误的方法做事情。九二爻与第六十三卦既济卦初九爻的“曳其轮，濡其尾，无咎”是相同的哲理。《周易》在既济卦和未济卦中反复使用“驾车渡河”与“小狐渡河”的比喻是在警示我们“君子善假于物”和“人贵有自知之明”的重要性。管理学中强调做对的事情和把事情做对。“曳其轮”就是违反了“把事情做对”。人生在世，“富贵险中求”，虽然从政和经商难免犯错误、遇险情，但是“曳其轮”这种常识性错误应该避免，不该去做无谓的冒险尝试。

爻辞原文：六三，未济，征凶，利涉大川。

古文今译：未能过河，出征凶，利于渡过大河。

智慧锦囊：六三爻的哲理在于强调初六爻的“小狐”过不了河，九二爻的“车”也过不了河。对于“小狐”来说，过河远征为“凶”；对于人来说，用车过河远征也为“凶”。令许多人迷惑不解的是：既然小狐和车都是“未济，征凶”，为什么还说“利涉大川”呢？这正是《周易》的智慧所在！小狐之所以敢冒险过河，人之所以敢尝试驾车过河，是因为水面还不够宽、河道还不够深、水流还不够大，也就是说河水表面上还没有那么危险，没能够吓退“小狐”和“驾车人”。如果面临的是长江、黄河这样的大川，别说小狐狸不敢过，就是老狐狸也没有那个胆。同样的道理，面对长江、黄河这样的大川，再鲁莽的驾车人也会止步。古今中外，许多人“大江大浪都过来了，却在阴沟里翻了船”，就在于他们面对小事时缺乏敬畏之心，缺乏一贯的“战战兢兢、如临深渊、如履薄冰”的谨慎精神。在过大江大河的时候，人人都知道要借助船只，要使用合适的工具，然而他们在过小河、中河时，麻痹大意，忘记了“君子善假于物”的道理。

爻辞原文：九四，贞吉，悔亡，震用伐鬼方，三年有赏于大国。

古文今译：占卜得吉兆，悔恨消失，以雷霆万钧之势讨伐鬼方，三年得到大国的奖赏。

智慧锦囊：第六十三卦既济卦九三爻的“高宗伐鬼方，三年克之”是大国君王高宗御驾亲征，而本卦九四爻的“震用伐鬼方”是由小国诸侯完成的。诸侯为了大国的利益讨伐鬼方得胜，免除了殷帝国的祸患，当然会受到奖赏。两爻共同反映了一个哲理：战争不是像打雷下雨一样能够很快结束的事情。即使开战之初有雷霆万钧之势，也很难短期内取胜而结束战争。九四爻启示后人，在开战之前，一定要掂量好自己的实力，要做好打持久战的准备，否则，就不要兴师动众。用兵打仗千万不要像小狐渡河那样，也不能像驾车渡河那样。

《孙子兵法》中说：“凡用兵之法，驰车千驷，革车千乘，带甲十万，千里馈粮。则内外之费，宾客之用，胶漆之材，车甲之奉，日费千金，然后十万之师举矣。其用战也胜，久则钝兵挫锐，攻城则力屈，久暴师则国用不足。夫钝兵挫锐，屈力殚货，则诸侯乘其弊而起，虽有智者，不能善其后矣。故兵闻拙速，未睹巧之久也。夫兵久而国利者，未之有也。故不尽知用兵之害者，则不能尽知用兵之利也。”由《孙子兵法》可知，作战“三年”太久，难免有“弊”和“害”。九四爻中，“贞吉，悔亡”之所以放在句首，而不放在句尾的原因，就在于暗示持久的战争很可能会“初吉，终乱”。

爻辞原文：六五，贞吉，无悔，君子之光，有孚，吉。

古文今译：占卜得吉兆，没有悔恨，君子正大光明，有所得，吉。

智慧锦囊：“贞吉，无悔”在句首，“有孚，吉”在句尾，是为了强调正大光明的君子不仅“初吉”，而且“终吉”，是“善始善终”。

爻辞原文：上九，有孚于饮酒，无咎，濡其首，有孚失是。

古文今译：得到饮酒的机会，没有过失，喝酒时把酒浇到头上，所得因而丧失。

智慧锦囊：既济卦上六爻的“濡其首”是小狐过河弄湿了头。未济卦上九爻的“濡其首”是喝醉了酒而弄湿了头，两种情况的“濡其首”都不是好事。“有孚于饮酒”说明是有朋友请喝酒，如果小酌几杯，宾主尽欢，则“无咎”。“濡其首”可能由两种原因造成：其一，自己不胜酒力，喝酒贪杯导致醉酒后举杯喝酒找不到嘴而自己把酒浇到了自己头上；其二，自己不愿意多喝，朋友们却极力劝酒，强行灌酒而把酒浇到了自己头上。无论哪种情况，这场酒都失去了为友情而喝酒的意义。这种饮酒不仅无所得，而且有所失。现实生活中的醉酒就相当于上九爻的“濡其首”。

主要参考文献

《〈周易〉传统生命学解析》，韩永和著，中国医药科技出版社2012年。

《〈周易〉的观念形态论》，李笑野著，上海古籍出版社2016年。

《〈周易〉的思维方式》，刘玉平著，生活·读书·新知三联书店2018年。

《〈周易〉的治国之道：程颐易学要旨》，刘永霞著，知识产权出版社2016年。

《〈周易〉经传十五讲》，廖明春著，北京大学出版社2004年。

《〈周易〉经传与易学史新论》，廖明春著，中国人民大学出版社2013年。

《〈周易〉与人和之道》，杨亚利著，生活·读书·新知三联书店2018年。

《〈周易〉与人生智慧》，陈洪著，商务印书馆2015年。

《〈周易〉与儒学》，刘云超著，生活·读书·新知三联书店2018年。

《〈周易〉与史学》，杜庆余著，生活·读书·新知三联书店2018年。

《〈周易〉与养生》，刘云超著，生活·读书·新知三联书店2018年。

《〈周易〉与中国建筑》，刘保贞著，生活·读书·新知三联书店2018年。

《〈周易〉与中国文化》，杨亚利著，生活·读书·新知三联书店2018年。

《〈周易〉与中国文学》，刘保贞著，生活·读书·新知三联书店2018年。

《〈周易〉智慧》，刘玉平著，生活·读书·新知三联书店2018年。

《〈周易〉中的成语》，董振楠著，线装书局2017年。

《八卦城谈易：首届中国特克斯世界周易论坛论文集》，龚鹏程主编，世界图书出版公司2013年。

《帛书周易疏证》，连劭名著，中华书局2012年。

《程颐〈周易程氏传〉研究》，唐纪宇著，人民出版社2016年。

《高亨文存》，清华大学国学研究院选编，江苏人民出版社2017年。

《汉书》，汉班固撰，中华书局2006年。

《黄帝内经》，中华书局2011年。

《解读易经》，傅佩荣著，三联书店2007年。

《经学视野下的〈周易〉与〈史记〉〈春秋〉》，叶文举著，安徽师范大学出版社2015年。

《康熙御纂周易折中》，清李光地撰，刘大钧点校，巴蜀书社2013年。

《人生易经》，雷祯孝著，中国友谊出版公司2015年。

《日本奈良兴福寺藏两种古抄本研究》，黄华珍著，中华书局2011年。

《三国演义》，明罗贯中著，中华书局2006年。

《三国志》，晋陈寿撰，中华书局2006年。

《史记》，汉司马迁撰，中华书局2006年。

《水浒传》，明施耐庵著，中华书局2006年。

《说文解字》，汉许慎撰，中华书局1963年。

《宋本周易》，魏王弼、晋韩康伯注，唐陆德明释文，国家图书馆出版社2017年。

《宋本周易注疏》，魏王弼、晋韩康伯注，唐孔颖达正义，中华书局1988年。

《孙氏周易集解》，清孙星衍撰，黄冕点校，中华书局2018年。

《天人之际与易学诠释》，刘云超著，齐鲁书社2015年。

《续资治通鉴》，清毕沅撰，上海古籍出版社1987年。

《伊川程先生周易经传十卷》，宋程颐撰，北京图书馆出版社

2004 年。

《易经系传别讲》，南怀瑾著，东方出版社 2015 年。

《易图考》，李申著，中央编译出版社 2018 年。

《易学今昔》，余敦康著，中华书局 2016 年。

《用周易的智慧来生活》，李诚德著，农村读物出版社 2008 年。

《远古图符与周易溯源》，周大明著，人民出版社 2010 年。

《张其成全解周易》，张其成著，华夏出版社 2017 年。

《中国古代周易诠释史纲要》，杨效雷著，中州古籍出版社 2017 年。

《中医解周易》，唐孙思邈、明张景岳等撰，九州出版社 2012 年。

《周易》（上海博物馆藏战国楚竹书），马承源主编，上海古籍出版社 2004 年。

《周易》，明来知德集注，胡真校点，上海古籍出版社 2013 年。

《周易》，杨天才、张善文译注，中华书局 2011 年。

《周易》，余敦康解读，国家图书馆出版社 2017 年。

《周易本义导读》，萧汉明著，齐鲁书社 2003 年。

《周易参同契》，章伟文著，中华书局 2014 年。

《周易禅解》，明蕅益著，刘俊堂点校，崇文书局 2015 年。

《周易程氏传》，宋程颐撰，王孝鱼点校，中华书局 2011 年。

《周易的奥秘》，曾仕强著，陕西师范大学出版社 2009 年。

《周易的故事》，周山著，辞书出版社 2017 年。

《周易的科学理念》，商宏宽著，海天出版社 2016 年。

《周易的思想体例》，季蒙著，上海古籍出版社 2018 年。

《周易概论》，刘大钧著，巴蜀书社 2016 年。

《周易卦爻辞要义汇释》，臧海亭著，西北大学出版社 2017 年。

《周易集解》，唐李鼎祚撰，王丰先点校，中华书局 2016 年。

《周易集解纂疏》，清李道平撰，潘雨廷点校，中华书局 1994 年。

《周易今古文考证》，陈居渊著，商务印书馆 2015 年。

《周易今注今译》，陈鼓应、赵建伟著，商务印书馆 2005 年。

《周易六十四卦通解》，朱高正著，华东师范大学出版社 2017 年。

《周易全解》，金景芳、吕绍纲著，上海古籍出版社 2017 年。

《周易三极图贯》,清冯道立著,谭德贵等点校,九州出版社2008年。

《周易尚氏学》，尚秉和著，中华书局1980年。

《周易实证》，张吉良著，齐鲁书社2013年。

《周易探源》，李镜池著，中华书局1978年。

《周易通义》，李镜池著，曹础基整理，中华书局1981年。

《周易图解》，常光明著，齐鲁书社2014年。

《周易现代解读》，余敦康著，华夏出版社2006年。

《周易象解》，周国芳著，西泠印社出版社2018年。

《周易象释》，余万伦著，巴蜀书社2017年。

《周易象数例解》，王亭之著，复旦大学出版社2018年。

《周易·修养·管理》，尚晓春著，东南大学出版社2016年。

《周易译注》，黄寿祺、张善文译注，上海古籍出版社2007年。

《周易译注》，周振甫译注，中华书局2018年。

《周易与人生智慧》，陈树文著，清华大学出版社2017年。

《周易与文化创新》，何则阴著，宗教文化出版社2015年。

《周易占筮学：读筮占技术研究》，章秋农著，中华书局2017年。

《周易正学：孔子哲学思想解读》，章关键著，复旦大学出版社2016年。

《周易正义》，魏王弼、晋韩康伯注，唐孔颖达正义，北京大学出版社1999年。

《周易注校释》，魏王弼注，楼宇烈校释，中华书局2012年。

《诸子集成》（全十册），岳麓书社1996年。

《资治通鉴》，宋司马光撰，岳麓书社1990年。

致 谢

一棵根深百尺、高耸入云的千年银杏，最初也不过是一颗小小的种子。我之所以有今天的点滴成就，是从我小学启蒙时代直至两站博士后的恩师们悉心培育的结果！俗话说：“一日为师，终生为父。”在我人生近45年的历程中，“师”对我成长、成才的重要意义远远超过了“父”。

31年前，1988年五月端午那天，我那当时年仅40岁的父亲因罹患肺癌撒手人寰，无奈地抛下了上小学五年级的我和三年级的妹妹。从此，我的母亲独自一人抚养我兄妹二人长大。我的家乡在沂蒙山区一个贫穷落后的小山村，一家人所有的收入全部来源于几亩丘陵薄地，生活的艰辛可想而知。我父亲的临终遗言是教导我和妹妹无论如何一定要好好学习，将来考上大学，要求我母亲“即使砸锅卖铁，也要供两个孩子上学”。我父亲之所以对我和妹妹的学业看得很重，在一定程度上是因为在他去世前的大约一个月（1988年阳历5月8日），我荣获了山东省费县教育局主办的全县小学生语数双科竞赛的第一名。父亲临终前一直把那本小小的红色荣誉证书放在枕边，亲友四邻来探望他时，他就拿给他们看，对他们说：“我儿子一定能考上大学！”

我外公家世代中医，外公是一位具有深厚传统文化底蕴的老人。在我父亲临终之前，外公拿出一本他自己上私塾用的线装课本《孟子》，翻到其中一页，抚摸着我的头，让我朗读：“孟子曰：君子有三乐，而王天下不与存焉：父母俱存，兄弟无故，一乐也；仰不愧于天，俯不怍于人，二乐也；得天下英才而教育之，三乐也。”外公说：“你的父亲已经病危，即将离你而去。而你的母亲、我的三女儿，在生你之前还生过三个男孩，可是你这三个哥哥生下来不久就夭折了。所以，孟子说的第一乐你没有了。你从今以后只能努力争取做到拥有第二乐和第三乐。”当时，我外公教育我说：“你要找最优秀的老师来指教你自己，因为‘一日为师、终生为父’，虽然你自己的父亲不能照顾你了，但是好的老师将来就会像父亲一样指导你、教育你、帮助你。”外公的话从此深深地铭刻在我心灵深处。

在我的成长道路上，从小学到大学都有让我感动、感恩甚至刻骨铭心的老师。在我的学术道路上，我的硕导、博导和两站博士后导师是我最重要的引路人。在这里，我要特别感谢本科毕业至今对我影响最大的几位恩师。

魏汝尧老师是我 1998 年本科毕业求职时赏识我的伯乐，他是山东建筑大学外国语学院的创始院长。魏院长常说：“当年进建大外院求职的数十人中，小吴是唯一一个没有任何背景关系、没有上面领导打招呼的。是我看中小吴有才，面试时小吴讲的自己人生三阶段的故事令我深受感动……”在建大工作的 4 年期间，魏院长赏识我、重用我，让我参加他主编的多部教材并担任了其中两部教材的第一副主编，使我打下了学术研究和写作的良好基础，而且魏院长对我决定辞去建大教职而去脱产攻读全日制的硕士和博士也给予了大力帮助和支持。从 1998 年至今，我与魏院长一直保持着密切、友好的关系，我内心视魏院长为师、为父，遇到疑难问题，总是请魏院长帮我释疑解惑。

范谊老师（现任宁波市甬商发展研究会会长）是我的硕导。2002 年我入学时，范老师担任宁波大学外语学院院长，兼任致公党宁波市委会主委、宁波市政协副主席（从 2002 年至 2017 年连任三届）、第十届和十一届全国人大代表。范老师两次当选《南方周末》评选的“全国两会十大言者”，由此可见范老师的远见卓识。后来由于政协工作需要，范老师辞去了宁波大学的职务。范老师经常用胡适先生做学问的名言教导我：“大胆假设，小心求证。”我跟范老师学会了独立思考、自由精神、前瞻视野、踏实学风。

王文斌老师（现任中国外语教育研究中心主任、国家语言能力发展研究中心主任、北京外国语大学校长助理、博士生导师）是我硕士阶段的学术论文导师。我入学时王老师担任宁波大学国际交流学院院长，后来担任科技学院院长，继而担任宁波大学副校长兼外语学院院长，后来因学术能力和领导能力卓越而被他的母校北京外国语大学引进，担当重要职务。我读硕期间在王老师的指导下在《外语研究》和《语言教学与研究》上各发表了一篇学术论文，这两篇 CSSCI 论文在我报考浙江大学博士时起到了关键作用。王老师对我的博士学位论文也全程参与了指导。王老师对学术精益求精，有着一生只干一件事，而且能干成、干好一件事的巨匠精神。王老师的治学精神与为人处事是我终生的楷模，永远激励着我踏实肯干、追求卓越。

黄华新老师（现任浙江大学人文学部主任、国家哲学社会科学创新基地浙江大学语言与认知研究中心主任）是我的博导。2005 年至 2008 年我读博期间，黄老师历任浙江大学人文学院党委书记、副院长、院长。黄老师是浙江大学各部门主办的企业家总裁研修班竞相聘请的企业文化名师，多年来主讲《如何创建卓越的企业文化》这门课程，并且有着丰富的实践经验，深受企业家们欢迎。从博士一年级起，我就在业余时间跟着黄老师做起了大量的企业文化和管理咨询服务工作，并且得到了不菲的收入。由于拥有大量的企业文化和管理咨询实践经验，我的博士学位论文定位为经世致用的应用型研究，比纯理论研究更接地气、更贴近社会现实。2010 年，我在博士学位论文的基础上出版了专著《经济认知域的隐喻思维》。黄老师曾经对我说：“一个人要想成功，必须做到三行：第一，要有人说你行；第二，说你行的人要行；第三，你自己要真的行！”前面的两个“行”要靠时运，自我无法把握，但是我要在第三个“行”上下功夫，持之以恒地努力提升自我的修行。

马庆国老师（曾任浙江大学管理学院院长、浙江大学神经管理实验室主任，现任宁波大学神经经济管理学研究院院长）是我的第一站博士后合作导师。马老师的历届研究生中，在政、商、学界取得突出成就者相当多。他们是学弟、学妹们当之无愧的榜样。众所周知，高校科研人员年龄越大，进行科研创新就越难，马老师却在自己 60 岁时选择从管理科学跨越到神经科学领域，在国际上最早提出了“神经管理学”概念，成立了我国第一个神经管理学实验室，十余年来带动国内一批高校成立了相应的研究机构。谈及为什么要在花甲之年进行学术拓荒，马老师说：“人最怕有暮气：暮气沉沉，30岁就老了；朝气蓬勃，70岁也年轻！”马老师的话是我保持朝气、拼搏奋斗的动力源泉！

王志民老师（教育部人文社科重点研究基地山东省齐鲁文化研究院创始院长，曾任山东省政协副主席、山东省社会主义学院院长、山东师范大学副校长）是我的第二站博士后合作导师。王老师在齐鲁文化研究领域辛勤耕耘大半生，学术功底深厚，学术成果卓著，能够给我高屋建瓴的前瞻性指导。我在浙江大学读博士和博士后共用了5年时间，而我的第二站博士后也用了5年时间。一方面是因为《周易》这门学问博大精深，要进行大量的攻坚克难工作；另一方面是因为王老师对我要求特别严格，要求我必须出精品。我自己不愿意蒙混过关，王老师也不肯轻易放我过关。王老师说：“如果不能打造出一部精品的学术著作，你读第二站博士后还有什么意义？”5年来王老师对我因材施教，殷殷勉励，谆谆教导，循循善诱。王老师不仅关心我的学业，还非常关心我的生活与工作状况，与我对话时总是语重心长，推心置腹，满怀父爱。因为王老师与我早逝的父亲同岁，所以我从博士后入站之初就一直把王老师当作我的慈父。

徐国亮老师（山东省周易研究会常务副会长、山东大学道德与法制研究室主任、山东大学马克思主义学院博士生导师）是我的第二站博士后出站报告答辩评审委员会主席。徐老师比我年龄正好大十二岁，所以，在答辩过程中，徐老师说他能从我身上看到他自己当年奋斗的精神与志气……我心里说我也能从徐老师身上看到岁月的痕迹与积淀，尤其是能从他的儒雅风度、厚重文采看到我自己美好的未来……此生如果能够达到徐老师那样的高度，做出徐老师那样的学问，我觉得此生就值得……在徐老师的悉心主持下，答辩评审委员会特邀专家山东师大管理学院刘希玉院长、山东师大文科学报主编李宗刚教授、山东师大文学院博士生导师王恒展教授一起对我的拙作刀砍斧削、细裁枝叶……专家团队的批评与指导意见对本书的质量提升起到了高屋建瓴的重要作用……在此，我要衷心感谢各位老师。

贺伟老师是齐鲁书社负责拙作编审、出版工作的责任编辑。本来，我就从王志民老师那里听到他对贺主任的赞誉：视野广博、学问渊深、审稿精细、工作认真……随着我与贺主任就拙作的各种问题进一步接触、交流，我感觉贺主任果然名不虚传，确实值得尊敬。对于拙作，贺主任既能鞭辟入里地进行高屋建瓴的指导，又能精雕细琢地进行细致入微的修改。总之，拙作能够从博士后出站报告顺利出版上市，倾注了贺主任的心血。

张青松先生是一位文史爱好者，我们的友谊始于2006年三碧酒店的初创期。拙作《全脑记忆英语》（2009年）是他帮我全文校对的第一本书，我们的情谊因此大大加深。这次当我把拙作《周易智慧锦囊》交请他帮忙审校时，他欣然应允。张先生的校对可谓字斟句酌、精细周到，大到案例分析，小到标点符号，只要有疑问，必然与我讨论核实。我感谢他对我的再次帮助！

常言道：十年磨一剑，而我决心用一生来磨一剑，将我的余生全部用于《周易》智慧与应用相关课题的研究。前瞻未来：虽千万里，吾将往矣！虽千万人，吾亦往矣……无论未来结果如何，我此生都会无怨无悔，我坚信干这件事值得。正如《论语》中孔子所说："假我数年，五十以学易，可以无大过矣。"此生学易，至少可以使我能够做更好的自己。

回首自己的学术之路，我觉得恰似攀登泰山。从红门到玉皇顶是一条漫漫登攀路，读硕士犹如到中天门，读博士犹如上十八盘到南天门，博士后犹如登临玉皇顶、踏上日观峰。攀登途中难免有气喘吁吁、腰酸背痛、举步维艰、试图放弃的痛苦，但是站在玉皇顶上那种"一览众山小"的喜悦让我觉得攀登过程中所有的痛苦都值得！正如古希腊伟大的哲学家柏拉图（Plato）所说：What is bitter to endure may be sweet to remember!（痛苦的经历有可能成为甜蜜的回忆！）我知道，在今后的人生旅途上，还会有更多的学术高峰等着我去攀登，为了得到"一览众山小"的喜悦，我愿意忍受攀登中的一切痛苦！

2019年6月16日写于泉城美里新居知止斋

图书在版编目（CIP）数据

周易智慧锦囊 / 吴恩锋著. -- 济南 : 齐鲁书社，2019.11（2020.9重印）
ISBN 978-7-5333-4216-6

Ⅰ. ①周… Ⅱ. ①吴… Ⅲ. ①《周易》－研究 Ⅳ. ①B221.5

中国版本图书馆CIP数据核字（2019）第224120号

周易智慧锦囊

ZHOUYI ZHIHUI JINNANG

吴恩锋 著

主管单位 山东出版传媒股份有限公司
出版发行 齐鲁书社
社　　址 济南市英雄山路 189 号
邮　　编 250002
网　　址 www.qlss.com.cn
电子邮箱 qilupress@126.com
营销中心 （0531）82098521　82098519
印　　刷 山东星海彩印有限公司
开　　本 720mm × 1020mm　1/16
印　　张 18.75
插　　页 1
字　　数 300 千
版　　次 2019 年 11 月第 1 版
印　　次 2020 年 9 月第 2 次印刷
印　　数 6001－8000
标准书号 ISBN 978-7-5333-4216-6
定　　价 48.00 元